釋名疏證補

【東漢】劉熙撰
【清】畢沅疏證
【清】王先謙補

上海古籍出版社

據上海圖書館藏清光緒二十二年本影印原書版框高一八〇毫米寬一三七毫米

出版説明

《釋名》一書，漢劉熙撰。熙字成國，北海人。《隋書·經籍志》謂熙作《釋名》，見《吴志·韋曜傳》。其人爲漢末名士。《釋名》以同聲相諧，從音求義，參校方俗，考合古今，晰名物之殊，辨典禮之異，洵足羽翼《爾雅》、《説文》，爲詁訓要典。顧其書舊本鮮傳，自《崇文總目》著録之臨安府陳道人書籍鋪本，今已無傳。自明刻以下，缺譌特甚。清乾隆間，畢沅始校理及之。沅取群經及史漢書注、唐宋類書、道釋二藏校之，表其異同，是正缺失，又益以《補遺》及《續釋名》二卷，倩吴縣江聲爲之審定，然後是書可讀。外此有長洲吴氏所刻顧千里校本，奥義微文，是正亦多。洎後學者於此書多詮釋之語。

《釋名疏證補》八卷，《續釋名》、《釋名補遺》共一卷，《疏證補坿》一卷，清王先謙（一八四二——一九一七）撰集。先謙字益吾，湖南長沙人。清同治四年進士，官至國子祭酒。博覽群籍，擅長校讎，董理前人名著，彙纂爲集解之業。所纂《漢書補注》、《後漢書集解》、《莊子集釋》等，均推重士林。此《釋名疏證補》亦其精心校輯之作。是書據畢氏原本爲主，參酌吴刊顧校本，及寶應成蓉鏡之《補證》、陽湖吴翊寅之《校議》、瑞安孫詒讓之《札迻》，並采摭同時學人如湘潭王啓原、葉德炯、孫楷，善化皮錫瑞，平江蘇輿，併先謙弟先慎各家校語，萃爲一編。書成，復得元和胡玉縉、海寧許克勤兩家所校，爲芟去重複，别爲《疏證補坿》一卷列後。其書刊成於清光緒二十二年，俾研究《釋名》者得此集成之本，有裨取資焉。王刻距今已垂百年，流傳至稀。兹特據以影印問世，藉供學林參考。

上海古籍出版社　一九八三年九月

目録

釋名疏證補八
卷續釋名釋名
補遺共一卷疏
證補附一卷

光緒丙申刊

釋名序

漢北海劉熙成國撰

熙以爲自古造化制器立象有物以來迄於近代或典禮所制或出自民庶名號雅俗各方名殊先謙曰吳校名作多云各本多誤名聖人於時就而弗改以成其器著於既往哲夫巧士以爲之名故興於其用而不易其舊所以崇易簡省事功也夫名之於實各有義類蘇輿曰文獻通考十八引義類作類義先謙曰吳校於作與百姓日稱而不知其所以之意蘇輿曰通考引以下有然字當據補故撰天地陰陽四時邦國都鄙車服喪紀下及民庶應用之器論敘指歸謂之釋名蘇輿曰通考引無此八字作卽物名以釋義凡二十七篇至於事類未能究備凡所不載亦欲智者以類求之博物君子其於答難解惑王父幼孫朝夕侍問以塞蘇輿曰此語不

全下有奪文可謂之士蘇輿曰此亦有奪文聊可省諸

釋名疏證補序

文字之興聲先而義後動植之物字多純聲此名無可釋者也外是則孳乳繁賾恉趣遷貿學者緣聲求義輒舉聲近之字爲釋取其明白易通而聲義皆定流求珥貳例啟於周公乾健坤順說暢於孔子仁者人也誼者宜也偏旁依聲以起訓刑者侀也侀者成也展轉積聲以求通此聲教之大凡也侵尋乎漢世間見於緯書韓嬰解詩班固輯論率用斯體宏闡經術許鄭高張之倫彌廣厥恉逮劉成國之釋名出以聲爲書遂爲經說之歸墟實亦儒門之奧鍵已隋唐以還稱引最夥流溉後學取重通人往往古義舊音展卷有會語其佳處尋繹靡窮雖官職致辨於韋昭食品見非於徐鍇諒爲小失無害宏綱亦有直解可

明而緐詞曲證亘由主聲之作書體致然自說文離析形聲字有定義無假譬況功用大㬎於是釋名流派漸微其言聲之學迺沿爲雙聲疊均而說文從聲之法亦生直音故吾以謂說文直音之肇祖而釋名者反切之統宗也舊本闕譌特甚得鎮洋畢氏校訂然後是書可讀長洲吴氏所栞顧千里校本是正亦多其中奥義微文未盡揮發端居多暇與湘潭王啟原葉德炯孫楷善化皮錫瑞平江蘇輿從弟先慎覆加詮釋決疑通滯歲月既積簡帙遂充因合畢氏元本參酌吴校及寶應成蓉鏡補證陽湖吴翊寅校議瑞安孫詒讓札迻甄録尤雅萃爲斯編剟甫成元和祝秉綱垂示胡許二君所校爲芟去重復別卷坿末期以補靈巖之漏義闡北海之精心大雅宏達庶匡益之光

緒二十一年歲次乙未冬十二月長沙王先謙謹撰

釋名疏證畢序

劉熙釋名其自序云二十七篇案後漢書文苑傳劉珍字秋孫一名寶撰釋名三十篇以辯萬物之稱號而韋曜顔之推等皆云劉熙製釋名熙或作熹案三國吳志曜傳曜在獄中上辭有云見劉熙所作釋名信多佳者然物類衆多難得詳究故時有得失而爵位之事又有非是云云玩曜之語則熙之書吳末乃始流布是熙之去曜年代必當不遠一也舊本題安南太守劉熙撰近時校者以二漢無安南郡或云當作南安今考劉昭注續漢書稱三秦記曰中平五年分漢陽置南安郡元和郡縣志亦云漢靈帝立是郡置已在漢末二也此書釋州國篇有司州案魏志及晉書地理志魏以漢司隸所部河南河東河內宏農

并冀州之平陽合五郡置司州是建安以前無司州之名三也又云西海郡海在其西據劉昭注則西海郡亦獻帝建安末立其時去魏受禪不遠四也釋天等篇於光武列宗之諱均不避五也以此而推則熙爲漢末或魏受禪以後之人無疑又自序云二十七篇而文苑劉珍傳云三十篇篇目亦不甚縣遠疑此書兆于劉珍踵成于熙至韋曜又補官職之缺也其書參校方俗考合古今晰名物之殊辨典禮之異洵爲爾雅說文以後不可少之書今分觀其所釋亦時有與爾雅說文諸書異者爾雅曰齊曰營州而此云營州齊衛之地爾雅云石戴土謂之崔嵬土戴石爲岨而此依毛傳立文曰石載土曰岨土載石曰崔嵬正與相反是也說文錦从帛金聲凡爲聲者皆無義而此云錦

金也作之用功其價如金故其制字从帛與金是以諧聲之字爲會意又說文平土有叢木曰林而此云山中叢木爲林亦皆異義且其字體出說文外十之三益信熙之時去叔重已遠其聲讀輕重名物異同與安順前又迥別也暇日取羣經及史漢書注唐宋類書道釋二藏校之表其異同是正缺失又益以補遺及續釋名二卷凡三閱歲而成復屬吳縣江君聲審正之江君欲以篆書付刻余以此二十七篇內俗字較多故依前隸寫云所以仍昔賢之舊觀示來學以易曉也時乾隆五十四年歲在己酉九月朔日兵部尚書兼都察院右都御史總督湖北湖南等處地方軍務兼理糧餉加三級軍功加二級畢沅序

顧千里釋名略例

釋名之例可知也其例有二焉曰本字曰易字是也雖然猶有十焉曰本字曰疊本字曰本字而易字曰易字曰疊易字曰再易字曰轉易字曰省易字曰省疊易字曰易雙字本字者何也則冬曰上天其氣上騰與地絕也以上釋上如此之屬一也疊本字者何也則春曰蒼天陽氣始發色蒼蒼也以蒼蒼釋蒼如此之屬二也本字而易字者何也則宿宿也星各止宿其處也以止宿之宿釋星宿之宿如此之屬三也易字者何也則天顯也在上高顯也以顯釋天如此之屬四也疊易字者何也則雲猶云云眾盛意也以云云釋雲如此之屬五也再易字者何也則腹複也富也以複也富也再釋腹如此之屬六也轉易字者

何也則兄荒也荒大也以荒釋兄而以大轉釋荒如此之屬七也省易字者何也則綈似蛥蝨之色綠而澤也以蛥釋綈而省蛥也之云如此之屬八也省疊易字者何也則夏曰昊天其氣布散皓皓也以皓皓釋昊而省猶皓皓之云如此之屬九也易雙字者何也則摩娑猶末殺也以末殺雙字釋摩娑雙字如此之屬十也十者非他也二例之分焉者也第二以上本字例分者二第四以下易字例分者七而有第三之一例半分於本字半分於易字者在其間以相關通然則易字之所由生固生於本字而已矣所謂易簡而天下之理得也讀者循是而一一求焉凡今本脫誤之當補正者無不可知也至於尤脫誤而非復能補正者亦無不可知也吳子志忠將治釋名屢咨其所難知

者於予故略舉本書以明其例書而貽之

釋名疏證補目録

第一卷

第二卷

釋名疏證補卷第一　　長沙王先謙譔集

漢　徵　士　北　海　劉　熙　撰

釋天第一

天豫司兗冀以舌腹言之王啟原曰後漢都洛陽在司隸部孝獻都許在豫州部故此先言豫繼言司尊時制也　**天顯也在上高顯也**畢沅曰莊子釋文引作高顯在上也葉德炯曰此及下風字條均西域字母之監觴字母顯之紐爲曉曉在喉音之次清等與天出於舌頭之透紐者爲音和音和者卽反切之遞用法也如莫六音切爲目徒紅音切爲同之例成國此書實韻書之鼻祖後來孫炎諸人乃愈推愈密也　**青徐以舌頭言之**成蓉鏡曰案今等韻家分牙舌頭舌上重脣輕脣齒頭正齒喉半舌半齒爲九音相傳來自西域隋書經籍志偁後漢佛法行

於中國得西域書能以十四字貫一切音謂之婆羅門書此卽唐僧守温三十六字母之權輿然志初不云九音來自西域也觀釋名已有舌腹舌頭橫口合脣踧口開脣之云而高誘注戰國策呂氏春秋淮南子諸書亦有所謂急舌急氣緩氣閉口開口籠口者然則九音洵中國儒家之學矣

天坦也 畢沅曰坦今本譌作垣玉篇爾雅釋文莊子釋文初學記御覽爾雅疏皆引作坦據改葉德炯曰坦字與天同透字母透爲舌頭音之次清等緩讀爲祈連漢書霍去病傳出北地至祈連山師古注祈連卽天山是也又爲撐犂匈奴傳匈奴謂天爲撐犂是也連犂字母在舌齒音之來去舌頭音不遠此西域音之微變者今國書譯爲阿卜喀直脣音矣然古中土音讀舌頭者多白虎通及釋天釋文引春秋說題詞云天之爲言鎭也說文天顚也禮月令疏引春秋說題詞天之爲言顚也詩君子偕老疏引春秋元命苞天之言瑱均作舌頭音讀其作舌腹音讀者惟禮記緇衣鄭注天當爲先字之誤藝文類聚引白虎通天者身也一以天爲先一以天爲身及此以天爲顯數音而已

坦然高而遠也 蘇輿曰釋天釋文引無而字

春曰蒼天陽氣始發色蒼蒼也夏曰昊天其氣布散顥顥也 畢沅曰顥今本作皓俗字也說文顥白皃从頁景楚辭天白顥顥據此當作顥皮錫瑞曰釋名與爾雅皆作春蒼夏昊今尚書歐陽說與許君鄭君皆作春昊夏蒼蓋所據本異

秋曰旻天旻

閔也物就枯落可閔傷也冬曰上天其氣上騰與地絕也故月令曰天氣上騰地氣下降畢沅曰爾雅春爲蒼天夏爲昊天秋爲旻天冬爲上天李巡注春萬物始生其色蒼蒼故曰蒼天夏萬物盛壯其氣昊大故曰昊天郭璞注旻猶愍也愍萬物凋落冬時無事在上臨下而已此兩家之說擇其義與此合者錄以參證焉王先愼曰五經異義引古尚書說云元氣廣大則稱昊天仁覆閔下則稱旻天自上監下則稱上天據遠視之蒼蒼然則稱蒼天此義與釋名同且先於李郭之說白虎通四時篇云四時天異名何天尊各據其盛者爲名也春秋物變盛冬夏氣變盛春曰蒼天夏曰昊天秋曰旻天冬曰上天均與釋名義同亦先於郭李者易謂之乾畢沅曰說卦乾天也又曰乾爲天乾健也健行不息也畢沅曰易繫辭云夫乾天下之至健也象曰天行健君子以自彊不息又謂之玄玄縣也如縣物在上也畢沅曰玄者以色名之也易文言曰天玄而地黃當非取縣義今本縣下加心俗王先愼曰說文玄幽遠也黑而有赤色者爲玄象幽而入覆之也釋親郭注玄者言親屬微昧也亦有幽遠意本書釋親玄孫玄縣也上縣於高祖最在下也即取遠義此縣字亦訓爲遠謂天在上遠於下也素問天玄紀文選東京賦注引廣雅云玄遠也淮南主術訓注縣遠也是玄縣古同訓遠

日實也 畢沅曰說文亦云王啟原曰開元占經五引春秋元命苞云日之爲言實也節也含一開度立節使物咸別故謂之日言陽布散如一故其立字四合共一者爲日後漢書丁鴻傳鴻疏云臣聞日者陽精守實不虧是日之名義取於實故經傳或卽以實爲日孝經故親生之膝下以養父母釋文云日者實也日日行孝故無闕也象日春秋傳王室實惷惷焉說文引實作日

光明盛實也 畢沅曰禮記月令正義引作大明盛實

月闕也 畢沅曰說文云月闕也十五稍減故曰闕也

滿則闕也 畢沅曰左傳正義引作滿而闕初學記御覽引作言滿則復闕李善注文選月賦引作言有時盈有時闕也王先慎曰春秋元命苞白虎通月之爲言闕也王肅家語禮運篇月三五而盈三五而闕注月陰道不常滿故十五日而滿十五日而闕

光晃也晃晃然也 畢沅曰說文晄明也从日光光亦聲先謙曰本書釋采帛云黃晃也晃晃然猶日光色也卽亦與此證合

亦言廣也所照廣遠也 王先慎曰詩敬之傳光廣也成國所本說文廣从广黃聲黃从田从炗炗亦聲炗古文光光廣古通

景竟也所照處有竟限也 先謙曰吳校本竟作境所上有明字畢沅云俗書竟字加土傍非也成蓉

鏡云案畢氏序定劉成國爲漢末魏初人錢氏大昕辛楣則據吳志程秉薛綜韋曜諸傳以爲漢末名士建安避地交州故其書行於吳攷永和四年所立張平子碑自涉境以經於諸邑初平五年所立周公禮殿記節符典境皆有境字是漢季此字已通行成國撰釋名作境當是依俗爲之此類甚多畢校閒用說文改正而江氏所書篆本尤夥雖究六書之恉然已失成國本來面目矣於例當仍其舊而注其下云某古祇作某

晷規也如規畫也王先愼曰晷規疊韻易通卦驗冬至之日樹八尺之表日中視其晷之如度者則歲美人民和順晷不如度者則其歲惡人民爲譌言政令爲之不平是晷所以爲度規即象晷以成度義亦通周語注規規畫而有之

曜畢沅曰說文無曜字玉篇始有之

燿也光明照燿也畢沅曰燿从火今本从光係俗字

星散也列位布散也畢沅曰禮記月令正義引作星散也布散於天王啟原曰案春秋文耀鉤云北斗七星上爲九州州感精符云地爲山川山川之精上爲列星各應其州域分野所謂列位也皮錫瑞曰爾雅祭星曰布郭注布散祭於地史記天官書曰星者金之散氣注五星五行之精衆星列布別居錯行各有所屬是星有陳列布散之義故祭星曰布埤雅二十引釋名云祭星曰布布取其象之布也今無此文葢脫佚

宿畢沅曰息柚反下皆所桼反宿也星各止宿其處也畢沅曰一切經音義引作言星各止住其所也御覽引作止宿其所

氣畢沅曰當作气今經典皆作氣無別矣愾也愾然有聲而無形也畢沅曰愾今本作餼御覽引作猶愾也案說文米部餼乃氣字重文氣饋客芻米也非此處義心部云愾太息也詩曰愾我寤歎然則此當作愾今从御覽改正王啟原曰吳本愾也作餼也蘇輿曰禮祭義出戶而聽愾然必有聞乎其太息之聲亦有聲無形之義又云氣也者神之盛也氣莞於神故無形

風兖豫司冀橫口合脣言之王啟原曰吳校作豫司兖冀又云脣下脫口氣二字先謙曰以此卷首條天下例之吳校豫司在上是風氾也葉德炯曰橫口合脣言之此西域之重脣音法也氾古字讀如芃芃黍苗之芃芃之字母爲竝重脣音中之全濁等也今音讀如汎彼柏舟之汎汎之字母爲敷爲輕脣音之次清等與風之字母爲非爲輕脣音之全清等者同一紐也然則兖豫司冀之間直讀汎如芃非今作本音讀比矣其氣博氾而動物也青徐言風踧口開脣推氣言之王啟原曰吳校刪言風二字葉德炯曰踧口開脣推氣言

之此西域之輕脣音法也放之字毋爲非與風同紐在輕脣音中又同爲全清等合上文天字驗之是古青徐之音較兗豫司冀之間爲輕清矣

風放也氣放散也畢沅曰李善注文選風賦引作風者氾也爲能氾博萬物又云風者放也動氣放發皮錫瑞曰後漢書樂成靖王傳安帝詔曰風淫於家風淫謂放淫也風放聲相近左僖四年傳風馬牛不相及也服虔注風放也公羊僖三十一年傳疏引孫炎爾雅注云既祭披磔其牲似風散也是風又有散義

陰蔭也氣在內奧蔭也王先愼曰陰蔭字通書洪範馬融注漢書五行志應劭注並云陰覆也說文奧宛也宛屈艸自覆也覆而在內故其氣奧蔭春秋繁露云鶴無宛氣鶴爲陽禽故無宛氣先謙曰本書釋形體亦云陰蔭也

陽揚也氣在外發揚也畢沅曰禮記月令正義御覽引皆氣字上有陽字茲不从王啟原曰按詩正月燎之方揚漢書谷永傳作陽春秋昭二十一年傳宋揚門禮記檀弓云陽門玉藻盛氣顛實揚休注讀爲陽此皆陽揚通用之證

寒扞也扞格也畢沅曰今本扞作捍俗字也禮記學記扞格而不勝鄭注格讀爲凍洛之洛扞堅不可入貌然則當作扞格讀當爲扞洛王啟原曰吳校本扞格也上補一氣字下條熱如煮物也上亦補一氣字

暑，煮也，熱如煮物也。先謙曰：唐王維詩「長安客舍熱如煮」，宋文同詩「六月久不雨，萬物蒸煮熟」，本此。暑、煮疊韻。

熱，爇也，王啟原曰：吳校於「熱，爇也」上補「亦曰熱」三字，聯上爲一條。**如火所燒爇也。**畢沅曰：御覽引「熱」在「暑」一條前，有「或曰」二字，爲聯合。今案經典俱以寒暑相配成文，鮮有言寒熱者，御覽以熱爲目，故移易此書以就之，今不从。又「所」字，御覽亦引作「之」。王啟原曰：呂氏春秋「湯時大旱七年，煎沙爛石」；淮南子「或熱焦沙，或寒凝水」；春秋繁露「爲寒則凝冰裂地，爲熱則焦沙爛石」，卽如火燒爇之義。

雨，羽也，王啟原曰：周語「故長夷則之上宮，名之曰羽」，韋注：「羽，翼其眾也。」則五音之羽，取鳥羽之義。繁露五行五事云：「雨者，水氣也，其音羽也。」說文：「䨱，水音也。」䨱卽五音之羽本字。音爲羽，舞之羽，月令「大雩帝」注：「雩，吁嗟求雨之祭也。」說文：「雩，夏祭舞於赤帝，以祈甘雨也。从雨，亏聲。𦏱，或从羽，雩羽舞也。」則𦏱爲雩羽舞，亦可爲雩，是卽雨羽通用之證。**如鳥羽動則散也。雨，水從雲下也。**張菼生曰：「雨，水」六字當在「雨，羽也」上，與「珥，氣在日兩旁之名也。珥，耳也，言似人耳之在兩旁也」一例。**雨者，輔也，言輔時生養也。**畢沅曰：自「雨，水從雲下」以下今本無之，初學記、御覽引皆有據補說文云雨水從雲下也一象天冂象雲水霝其間也案此條當與霜露雪霰等爲類不應在此上言熱疑必有冷一條爲之配後人因文脫遂移此以補之而亦文不能全此痕迹之不能盡掩者也先謙曰雨水至養也吳校本無

春蠢也萬物蠢然而生也 畢沅曰今本作春蠢也動而生也藝文類聚引作春之爲言蠢也物蠢而生御覽引作春之言蠢也萬物蠢然而生據改禮記鄉飲酒義曰春之爲言蠢也產萬物者聖也鄭注蠢動生之貌也聖之言生也皮錫瑞曰漢書律歷志春蠢也物蠢生迺動運春秋元命包云春含名蠢蠢位東方動春明達注春之言蠢東之言動含此名以自明自達也春秋繁露云春之猶言偆偆者喜樂之貌蘇輿曰玉燭寶典引作春蠢也蠢動而生也春秋說題辭春蠢興也與生義相成尚書大傳春出也萬物之出也春出雙聲出亦生也

夏假也寬假萬物使生長也 畢沅曰假當作叚吉下反假之言至音工白反今經典皆通用無別矣鄉飲酒義云夏之爲言假也養之長之假之仁也尚書大傳曰夏者假也吁荼萬物而養之外也皮錫瑞曰律志夏假也物假大乃宣平

秋緧也緧迫品物使時成也 畢沅曰御覽引作秋者緧也緧迫萬物使得時成也文選秋興賦注

引作秋就也言萬物就成也義與此異不敢據改姑存以備攷而已鄉飲酒義曰秋之爲言愁也愁之以時察守義者也鄭注愁讀爲揫揫斂也案揫與緧音義皆相近皮錫瑞曰律志秋𩏂也物𩏂斂乃成就春秋繁露秋之爲言猶湫湫者憂悲之狀三禮義宗曰七月立秋秋之言揫縮之意先謙曰說文迺迫也或从酋荀子議兵篇鰌之以刑罰彊國篇大燕鰌吾後鰌亦謂迫也緧鰌皆迺借字

冬終也物終成也畢沅曰吳淑事類賦注引作萬物所以終成也御覽引與此同說文云冬四時盡也从仌宍宍古文終皮錫瑞曰律志冬終也物終藏乃可稱三禮義宗冬終也立冬之時萬物終成尸子曰冬爲信北方爲冬冬終也蘇輿曰鄉飲酒義冬之爲言中也中者藏也

四時四方各一時畢沅曰鄉飲酒義曰東方者春南方者夏西方者秋北方者冬故曰四方各一時葉德炯曰御覽歲時部二引爾雅曰據明刻本時空也司空主地各主一方物之生死今爾雅無此文蓋爾雅舊注也**時期也物之生死各應節期而止也**畢沅曰逸周書周月解云萬物春生夏長秋收冬藏又時訓解云雨水之日桃始華穀雨桐始華清明萍始生立夏十日王瓜生小滿之日苦菜秀又五日靡草死芒種螳蜋生夏至十日半夏生明堂

月令所記物候竝同是各應節期而止也御覽引時期下云不失期也無下十一字今不從止似當爲至葉德炯曰白虎通云時者期也陰陽消息之期也

歲越也越故限也王啟原曰說文歲木星也越歷二十八宿宣偏陰陽十二月一次从步戌聲律歷書名五星爲五步爾雅釋天夏曰歲孫炎曰歲取歲星行一次也歲从戌不从戌言越者蓋取越歷之義歲行一次十二年而星終一周天矣歲行一次僅越故限而已

年進也進而前也唐虞曰載載生物也殷曰祀祀已也新氣升故氣已也畢沅曰今本年進也進而前也七字列於歲越也之前別爲一條據御覽引并入於歲下爾雅曰夏曰歲商曰祀周曰年唐虞曰載茲不言夏周文不備王啟原曰吳本年進也以下七字在歲越也前

五行者五氣也王啟原曰吳校刪者字**於其方各施行也**畢沅曰御覽引五氣上有言字無下也字今不從卽如所引亦當上先有五氣也方順王啟原曰案繁露五行之義篇五行之隨各如其序五行之官各致其能是故木居東方而主春氣火居南方而主夏氣金居西方而主秋氣水居北方而主冬氣土者五行之主五行之主土氣也

漢書藝文志亦云五行者五常之形氣也

金禁也氣剛毅能禁制物也 畢沅曰今本作其氣剛嚴能禁制也據御覽引改白虎通云金在西方西方者陰始起萬物禁止金之爲言禁也先謙曰吳校無物字

木冒也華葉自覆冒也 畢沅曰冒有兩義上覆下爲冒下觸上亦爲冒此當爲下觸上之義說文木冒也冒地而生東方之行从屮下象其根白虎通云木之爲言觸也陽氣動躍觸地而出也皆下觸上之義

水準也準平物也 畢沅曰御覽引作平準物也白虎通云水之爲言準也養物平均有準則也說文水準也案攷工記輈人云輈注則利準又㮚氏云權之然後準之故書準輒作水然則水不徒取準義可直用以爲準字

火化也消化物也 畢沅曰據說文此當用變匕之匕不當用敎化字然經典通用已久故不改白虎通火之爲言化也陽氣用事萬物變化也 **亦言毀也物入中皆毀壞也** 畢沅曰藝文類聚御覽引中皆作卽說文火燬也案毀燬音皆近火蘇輿曰春秋元命包火之爲言委隨也案委隨卽毀之合音

土吐也能吐生萬物也 畢沅曰廣韻引無能字生字白虎通土主吐含萬物土之爲言吐也說文土地

之吐生萬物者也二象地之下地之中丨物出形也皮錫瑞曰春秋元命包土之爲言吐也言子成父道吐也鄭注周禮云土猶吐也

子孳也陽氣始萌孳生於下也 畢沅曰白虎通子者孳也史記律書子者滋也滋者言萬物滋於下也滋與孳通漢書律志孳萌於子

於易爲坎 畢沅曰說卦坎者水也正北方之卦也北方子位也

坎險也 畢沅曰彖傳習坎重險也蘇輿曰以上乾健也下艮限也各條例之此下應言其義當有奪文

丑紐也寒氣自屈紐也 畢沅曰律書丑者紐也言陰氣在上未降萬物厄紐未敢出白虎通丑者紐也漢志紐牙於丑說文丑紐也

於易爲艮 畢沅曰說卦艮東北之卦也東北丑位也

艮限也時未可聽物生限止之也 畢沅曰彖傳艮止也王先愼曰限與很義通易艮卦鄭注艮之言很也一陽在上二陰在下陽君陰臣不相與通說文很不聽從也竝與時未可聽物生故義近又說文很下云一曰行難也限下云阻也行難卽阻難故高誘注秦策云限難也直以難訓限與此限止義合易艮其限釋文引馬注限要也又虞注要帶處也此別一義

寅演也演生物也 畢沅曰白虎通少陽見於寅寅者演也義與此同律書寅言萬物始生螾然也律志引達

於寅說文寅髕也正月陽气動去黃泉欲上出陰尚彊也象宀不達髕寅於下也三者義各不同備存以廣異說

卯冒也載冒土而出也 畢沅曰律志冒茆於卯說文丣冒也二月萬物冒地而出象開門之形義皆與此同律書卯之爲言茂也言萬物茂也白虎通卯者茂也案茂雖與冒異義而音則亦近卯 **於易爲震** 畢沅曰說卦震東方也東方卯位也 **二月之時雷始震也** 畢沅曰明堂月令仲春之月雷乃發聲始震

辰伸也物皆伸舒而出也 畢沅曰伸之義訓孤而無據當訓震爲安白虎通辰者震也說文辰震也三月陽气動靁電振民農時也律書辰者言萬物之娠也律志振美於辰娠振皆與震通王啟原曰爾雅太歲在辰曰執徐釋文引李巡曰執蟄也徐舒也言蟄物皆敷舒而出故曰執徐開元占經引孫炎曰句者必達蟄伏之物盡敷舒也高誘淮南天文注云執蟄徐舒伏蟄之物皆散舒而出李在成國前高同時孫稍後說略相近則成國說亦不誤

巳已也陽氣畢布已也 畢沅曰律書巳者言陽氣之已盡也律志已盛於巳說文巳已也四月陽氣已出陰氣已藏萬物見成文章故巳爲蛇象形白虎通巳者物必起必與畢通畢起言盡起 **於易爲巽** 畢沅曰說文顨巽也从丌頭聲此易顨卦爲長女爲風者今易止作巽說卦巽東南也東南辰巳之間也 **巽散也物皆生布**

散也王啟原曰巽爲風說卦風以散之故曰巽散也

午仵也陰氣從下上與陽相仵逆也畢沅曰仵俗字當作啎說文午啎也五月陰气午屰陽冒地而出也又云啎屰也从午吾聲律志咢布於午咢亦啎屰之意也律書午者陰陽交故曰午案午有交午之義故云蘇輿曰白虎通壯盛於午午物滿長義稍別據律志咢卽遻遻迕同觀王**於易爲離**畢沅曰說卦離也者明也萬物皆相見南方之卦也南方午位也**離麗也**畢沅曰序卦離者麗也**物皆附麗陽氣以茂也**

未昧也日中則昃向幽昧也畢沅曰言日中則昃是專就一日午後言之義殊未的律志昧薆於未其失同也律書未者言萬物皆成有滋味也白虎通未味也說文未味也六月滋味也五行木老於未象木重枝葉也說皆精確案坤貞於六月未不云於易爲坤者見後釋地篇蘇輿曰易豐象云日中則昃月盈則食天地盈虛與時消息公羊疏二十六引鄭康成云言皆有休已無常盛也王弼注施於未足則常豐施於已盈則方溢不可以爲常正義盛必有衰自然常理日中至盛過中則昃月滿則盈過盈則食釋名此語蓋用易義爲比例之詞以申昧字之旨言物理無常盛極將衰如日將昃漸向幽昧漢志言昧薆亦卽此義畢說似非淮南天文訓亦云未者昧也玉燭寶典引詩汜歷樞云未者昧也昧者盛也別一

義

申身也畢沅曰白虎通少陰見於申申者身也**物皆成其身體各申束之使備成也**畢沅曰說文申神也七月陰气成體自申束从臼自持也王啟原曰吳校身體下補也亦言三字

酉秀也秀者物皆成也畢沅曰律書酉者萬物之老也白虎通酉者老也律志畱孰於酉說文酉就也八月黍成可爲酎酒諸說不同其義皆是秀老畱就皆與酉聲叶王啟原曰吳校秀者作秀則王先愼曰秀華美意論語苗而不秀者有矣夫秀而不實者有矣夫月令秀草不實昔人無訓秀爲成成實義詩毛傳不榮而實謂之秀釋草無不字作榮而實曰秀娊釋成國沿之訓爲物成恐非葉德炯曰說文酉爲秋門秋者西方之行故於易爲兌也**於易爲兌兌說也物得備足皆喜說也**畢沅曰說卦說言乎兌又曰兌正秋也萬物之所說也故曰說言乎兌

戌恤也物當收斂矜恤之也畢沅曰律書白虎通說文皆說戌爲滅與恤義不合惟律志云畢入於戌則有收恤之義蘇輿曰下云脫落卽滅之意成國蓋以爲旁義凡云亦言者竝同**亦言脫也落也**王啟原曰吳校落也上補物脫二字

亥核也收藏百物核取其好惡眞僞也葉德炯曰爾雅太歲在亥曰大淵獻開元占經引李巡注言萬物落於亥大小深藏屈近陽故曰淵獻又孫炎注淵深也大獻萬物於深謂葢藏之於外也亦言物成皆堅核也畢沅曰律書亥者該也言陽氣藏於下故該也律志該閡於亥白虎通亥者侅也說文亥荄也該侅荄音義皆同似勝核也之訓

甲孚甲也畢沅曰今本作孚也从段校本增甲字王啟原曰吳校作甲甲也萬物解孚甲而生也畢沅曰事類賦注引作甲者萬物孚甲種類分也周易彖傳雷雨作而百果草木皆甲坼鄭康成云皆讀爲人倦解之解說文甲位東方之孟陽氣萌動从木戴孚甲之象蘇輿曰律書甲者萬物剖孚甲而出也剖亦有解義白虎通甲者萬物孚甲也

乙軋也自抽軋而出也畢沅曰律書乙者言萬物生軋軋也律志奮軋於乙說文乙象春草木冤曲而出陰氣尚彊其出乙乙也

丙炳也物生炳然皆著見也畢沅曰律書丙者言陽道著明故曰丙律志明炳於丙說文丙位南

方也萬物成炳然

丁壯也物體皆丁壯也畢沅曰一切經音義三引皆作丁壯也言物體皆壯健也夏時萬物丁成實也律書丁者言萬物之丁壯也故曰丁說文丁夏時萬物皆丁壯成實王啟原曰吳校作丁丁也成蓉鏡曰案此以雙聲爲訓也丁古音讀如朾鉦者丁寍之合聲是丁與鉦音近故陸氏釋文亦以丁丈切長自廣韻十三耕丁中莖切詩曰伐木丁丁十五青丁當經切當也亦辰名分而爲二於是學者遂以中莖一音專屬之伐木聲矣蘇輿曰白虎通丁者强也廣雅釋詁同强壯同義玉燭寶典引詩氾歷樞丁者亭宋均云亭猶止陽氣著止而止也別一義

戊茂也物皆茂盛也畢沅曰白虎通戊者茂也律志豐楙於戊楙茂音義同鄭康成注禮記月令云戊之言茂也蘇輿曰玉燭寶典引詩氾歷樞戊者貿也陰貿陽柔變剛也貿亦同聲字說文戊中宮也象五龍六甲相拘絞也

己紀也皆有定形可紀識也畢沅曰律志理紀於己白虎通己者抑屈起疑文有脫誤蘇輿曰玉燭寶典引元命苞己者抑詘而起與白虎通同說文己中宮也象萬物辟藏詘形也

庚猶更也畢沅曰猶字疑衍律志斂更於庚鄭注月令云庚之言更也

庚堅强貌也畢沅曰說文庚

位西方象秋時萬物庚庚有實也是堅强之貌王啟原曰吳校作庚猶更更堅强貌也蘇輿曰玉燭寶典引元命苞庚者物色更與此訓合

辛新也物初新者皆收成也 畢沅曰律志悉新於辛鄭注月令曰辛之言新也蘇輿曰玉燭寶典引元命苞辛者陰治成治作嬙與收成義亦近

壬妊也陰陽交物懷妊也至子而萌也 畢沅曰律志懷任於壬說文壬位北方也陰極陽生故易曰龍戰于野戰者接也象人褢妊之形承亥壬以子生之敘也王啟原曰吳校至子上刪也字蘇輿曰玉燭寶典引元命苞壬者陰始任宋均云壬始任育鄭注月令壬之言任也任妊同

癸揆也揆度而生乃出土也 畢沅曰律書癸之爲言揆也言萬物可揆度故曰癸律志陳揆於癸白虎通癸者揆度也鄭注月令曰癸之言揆也說文作𤼥云冬時水土平可揆度象水從四方流入地中形也籀文作癸从𣎵从矢聲王啟原曰呂本出土作出之蘇輿曰玉燭寶典引元命苞癸者有度可揆繹宋均云至癸萌漸欲生可揆尋繹而知

霜喪也其氣慘毒物皆喪也 畢沅曰說文霜喪也白虎通霜之爲言亡也

露慮也覆慮物也皮錫瑞曰覆慮蓋古語亦謂之覆露漢書晁錯傳覆露萬民嚴助傳陛下垂德惠以覆露之淮南子時則篇包裹覆露皆以覆露連文郎覆慮也慮露一聲之轉孫詒讓曰釋宮室云廬慮也取自覆慮也

雪綏也水下遇寒氣而凝畢沅曰說文凝作冰水堅也俗冰从疑今此用俗字文選雪賦注引綏作娞亦俗字集韻與綏通用**綏綏然也**畢沅曰文選注初學記廣韻御覽皆引作水下遇寒而凝綏綏然下也

霰星也水雪相搏如星而散也畢沅曰水御覽引作冰不從搏本或作摶鄭箋頍弁詩云將大雨雪始必微溫雪自上下遇溫氣而摶謂之霰詩釋文云摶徒端反然則此當作摶王啟原曰吳校星也下有散也二字

霢霂小雨也畢沅曰詩信南山云益之以霢霂毛傳小雨曰霢霂**言裁霢歷霑漬如人沐頭惟及其上枝而根不濡也**畢沅曰埤雅引如人之沐惟及其上支而已今此作沐頭似出後人所改張荔生曰郝氏蘭皋謂霢霂雙聲轉為溟濛案亦謂之溟沐太元少密雨溟沐亦謂之濛濊潘尼苦雨賦始濛濊而徐墜覛初學霢霂溟濛溟沐濛濊竝聲之轉沈約見庭雨應詔詩霢霂裁欲垂霏微不能注勦覛初霢霂雙聲霏微疊韻相對成文覛釋名為優王啟原曰吳校下霢字作脈

雲猶云云眾盛意也畢沅曰呂氏春秋圜道篇雲氣西行云云然說文云古文雲蘇輿曰御覽天部八引無意字又言運也孫楷曰管子戒篇四時雲下注云運也初學記引春秋說題辭云雲之為言運也動陰路觸石而起謂之雲合陽而起以精運也是雲義為運與釋名合運行也畢沅曰案御覽引有霞一條云霞白雲映日光而成赤色假日之赤光而成也故字从叚遐聲似應在此下今書無之姑附見於此王啟原曰吳校作若運行也

雷硍也如轉物有所硍雷之聲也畢沅曰硍御覽音郎說文云硍石聲也从石艮聲王啟原曰吳校作雷雷也

電殄也言乍見卽殄滅也畢沅曰今本無言字又卽作則據一切經音義引增改蘇輿曰御覽天部十三引亦無言字卽作則

震戰也王啟原曰易繫辭震无咎者鄭注震懼也戰兢之戰亦懼也先謙曰震戰雙聲字所擊輒破若攻戰也又曰辟歷畢沅曰字當作劈歷說文震劈歷振物者辟析也所歷皆破析也畢沅曰今本析皆作折據義當作析說文劈破也成蓉鏡曰辟礰一切經音義五引蒼頡篇十劈歷說文爾注言二郭注方霹靂爾雅釋文郭注竝疊韻字成

國義近鑿蘇輿曰辟字衍辟歷即析之合音故云辟歷析也所歷皆破析也亦總申辟歷之義承析字言之御覽天部十三引正作霹靂析也雖字不同而無辟字成疑其義近鑿不知辟本衍字也又御覽無所歷下六字霹靂析也句在震戰也三句上

雹跑也畢沅曰今本跑作砲據一切經音義引作跑音蒲學切**其所中物皆摧折如人所蹴跑也**畢沅曰蹴跑本皆作盛砲亦據一切經音義改玉篇跑蒲雋切蹴也則蹴跑二字不誤矣御覽蹴作蹙後又因形近遂譌爲盛

虹陽氣之動也畢沅曰今本脫此句據初學記藝文類聚引補**虹攻也純陽攻陰氣也**畢沅曰春秋元命苞陰陽交爲虹蜺**又曰蝃蝀其見每於日在西而見於東啜飲東方之水氣也**畢沅曰詩曰蝃蝀在東蔡邕月令章句曰虹見有青赤之色常依陰雲而晝見於日衝無雲不見太陰亦不見見輒與日相互率以日西見於東方皮錫瑞曰蝃蝀雙聲字成國義亦近鑿葉德炯曰藝文類聚天部下引黃帝占軍訣云攻城有虹從外南方入飲城中者從虹攻之勝初學記天部下引劉敬叔異苑曰晉陵薛願義熙初有虹飲其釜須臾翕響便竭此虹能飲之證說文虹蝃蝀也狀似蟲似蟲則能飲水也**見於西方曰升朝日始升**

而出見也畢沅曰詩曰朝隮于西毛傳隮升鄭箋朝有升氣於西方又曰美人畢沅曰藝文類聚引作夫人譌也郭璞爾雅注云俗名爲美人虹異苑曰古語有之曰古者有夫妻荒年菜食而死俱化成青虹故俗呼爲美人虹陰陽不和婚姻錯亂淫風流行男美於女女美於男互相奔隨之時畢沅曰互今本譌作恆藝文類聚引作男女互相奔隨之時茲據改恆从互餘不據改王啟原曰吳校之時上補於人二字則此氣盛畢沅曰毛詩蝃蝀傳夫婦過禮則虹氣盛月令章句夫陰陽不和婚姻失序卽生此氣故以其盛時名之也

霓齧也皮錫瑞曰說文隉班固說不安也周書曰邦之阢隉讀若虹蜺之蜺五結切梁書王筠傳沈約作郊居賦示筠筠讀至雌霓翻五的連踡約舞掌欣抃曰僕嘗恐人呼爲霓翻五兮是霓古讀入聲與齧音近王先慎曰漢書天文志抱珥𧈢蜺如淳曰蜺讀曰齧是二字古音本同其體斷絕見於非時此災氣也傷害於物如有所食齧也王啟原曰吳校食齧作蝕齧下日月虧曰食及如蟲食皆同吳翊寅曰說文蝕敗創也上言傷害於物則作蝕爲是

暈畢沅曰說文暉光也不作暈周禮眡祲掌十煇之法鄭司農云煇謂日光氣也據此似當作煇葉德炯曰呂覽高誘注暈讀如君國子民之君氣圍繞日周帀有似軍營相圍守故曰暈也又淮南子作運注一曰運讀如連圍之圍運者軍也有軍事相圍守則月運出也此日月俱暈之證暈軍曡韻暈捲雙聲蘇輿曰天官書兩軍相當曰暈集解如淳曰暈讀曰運則暈有運音開元占經引石氏云日旁有氣員而周帀內赤外青爲暈**捲也氣在外捲結之也**畢沅曰說文捲收也**日月俱然**吳翊寅曰此條當在珥下蝕上列此不類

陰畢沅曰說文霒雲覆日也从雲今聲古文省作会今經典通用陰**而風曰曀**畢沅曰爾雅亦云詩云終風且曀毛傳義亦同**曀翳也言雲氣掩翳日光使不明也**畢沅曰今本及北堂書鈔引皆無雲氣二字據一切經音義引增先謙曰吳校無雲氣二字

風而雨土曰霾畢沅曰北堂書鈔引脫雨字御覽引無此句爾雅風而雨土爲霾詩云終風且霾毛傳霾雨土也**霾晦也言如物塵晦之色也**

珥氣在日兩旁之名也珥耳也言似人耳之在兩旁也畢沅曰今本作

在面旁據御覽引改王先慎曰呂氏春秋明理篇高注珥曰旁之危氣也在上內向爲冠兩旁內向爲珥開元占經日占篇引石氏云日兩旁有氣短小青赤名爲珥蘇輿曰說文珥从玉耳耳亦聲則珥耳同聲字文選七發注引倉頡云珥珠在耳也續漢輿服志亦云珥耳璫垂珠也葢珥本從耳取聲義故凡在耳兩旁者謂之珥引申爲氣在日兩旁之名成國此義最塙漢書天文志抱珥虹蜺注引孟康云珥形點黑也又引如湻云凡氣食日上爲冠爲戴在旁直對爲珥

日月虧曰食畢沅曰食一切經音義廣韻皆引作蝕史漢亦皆作蝕案經典皆不作蝕蝕乃別字吳胡寅曰天官書韋昭注虧毁曰蝕食叚借字蝕正字畢以蝕爲誤非也**稍稍侵虧如蟲食草木葉也**成蓉鏡曰案日食者月掩之月食者地影隔之也成國云如蟲食葉比例未確

朏月未成明也畢沅曰說文朏月未盛之明也从月出聲周書曰丙午朏**霸月始生霸然也**畢沅曰說文霸月始生霸然也承大月二日承小月三日从月䨣聲周書曰哉生霸**晦月盡之名也**畢沅曰以上三句今本脫據初學記引補**晦灰也火死爲灰月光盡似之也**畢沅曰說文晦月盡也王啟原曰晦每聲脢亦每聲易咸其脢虞翻曰夾脊肉也禮記內則取牛羊麋鹿麕之肉必脄注脊側肉也是脢脄一字言灰亦

非無據匪第晦灰一聲之轉

朔月初之名也畢沅曰今本脫此句據初學記引增朔蘇也月死復蘇生也畢沅曰說文朔月一日始蘇也

弦月半之名也其形一旁曲一旁直若張弓施弦也畢沅曰北堂書鈔藝文類聚初學記御覽引皆無施字皮錫瑞曰詩天保如月之恆傳恆弦正義曰集注定本縆字作恆釋文恆本亦作縆同說文恆古文作亙从月引詩如月之恆自孔六帖引詩作如月之縆考工記工人恆角而短鄭司農云恆讀為縈縆之縆楚辭九歌縆瑟兮交鼓注縆急張弦也葉德炯曰文選注二十九引有施字

望月滿之名也月大十六日小十五日日在東月在西遙相望也畢沅曰初學記引作望月滿之名也日月遙相望也簡括勝此原文說文朢月滿也與日相望呂朝君从臣从月从壬壬朝廷也成蓉鏡曰案此經望也若以定望推之則亦有十七日望者葉德炯曰文選二十九李陵與蘇武書注引小十五日小上有月字又鮑明遠翫月城西門廨中注引亦有月字此當據補

昏損也陽精損滅也葉德炯曰說文昏日冥也从日氏省氏者下也一曰民聲文選新刻漏銘注引五經要義昏闇也日入後漏三刻為昏據此則昏為日入古訓曰者太陽之精日入故陽氣損滅而為昏也

晨畢沅曰說文晨早昧爽也从臼辰曟从晶或省作晨然則晨是本字伸也旦而日光復伸見也畢沅曰一切經音義引作言其清旦日光復伸見也

祲侵也赤黑之氣相侵也畢沅曰鄭注周禮敘官眡祲云祲陰陽氣相侵漸成祥者魯史梓慎云吾見赤黑之祲

氛粉也潤氣著草木因寒凍凝色白若粉之形也畢沅曰一切經音義引作因冷則凝色白若粉也王啟原曰晉書天文志雜氣猛將之氣或白如粉沸軍勝之氣或如埃塵粉沸伏兵或白氣粉沸氣有五色茲以諧音單舉粉白以該其餘

霧冒也氣蒙亂覆冒物也畢沅曰初學記廣韻俱引作氣蒙冒覆地之物也事類賦注引作氣蒙冒覆物也昏暗之時則爲妖災明王聖主則爲祥瑞御覽引亦同似此爲後人節去王啟原曰初學記一御覽十五引春秋元命包云霧陰陽之氣也陰陽怒而爲風亂而爲霧氣蒙冒覆地之物也晉書天文志霧者衆邪之氣陰來冒陽

蒙日光不明蒙蒙然也畢沅曰書洪範龜兆其一曰蒙蒙本作雺正義引鄭注云雺氣澤鬱鬱冥冥也

此似當云霿蒙也但漢書五行志及京房傳亦但言蒙氣不增亦可孔傳云蒙陰闇案此條今本皆連上文非今改提行起

彗星光梢似彗也畢沅曰一切經音義兩引皆作彗星星光稍稍似彗也王啟原曰吳校彗星下亦補一星字

孛星星旁氣孛孛然也畢沅曰一切經音義引作言其孛孛然似埽彗也春秋文十四年有星孛入于北斗昭十七年有星孛于大辰哀十三年有星孛于東方公羊三發傳皆云孛者何彗星也成蓉鏡曰御覽七引天文錄曰芒氣四出曰孛孛謂孛孛然也王啟原曰漢書五行志孛者惡氣之所生也謂之孛者言其孛孛有所妨蔽闇亂不明之皃也蘇輿曰開元占經引齊穎云孛芒短其光四出蓬蓬孛孛也彗見其光芒長寒如埽彗又引董仲舒云孛星彗星之屬也芒偏指曰彗芒氣四出曰孛論語色勃如也說文引勃作孛孛勃通孛孛猶言勃勃矣穀梁文十四年傳孛之爲言猶茀也孛茀亦同聲字

筆星星氣有一枝末銳似筆也成蓉鏡曰案史記天官書謂之昭明星蘇輿曰成定爲昭明星葢據索隱引釋名此條語也然天官書云昭明星大而無角乍上乍下漢志同開元占經引巫咸云西方有星大而白有角自

下視名曰昭明雖有無角有角之異與此實不相類索隱說證此與䓁孛流爲一類疑亦妖星之屬天文志言䓁孛飛流晉志自下而升曰飛此或飛星之異名自下而升其氣直上有似筆形故取名焉昭明乃常星廁之於此則不類矣

流星星轉行如流水也王先慎曰天文志䓁孛飛流孟康注流光迹相連也

枉矢齊魯謂光景爲枉矢畢沅曰光景二字疑流星之譌史記天官書云枉矢類大流星蛇行而蒼黑望之如有毛羽然據此枉矢亦流星之類流字脫水旁而爲㐬類光字景與星皆从日由是譌爲光景與**言其光行若射矢之所至也亦言其氣枉暴有所災害也**畢沅曰恆星有弧矢象張弓注矢之形其矢三星微曲亦名枉矢正向天狼星所謂弧矢射天狼也其星在輿鬼之南是有定位不流移者非此所謂枉矢也王啟原曰吳校枉矢上補又曰二字通上流星爲一條又齊魯謂光景爲枉矢刪光字矢字災害下補似矢二字按枉矢漢志及晉書天文志載荊州占俱言類流星不言即流星也蓋流星星流而仍星象枉矢則流時光徑數丈無復星之圓體以其亦流故云類流星也開元占經載枉矢數十事如春秋合誠圖云枉矢者射星也河圖曰枉矢東流天下恐洛書洛罪級曰枉矢射主以兵去易辨終備曰枉矢流隱合謀國雄逃詩緯曰枉矢流天降喪亂與釋名所言合畢以爲流星之譌固非吳則

妄改不足據

厲疾氣也中人如磨厲傷物也吳翊寅曰厲疾氣也吳校作厲厲也疾氣下刪也字案說文厲旱石也疫癘之氣如磨厲之悍故據誼補當從之

疫役也言有鬼行役也畢沅曰一切經音義引作言有鬼行役役不休也說文疫民皆疾也似役役不休之訓爲得王啟原曰按疫有鬼自昔云然周世之儺卽逐疫之意秦漢世則直言逐疫鬼高誘呂氏春秋季冬紀注云前歲一日擊鼓驅疫癘之鬼續漢禮儀志先臘一日大儺謂之逐疫侲子和曰凡使十二神追惡凶赫女軀拉女幹節解女肉抽女肺腸女不急去後者爲糧東京賦亦備言驅厲之事亦以羣鬼爲辭故玉篇直釋疫云癘鬼也漢舊儀顓頊氏有三子生而亡去爲疫鬼則疫鬼之傳舊矣

札截也氣傷人如有斷截也畢沅曰今本札字加疒俗也均人云凶札則無力政左昭四年傳民不夭札皆止作札不从疒

災裁也畢沅曰案說文裁从火𢦏聲或从宀火籀文作災則裁災異文同字**火所燒滅之餘曰裁**

言其於物如是也

害割也如割削物也 皮錫瑞曰案書大誥天降割于我家釋文割馬本作害禮緇衣君奭曰在昔上帝周田觀文王之德鄭注古文周田觀文王之德爲割申勸寍王之德周與害篆文相似恭書本作害而誤爲周也

異者異於常也 王啟原曰吳校異者作異言案繁露必仁且知有不常之變者謂之異洪範五行傳非常曰異

眚省也如病者省瘦也 畢沅曰今本二省字俱作消一切經音義兩引一引作痟一引作瘠案此書訓詁皆取音相近之字消痟音與眚皆不近瘠亦說文所無春秋莊廿二年春肆大眚公羊傳作省此書言語篇據御覽作省瘦也則此當作眚省也章懷注後漢書袁閎傳引謝承書云面貌省瘦正與此合今據改

慝態也有姦態也 王啟原曰春秋昭十七年傳慝未作注慝陰氣也周禮匡人匡邦國而觀其慝注姦僞之惡也

妖殀也殀害物也 畢沅曰妖從女旁殀从歹旁竝俗字妖當作祅祅兩殀字當作夭說文示部祅地反物爲祅也从示芺聲又虫部衣服歌謠艸木之怪謂之祅左傳民不夭札夭字不從歹

蠥蘖也遇之如物見髡蘖也畢沅曰今本蠥蘖字皆作孽別也案一切經音義引此文上孽字从虫作蠥下兩孽字皆从木作蘖說文禽獸蟲蝗之怪謂之蠥又云蘖伐木餘也據此二書字義則作蠥蘖爲是

釋地第二

地底也其體底下載萬物也畢沅曰今本地下有者字據月令正義莊子釋文爾雅釋文引刪爾雅釋文引體下有在字御覽引其上有言字皆不從蘇輿曰御覽地部一引無體字亦言諦也五土所生莫不審諦也畢沅曰審今本作信據御覽引改大司徒以土會之法辨五地之物生五地謂山林川澤丘陵墳衍原隰也五土所生即五地之物生也爾雅釋文引禮統云地施也諦也應變施化審諦不誤易謂之坤畢沅曰說卦坤地也又曰坤爲地坤順也上順乾也畢沅曰易繫辭夫坤天下之至順也彖曰至哉坤元萬物資生乃順承天蘇輿曰御覽地部一作亦謂之坤坤順乾也以釋天易謂之乾乾健也健行不息也例之今本是

土吐也吐生萬物也畢沅曰此書以五行列於釋天篇故其篇已有此文顧土實地也固宜重見於此比之前文雖少一能字非誤也御覽引無萬字蘇輿曰御覽地部二引有萬字已耕者曰田畢沅曰鄭康成注尚

書禹貢曰地當陰陽之中能吐生萬物者曰土據人功力作競得而田之則謂之田

田塡也五稼塡滿其中也 畢沅曰五稼齊民要術引作五穀案杜預注左傳莊七年無麥苗云平地出水漂殺熟麥及五稼之苗五稼之語實本諸此御覽引中下有心字俱不從葉德炯曰爾雅釋文引李巡注田陳也謂陳列種穀之處

壤臒也肥臒意也 畢沅曰兩臒字今本一作瀼一作濡瀼字說文所無濡字音不近皆非也說文益州鄙言人盛諱其肥謂之臒从月襄聲方言凡人言盛及其所愛諱其肥晐謂之臒郭璞注肥臒多肉漢書鄒陽傳壤子王梁代晉灼引方言以臒爲壤知二字義同亦得通用此切證也故竝改正王啟原曰吳校作壤瀼也瀼瀼肥濡意也

廣平曰原 畢沅曰本爾雅 **原元也如元氣廣大也** 畢沅曰原當作邍原乃灥之省文水泉本也與平邍字誼異但經典通用已久仍之王先愼曰春秋繁露重政篇元猶原也二字轉相注

高平曰陸 畢沅曰亦本爾雅李巡注爾雅云高平謂土地豐正名爲陸 **陸漉也水流漉而去也** 畢沅曰水御覽引作川案劉淵林注蜀都賦灑漉池而爲陸澤引蔡邕曰凝雨曰陸是陸有流漉之誼也

下平曰衍言漫衍也 畢沅曰鄭注大司徒亦曰下平曰衍

下溼曰隰畢沅曰亦本爾雅李巡曰下溼謂土地窊下常沮洳名爲隰也**隰蟄也蟄溼意也**王啟原曰吳校下蟄字重王先慎曰爾雅蟄靜也說文虞氏易注並云蟄藏也均無下溼義蟄當作墊方言說文莊子司馬注並云墊下也是墊爲凡在下之稱書下民昬墊鄭注陷也某傳溺也土爲水溼勢若陷溺是此文當作下溼曰隰隰墊也墊溼意也後人以墊音疊漢地理志孟康注墊音疊與隰聲別故改墊爲蟄不顧其義之不通矣說文墊從土執聲執隰音近一切經音義四濕濕墊也即本此訓從土不從虫猶見唐以前此字尚不誤

下而有水曰澤言潤澤也畢沅曰廣韻御覽引無而字

地不生物曰鹵鹵爐也如爐火處也畢沅曰爐水經注引作盧今加火旁俗王啟原曰書禹貢海濱廣斥鄭注斥謂地鹹鹵世本作篇宿沙作煮鹽說文古者宿沙初作煮海鹽煮則用鑪此海鹽也左襄二十五年傳表淯鹵賈逵注淯鹹也天生曰鹵人生曰鹽鹽在正東方鹵在正西方也王冀洛都賦東有鹽池玉潔冰鮮不勞煮洨成之自然晉地太原一名大鹵以其生鹽也河東鹽池不假煮治此賈所謂天生者他鹽須鑪而成此則不湅治如經鑪成故云如鑪火處也

徐州貢土五色畢沅曰出尙書禹貢色有青黃赤白黑也畢沅曰今本色字不重據御覽引增土青曰黎似藜草色也畢沅曰今本藜作黎御覽引作藜說文藜艸也从艸黎聲則作藜爲是皮錫瑞曰案史記作厥土青驪驪亦青黑之色成國據今文與史記意同而字異馬曰黎小疏也古文說不以黎爲色土黃而細密曰埴埴膱也黏胒如脂之膱也畢沅曰今本膱作膩據莊子馬蹏篇釋文引作膱之食反一切經音義三引一引作膩一引作膱一引作樴膱是也餘皆譌膱字从戠戠亦黏也尙書禹貢曰厥土赤埴墳埴謂黏土鄭康成注攷工記弓人云樴讀如脂膏膱敗之膱膱亦黏也說文作殖云殖脂膏久殖也皮錫瑞曰案今本尙書作埴據成國所引今文尙書作埴則僞孔蓋從今文尙書釋文云徐鄭王皆讀曰戠戠赤也與黏土訓異蓋古文說與成國所引今文義不同蘇輿曰御覽地部二引無黏胒二字土赤曰鼠肝似鼠肝色也葉德炯曰莊子大宗師以汝爲鼠肝乎葉石君影宋本釋文引向云似委棄土壤面色按此言子來之病色疑古本以鼠肝爲顏色字如後世羊脂白雜血赤之類今徐盧二刻面色作而已上無似字此淺人刪改孫詒讓曰管子地員篇五弘之狀如鼠肝卽此土白曰漂漂輕飛散也孫詒讓曰漂卽周禮草人之輕爂先鄭注輕爂輕脆者說文漂漂爂也玉燭寶典引四民月令

云三月可菑沙白輕土之田**土黑曰盧盧然解散也**皮錫瑞曰說文壚黑剛土也鄭注壚疏也古文尚書作壚成國據今文不從土孫詒讓曰盧卽草人埴壚也先鄭注壚黏疏者

釋山第三

山產也產生物也畢沅曰北堂書鈔初學記爾雅疏皆引作言產生萬物也說文山宣也宣氣散生萬物有石而高象形義似勝此蘇輿曰御覽地部三引作山產也言產萬物**土山曰阜阜厚也言高厚也**畢沅曰爾雅云大陸曰阜說文作𠂤云𠂤大陸山無石者象形**大阜曰陵**畢沅曰爾雅同說文亦云陵大𠂤也**陵隆也體隆高也**畢沅曰隆廣韻引作崇唐時避明皇帝諱也先謙曰陵隆雙聲漢林慮避諱改隆慮亦用雙聲字改也陵林音同

山頂曰冢畢沅曰爾雅亦云山頂冢**冢腫也言腫起也**王啟原曰說文冢高墳也左僖十年傳祭地地墳晉語韋注墳起也穀梁傳云覆酒於地而地賁范注賁沸起也又三墳五典漢王政張納碑俱云典賁是墳有賁義冢亦宜有腫義故廣雅亦云冢腫也

山旁曰陂言陂陁也葉德炯曰說文陂阪也阪下云坡者曰阪一曰澤障一曰山脅也山脅卽山旁之異訓

山脊曰岡畢沅曰爾雅亦云山脊岡**岡亢也在上之言也**先謙曰岡亢疊韻說文亢頸也頸於人身在上廣雅釋詁亢高也極也易亢龍王肅注窮高曰亢後漢梁冀傳注亢上極之名也

山旁隴間曰涌涌猶桶桶狹而長也王先愼曰涌當爲甬史記項羽紀穿甬道而輸之粟甬道長而狹之道也義與此近

山大而高曰嵩畢沅曰爾雅嵩作崧皆非古當作崇**嵩竦也亦高稱也**畢沅曰嵩字說文未有新附字中乃有之徐鉉稱韋昭國語注云古通用崇字漢書郊祀志作宻師古曰古崇字案字體小變耳當以崇爲正

山小而高曰岑畢沅曰今本脫而字據初學記御覽引補爾雅亦云山小而高岑**岑嶃也嶃嶃然也**畢沅曰嶃俗字也當作嶄詩小雅嶄嶄之石毛傳嶄嶄山石高峻釋文嶄士銜反然則古通借嶄字爲之葉德炯曰唐卷子本玉篇山部引孟子可使高于岑嶁劉熙注岑嶁小山鋭頂者也與此義合

山銳而高曰喬畢沅曰今本作土銳而長曰嶠爾雅銳而高喬初學記御覽皆引作山銳而高曰喬與爾雅合據改嶠字在說文新附字中其下注云古通用喬然則不當復加山旁蘇輿曰下云形似橋則此喬字當作橋史記五帝紀葬橋山正義引爾雅云山銳而高曰橋則爾雅亦有作橋者成國沿之故訓爲橋形也**形似橋也**

山上大下小曰甗畢沅曰今本作小山別大山曰甗據御覽引改**甗甑也甑一孔者甗形孤出處似之也**畢沅曰郭璞注爾雅云甗甑也山形狀似之上大下小因以名云王啟原曰吳校刪甗下甑也二字又按小山別大山鮮郭注不相連詩皇矣傳小山別大山鮮用雅訓也而公劉傳則云巘小山別於大山是鮮巘一也又爾雅云重甗隒郭注謂山形如累兩甗甗則孫炎所謂甗山基有重岸者鮮則合二山之大小言者也玉篇及公劉正義引爾雅甗作巘是甗巘又本一義山之疊巘自有大小之別孫郭本爾雅既作甗玉篇又自有山嶺曰甗一訓釋名甗甑之說或所見爾雅亦是重甗隒字既作甗故以甑釋爾雅之鮮也春秋左定二年傳自小別至于大別小別今在安陸府漢川縣南北朝謂之甑山於其地立甑山郡爲南北爭戰之地其由小別而名甑山與釋名義合當時必有取義然則今本殆不誤未可據御覽所引以改之呂本與今本同吳校此獨不輒改此其善亦不可沒者

山多小石曰磝畢沅曰說文嶅山多小石也从山敖聲此從石旁作非磝堯也每石堯堯獨處而出見也畢沅曰御覽引無見字蘇輿曰堯堯猶嶢嶢廣雅釋詁堯嶢也白虎通號篇堯猶嶢嶢也至高之貌

山多大石曰礐畢沅曰礐當从山作嶨說文嶨山多大石也从山學省聲礐學也大石之形學學然也畢沅曰然今本誤作形據初學記御覽引改蘇輿曰釋山釋文礐或作确又作嶨嶨卽學之後起字

山有草木曰岵畢沅曰詩陟彼岵兮爾雅多草木岵說文岵山有艸木也蘇輿曰毛傳山無草木曰岵山有草木曰屺與爾雅異邢疏以爲傳寫誤據此則成國所見爾雅與今本同又與說文合未可據毛傳改爾雅也岵怙也人所怙取以爲事用也

山無草木曰屺畢沅曰屺北堂書鈔初學記御覽皆引作峐是因爾雅無草木峐之文而誤也峐字說文所無峐則誼別說文屺山無艸木也从山己聲詩曰陟彼屺兮屺圮也無所出生也

山上有水曰埒畢沅曰埒今本譌作垺爾雅山上有水埒據改埒脫也脫而下流也蘇輿

曰釋山郭注埒多停泉與此下流義不合列子湯問篇壺領正頂有水涌出一源分爲四埒注於山下張堪云山上水流曰埒與釋名義同

石載土曰岨岨臚然也土載石曰崔嵬因形名之也 畢沅曰載即戴古通用毛詩卷耳傳崔嵬土山之戴石者石山戴土曰岨說文岨石戴土也皆與此合惟爾雅云石戴土謂之崔嵬土戴石爲岨正與此反葢寫爾雅者誤也王啟原曰岨臚然者言若駔盧也周禮典瑞駔圭璋璧琮琥璜之渠眉注鄭司農云駔外有捷盧也疏云捷盧若鋸牙然石之載土正似之

山東曰朝陽山西曰夕陽隨日所照而名之也 畢沅曰卷阿詩傳山東曰朝陽公劉詩云度其夕陽毛傳山西曰夕陽爾雅山西曰夕陽孫炎注夕乃見日又曰山東曰朝陽孫炎云朝先見日也

山下根之受霤處曰甽 畢沅曰說文甽古文く从田从巛甽田之巛也畎篆文く从田犬聲 **甽吮也吮得山之肥潤也** 蘇輿曰書皋陶謨濬畎澮鄭注畎田間溝也畎同甽漢書食貨志顏注甽壟也彼以人

功所濬自田間言之此以自然所造就山下言之其爲溝壟之稱則一今俗亦竝呼爲甽霤深而土融漸成溝形受滴處土色光潤形如吮物故云吮得山之肥潤甽吮雙聲

山中叢木曰林 畢沅曰說文平土有叢木曰林从二木 **林森也森森然也** 畢沅曰說文森木多皃从林从木

山足曰麓 畢沅曰毛詩旱麓傳麓山足也周語引詩作旱鹿穀梁傳十四年傳林屬於山爲鹿與易卽鹿無虞皆以鹿爲麓古通用 **麓陸也言水流順陸燥也**

山體曰石石格也堅捍格也 畢沅曰捍俗扞字蘇輿曰御覽地部十六引作山體曰石石硌硌也堅捍硌也硌與落同道德經言落落如石義亦通禮學記扞格而不勝鄭注格讀如凍洛之洛扞堅不可入之貌石體堅不可入故云然 **小石曰礫** 畢沅曰說文礫小石也 **礫料也小石相枝柱其間料料然出內氣也** 畢沅曰御覽引無出內氣三字

釋水第四

天下大水四謂之四瀆江河淮濟是也畢沅曰濟當爲泲說見下瀆獨也各獨出其所而入海也畢沅曰爾雅江河淮濟爲四瀆四瀆者發原注海者也

江公也諸水流入其中所公共也畢沅曰今本諸作小又無所字據初學記引改增水經注引作江共也小水流入其中所公共也文選江賦注引作江者公也出物不私故曰公也北堂書鈔引作江者公也小水流入其中出物不私所以公共也御覽引作江公也小水流入其中所公共也蘇輿曰風俗通江者貢也珍物可貢獻也江公取疊均江貢取雙聲

淮圍也畢沅曰說文圍守也口回也象回帀之形據下圍繞之義字當作口然諸書鮮有用者仍之水經注又作淮韋也漢書成帝紀大風拔甘泉中大木十韋㠯上師古曰韋與圍同是音同亦得相通也圍繞揚州北界東至海也畢沅曰北堂書鈔引北界上有自字水經注引東至下有于字皆可不從

河下也隨地下處而通流也畢沅曰初學記引作河者下也隨地下流而通也蘇輿曰春秋說題辭河之爲言荷也荷精分布懷陰引度也廣雅河何也聲較近

濟 水畢沅曰說文濟水出常山房子贊皇山東入泜然則別是一泲沇也東入于海今經典多通用濟字蘇輿曰水經濟水注引風俗通云濟出常山房子縣贊皇山蓋以常山之濟當四瀆之濟酈道元已駁之徐鍇說文繫傳云漢書房子縣贊皇山濟水所出東至廮陶入泜此非四瀆之濟四瀆之濟古皆作泲今人多亂之辨泲濟二字甚悉漢書地理志河東垣縣禹貢王屋山在東北沇水所出其前載禹貢導沇水文竝作泲字又房子縣下云贊皇山石濟水所出說文水部濟水出常山房子贊皇山濟上當從漢志加石字段氏玉裁以爲志衍石字似非又云泲沇也東入于海班許二書其於濟泲二字尙存古人之眞尙書周禮春秋三傳爾雅史記風俗通及此書竝作濟蓋相亂已久春秋說題辭濟之爲言齊也齊者度也度者員也風俗通亦云濟者齊也齊其度量也義各別呂覽有始篇河濟之間爲兖州高注河出其北濟經其南與此合

濟也言源出河北濟河而南也 畢沅曰今本無言字據北堂書鈔初學記御覽引增尙書禹貢曰導沇水東流爲濟入于河溢爲滎是濟河而南也

川穿也穿地而流也 畢沅曰廣韻引作川者穿也說文川貫穿通流水也

山夾水曰澗 畢沅曰說文澗山夾水也爾雅山夾水澗在釋山篇 **澗間也言在兩山之間**

也 畢沅曰藝文類聚引無之字王先愼曰廣雅釋詁澗間也易鴻漸于干釋文云荀爽王肅干作澗注山間澗水也

水正出曰濫泉 畢沅曰爾雅濫泉正出正出涌出也 **濫銜也如人口有所銜口闓則見也** 畢沅曰當云口闓則歕也乃合涌出之義

縣出曰沃泉 畢沅曰爾雅沃泉縣出縣出下出也 **水從上下有所灌沃也** 蘇輿曰詩曹風洌彼下泉毛傳泉下流也疏引李巡云水泉從上澑下出說文沃溉灌也泉澑高縣從上而下若有所灌溉故云然

側出曰氿泉 畢沅曰爾雅氿泉穴出穴出仄出也案說文厬仄出泉也从厂晷聲讀若軌其氿字則說文引爾雅曰水醮曰氿今爾雅作水醮曰厬則厬氿二字互易錯用久矣蘇輿曰玉篇仄出曰氿泉與此合說文又云槃側出水也是側出之水又名槃 **氿軌也流狹而長如車軌也**

所出同所歸異曰肥泉 畢沅曰爾雅歸異出同流肥毛詩泉水傳所出同所歸異爲肥泉蘇輿曰爾雅郭注引毛傳云所出同所歸異爲肥與此合水經注引犍爲舍人云水異出流行合同曰肥別一義水經注言美溝水東南注淇水爲肥泉蓋本此爲名 **本同出時所浸潤少所歸各枝散而多似肥者也**

王啟原曰呂本肥字俱作淝

水從河出曰雍沛畢沅曰爾雅水自河出為灉言在河岸限內時見雍出則沛然也

水上出曰涌泉瀆泉竝是也畢沅曰李巡爾雅注水泉從下上出曰涌泉王啟原曰瀆泉吳校作瀆泉

水泆出所為澤曰掌畢沅曰說文泆水所蕩泆也案沛水入河泆出河南為滎澤茲言掌未聞水停處如手掌中也畢沅曰亭加人旁俗字也御覽引停上有所字今兗州人謂澤曰掌也畢沅曰一切經音義兩引皆作兗州人謂澤為掌言水渟處如掌中也王啟原曰水停處如掌中掌坦而易泄則潴水無多如今南方之塘非藪澤之澤也掌卽棠之轉音春秋隱三年公矢魚于棠棠漢為方與縣在兗州部山陽郡今之魚臺縣也棠又為唐續漢志方與有武唐亭劉昭注引桓二年盟于唐唐棠一地字亦通淮南子主術訓發城決唐注所以蓄水廣雅釋地塘池也漢志會稽錢唐今為錢塘是塘唐一字列子黃帝篇被髮行歌而游於棠行盧重元注本作塘下水經濟水注引何承天

曰鉅野湖澤廣大南通洙泗北連清濟又云濟水東北出鉅澤則鉅野亦濟水所溢棠是鉅野支流所分因而障之鉅野禹貢屬徐州漢屬兗州蓋時有謂棠爲掌者成國因有兗州謂澤曰掌之說耳

水決復入爲汜畢沅曰爾雅及毛詩江有汜傳皆云決復入爲汜說文汜水別復入也王啟原曰吳校爲作曰**汜已也如出有所爲畢已而還入也**

風行水波成文曰瀾畢沅曰爾雅河水清且瀾漪大波爲瀾瀾或作漣毛詩伐檀傳風行水成文曰漣**瀾連也波體轉流相及連也**畢沅曰一本轉作泛譌皮錫瑞曰說文瀾或作漣瀾漣古同聲通用

水小波曰淪畢沅曰爾雅小波爲淪說文小波爲淪从水侖聲詩曰河水清且淪猗**淪倫也水文相次有倫理也**畢沅曰水文今本譌作小文據御覽引改王啟原曰呂氏春秋古樂篇伶倫氏漢書人表作泠淪皮錫瑞曰詩伐檀釋文引韓詩云順流而風曰淪淪文貌文選謝希逸月賦注引薛君韓詩章句從流而風曰淪

水直波曰涇畢沅曰詩伐檀之二章云河水清且直猗毛傳直直波也爾雅直波爲涇**涇徑也言如道徑也**畢沅曰徑當爲徑而此書皆从人姑仍其舊蘇輿曰爾雅釋文涇作徑云字或作徑則此徑字非誤

水草交曰湄 畢沅曰爾雅水草交爲湄李巡注水中有草木交會曰湄案湄或通作麋巧言詩云居河之麋毛傳水草交謂之麋是假借麋爲湄也 **湄眉也臨水如眉臨目也水經川歸之處也** 吳翊寅曰吳校作水經川所歸之處曰海弁下爲一條案淮南汜論訓百川異流皆歸於海今連湄條顯然謬誤王氏引之以此爲至當不易之說當從之

海晦也主承穢濁 畢沅曰初學記引承作引 **其色黑而晦也** 畢沅曰今本而作如據初學記御覽引改雖古者如而字通據誼當以而字爲正王啟原曰博物志引尚書考靈曜云海之言昏晦無所睹也白虎通言瀆者濁也中國垢濁發源東注海故此言海主承穢濁也

水注谷曰溝 畢沅曰本爾雅 **田間之水亦曰溝** 畢沅曰攷工記匠人井間廣四尺深四尺謂之溝 **溝構也縱横相交構也** 畢沅曰構當作冓說文冓交積材也象對交之形今加手旁字俗

注溝曰澮 畢沅曰亦本爾雅， **澮會也小溝之所聚會也** 畢沅曰御覽引無聚字周禮遂人以澮寫水鄭注澮田尾去水大溝水中可居者曰洲畢沅曰亦本爾雅毛詩關雎傳亦云然案說文州从重川俗作洲傍加水非洲聚也人及鳥獸所聚息之處也畢沅曰當云州匌也水匌繞其外也鳥獸今本作鳥物據一切經音義改

小洲曰渚畢沅曰亦本爾雅渚遮也體高能遮水使從旁回也畢沅曰御覽引無使字蘇輿曰渚从者聲遮从庶聲古音同部廣雅渚處也亦疊均爲訓爾雅渚作陼

小渚曰沚畢沅曰亦本爾雅沚止也小可以止息其上也畢沅曰蒹葭詩云宛在水中沚

小沚曰坻畢沅曰今本坻作泜據御覽引改爾雅小沚曰坻說文坻小渚也从土氏聲蒹葭詩云宛在水中坻毛傳坻小渚也與此異者蓋同是水中之地大小非有定限小渚曰沚則坻爲小沚亦卽小渚矣坻遲也能遏水使流遲也畢沅曰御覽引遏上有小字不從

人所爲之曰潏畢沅曰亦本爾雅說文水中坻人所爲爲潏潏術也偃水使鬱術也畢沅曰今本偃作堰俗字也左氏傳規偃瀦茲據正又今本使在水上據誼易置之

魚梁水碓之謂也畢沅曰謂御覽引作類周禮䱷人掌以時䱷爲梁鄭仲師注梁水偃也偃水爲關空以笱承其空水碓者於急流水中偃水爲之設轉輪於其中爲機以碓米以代舂也魚梁水碓皆人所爲也

海中可居者曰島畢沅曰說文海中往往有山可依止曰島从山鳥聲讀若詩曰蔦與女蘿島到也人所奔到也亦言鳥也人物所趣如鳥之下也畢沅曰今本無人字又趣作赴據一切經音義引增改

釋丘第五

丘一成曰頓丘畢沅曰氓詩云至于頓丘毛傳云丘一成爲頓丘爾雅作敦丘一頓而成無上下大小之殺也畢沅曰水經注淇水下引上作高

再成曰陶丘畢沅曰爾雅同李巡注云再成其形再重也說文陶再成丘也在濟陰从𨸏匋聲夏書曰東出于陶丘陶丘有堯城堯嘗居之故堯號陶唐氏於高山上一重作之如陶竈然也

三成曰崑崙丘畢沅曰爾雅同如崑崙之高而積重也蘇輿曰水經注引崑崙說云崑崙之山三級故凡丘三重者爲崑崙丘水經注又言三累山其山層密三成故俗以三累名山三成猶三累矣

前高曰髦丘畢沅曰詩邶風曰旄丘之葛兮爾雅曰前高旄丘髦與旄古字通如馬舉頭垂髦

也

中央下曰宛丘（畢沅曰毛詩宛丘傳四方高中央下曰宛丘爾雅宛中宛丘又曰丘上有丘爲宛丘陳有宛丘李巡孫炎皆以爲中央下惟郭璞爲異說謂中央隆高非也）有丘宛宛如偃器也涇上有一泉水亦是也（畢沅曰涇當爲陘字之誤說文陘山絕坎也或又疑爲丘字王啟原曰吳校涇作丘泉作淵）

偏高曰阿丘（畢沅曰爾雅毛詩載馳傳竝同）阿何也如人儋何物一邊偏高也（畢沅曰儋何今本作擔荷字俗王啟原曰擔吳校作儋）

畝丘丘體滿一畝之地也（畢沅曰巷伯詩曰猗于畝丘爾雅如畝畝丘李巡注謂丘如田畝曰畝丘孫炎注云方百步也案司馬法曰步百爲畝）

圜丘方丘就其方圜名之也（畢沅曰周禮大司樂有地上之圜丘澤中之方丘圜丘禮天神方丘禮地祇）

銳上曰融丘（畢沅曰爾雅曰再成銳上曰融丘）融明也明陽也凡上銳皆高而

近陽者也王先愼曰史記楚世家集解引虞翻云融明也詩昭明有融傳融高也說文陽高明也

如乘曰乘丘畢沅曰爾雅如乘者乘丘案春秋莊十五年公敗宋師于乘丘蓋因丘以爲地名也漢書地理志乘丘屬泰山郡王啟原曰如乘下吳校補者字四馬曰乘一基在後似車四列在前似駕馬車之形也畢沅曰馬車一本作車馬案此車字疑是衍文

如陼者曰陼丘畢沅曰爾雅如陼者陼丘形似水中之高地隆高而廣也畢沅曰說文如陼者陼丘水中高者也王啟原曰吳校之下有陼字上高字作言

水潦所止曰泥丘畢沅曰爾雅亦云案泥丘當作屔丘說文屔反頂受水丘也从丘泥省泥亦聲據此當作屔其止汙水留不去成泥也王啟原曰其止吳校作其上

澤中有丘曰都丘畢沅曰爾雅亦云言蟲鳥往所都聚也蘇輿曰廣雅釋詁都聚也文選西京賦薛注都謂聚會也

當途曰梧丘畢沅曰爾雅亦云梧忤也與人相當忤也畢沅曰梧本有忤音

道出其右曰畫丘畢沅曰爾雅途出其右而還之畫丘人尙右凡有指畫皆用右也

道出其前曰載丘畢沅曰爾雅途出其前戴丘古戴載字通見前又見釋姿容篇在前故載也畢沅曰據此誼則載讀爲戴王啟原曰吳校載上有言字

道出其後曰昌丘畢沅曰爾雅途出其後昌丘蘇輿曰此及下營丘無義疑奪文

水出其前曰阯丘畢沅曰爾雅作渻丘阯基阯也王啟原曰吳校作如基阯也言所出然

水出其後曰阻丘畢沅曰爾雅作沮丘背水以爲險也畢沅曰背今本誤作此據誼改王啟原曰此水吳校作北阻水

水出其右曰沚丘畢沅曰爾雅作正丘沚止也西方義氣有所制止也王啟原曰按呂覽水泉東流東流水之性也古人背陰向陽以南向爲正故以西爲右水出右西流則流不及遠當止也爾雅正當

止之譌阮氏云然

水出其左曰營丘畢沅曰爾雅亦云案水經淄水注引爾雅曰水出其前左爲營丘禮記檀弓正義及史記周本紀集解皆引爾雅曰水出其前而左曰營丘案孫炎爾雅注今齊之營丘淄水過其南及東過其南及東則是出其前而左也是今本及爾雅皆脫前而二字

丘高曰陽丘體高近陽也先謙曰左文十六年傳楚大饑戎伐其西南至于陽丘

宗丘邑中所宗也畢沅曰僖十五年左傳曰敗于宗丘先謙曰禮王制至于岱宗疏宗者尊也丘形高大爲一邑所宗故曰宗丘左昭十四年傳楚子使然丹簡上國之兵於宗丘亦一宗丘也

釋道第六

道一達曰道路畢沅曰自此一達以下至九達皆本爾雅爾雅以附入釋宮篇曰字爾雅皆作謂之其稱號悉同茲不錄**道蹈也路露也言人所踐蹈而露見也**畢沅曰今本無言字據初學記引增

二達曰岐旁畢沅曰說文歧足多指也則兩岐似當作歧世俗或以歧爲企望而以岐爲兩岐蓋音同假借也

物兩爲岐在邊曰旁此道竝通出似之也畢沅曰一切經音義兩引一作此道竝之也一作物兩爲岐此道似之皆不從三達曰劇旁畢沅曰說文勮務也从力豦聲據下用功云云則字當作勮而今皆从刀矣古者列樹以表道王先愼曰周語周制列樹以表道道有夾溝以通水潦恆見修治此道旁轉多用功稍劇也畢沅曰孫炎注爾雅云旁出岐多故曰劇四達曰衢齊魯間謂四齒杷爲欋畢沅曰今本脫閒字據廣韻引增說文無欋字案當作𣡌說文𣡌茉臿也从木入象形眲聲欋杷地則有四處此道似之也畢沅曰一切經音義引似之下有因以名焉四字皮錫瑞曰趙德麟侯鯖錄引釋名云齊魯謂四齒杷爲欋欋拋地則有四處此道似之因名焉五達曰康康昌也昌盛也車步併列竝用之言充盛也蘇輿曰初學記引孫炎云康樂也交會樂道也義與此近六達曰莊莊裝也裝其上使高也王啟原曰漢明帝諱莊後漢書中凡言辦裝皆爲辦嚴裝

莊通故也吳校云當有誤蘇輿曰初學記引孫炎云莊盛也道煩盛與此義別

七達曰劇驂驂馬有四耳今此道有七比於劇也畢沅曰於疑當作之初學記比之方驂劇王啟原曰比於劇也吳校劇上補驂字按三馬爲驂四馬爲駟故詩采菽云載驂載駟秦策魏桓子驂乘高誘注三人共載曰驂亦曰參乘是言驂多取義於三也今此云驂馬有四者詩小戎騏駵是中騧驪是驂箋中中服也驂兩騑也正義車駕四馬在內兩馬謂之服在外兩馬謂之騑春秋時鄭公子騑字子駟是有騑乃成駟也以兩騑之驂言之則驂有四馬之義合三馬本義則驂義一爲三一爲四合則爲七也比於劇者郭注爾雅劇驂云今北海劇縣有此道齊滅紀其國都春秋時爲齊之劇邑見晏子春秋此言比於劇縣之道也

八達曰崇期崇充也畢沅曰爾雅釋詁崇充也**道多所通人充滿其上如共期也**王啟原曰崇者重也禮記明堂位殷之崇牙注崇重也爾雅釋詁崇重也本書釋天四時四方各一時時期也此期義取四期而重之爲八故八達爲崇期亦備一義

九達曰逵畢沅曰說文馗九達道也似龜背故謂之馗馗從九首或作逵从辵坴**齊魯謂道多爲逵**

師此形然也王啟原曰逵師吳校作逵市

城下道曰隊畢沅曰隊俗字也初學記引作豪王啟原曰按文選魏都賦豪徼互經注豪徼道也豪當爲城下道如釋名所說也漢晉冠蓋於都邑餞送多於城門漢二疏致仕羣公送於東都門龐統還南顧陸等竝會昌門古人行必祖道故餞送期於城下孫楚征西官屬送於陟陽候作詩蓋在豪徼之閒候即徼也隊翱也言都邑之內人所翱翔祖駕之處也畢沅曰今本無言字據初學記御覽引增又無人所二字據一切經音義引增

步所用道曰蹊蹊傒也言射疾則用之故還傒於正道也畢沅曰今本傒作係無言字據初學記引增改射疾者射矦也傒與疾形相似秋官大行人諸矦之禮朝位賓主之間七十步立當前疾詩蓼蕭傳引作前候大射儀司馬命量人量侯道與所設乏以貍步即此所云步所用道也孫詒讓曰畢說大繆周禮野廬氏禁野之橫行徑踰者鄭注徑踰射邪趨疾越渠隄也此云射疾即謂射邪趨疾蓋蹊非常行之涂惟趨射急疾乃用之耳云步所用者亦明陜阸不容牛馬也

徑經也人所經由也蘇輿曰徑古讀如經本書釋典藝經徑也互相訓

鹿兔之道曰亢 畢沅曰亢當作迒說文迒獸迹也蘇輿曰淮南地形訓高注常山人謂伯爲亢說文趙魏謂伯爲䀎亢與䀎通亦與迒通不必定改爲迒伯卽陌字廣雅迒道也爾雅釋獸疏引字林云迒兔道也

行不由正亢陌山谷草野而過也 畢沅曰陌字說文所無葢古通用百左傳云距躍三百

涂度也人所由得通度也 畢沅曰初學記引人作言

釋名疏證補卷第一

釋名疏證補卷第二

長沙王先謙譔集

釋州國第七　釋形體第八

釋州國第七

葉德炯曰州國之制言人人殊禹貢所紀夏制也職方之文周制也爾雅釋地改青州爲營州餘與禹貢合故孫炎郭璞皆以爲殷制漢書地理志云武帝南置交趾北置朔方之州兼徐梁幽并夏周之制改雍曰涼改梁曰益凡十三部此所據者西漢之制司馬彪續漢書郡國志首司隸終交州亦十三部此所據者東漢之制與成國合則成國所釋葢時制矣惟志有交州無雍州成國有雍州無交州文小異按分涼爲雍始於獻帝此時漢已將亡非其定制司馬續志實據往籍言之不足爲異成國之不名交州者漢末時交趾交州時有分併故無定稱知者晉書地理志云桓帝分立高興郡靈帝改曰高涼建安八年張津爲刺史士燮爲交趾太守共表立爲州乃拜津爲交州牧十五年移居番禺詔以邊州使持節郡給鼓吹以重城鎭吳黃武五年割南海蒼梧鬱林三郡立廣州交趾日南九眞合浦四郡爲交州戴良爲刺史值亂不得入呂岱擊平之復還幷交州是交州之名至吳始定此時漢亡已七年合下涼雍二事觀之則成國箸釋名當在獻帝

建安以後至十八年又復改爲九州益不能與此合矣三國吳志程秉傳云避亂交州與劉熙攷論大義羣綜傳亦云避地交州從劉熙學是成國晚年講學交州史有明證釋名果成於入吳以後豈有舍所居地不釋之理可見此書之成必在建安十八年以前也成國事蹟不見於陳志范書以所自箸書推之亦可得其大略矣

青州在東 畢沅曰周禮職方正東曰青州說文青東方色也葉德炯曰藝文類聚地部引太康三年地記云青州東方少陽其色青其氣清歲之首事之始也故以爲名周之建國表齊東海居於青州 **取物生而青也州注也郡國所注仰也** 皮錫瑞曰成國本青州人故釋州國以青州居首王先愼曰說文水中可居曰州周繞其旁昔堯遭洪水民居水中高土故曰九州州高於水故可注仰耳目所屬曰注老子云百姓皆注其耳目是也

徐州徐舒也土氣舒緩也 畢沅曰爾雅濟東曰徐州李巡注濟東其氣寬舒稟性安徐故曰徐徐舒也

揚州州界多水水波揚也 畢沅曰爾雅江南曰揚州李巡注江南其氣燥勁厥性輕揚故曰揚州李匡乂資暇集乃云地多白楊故曰楊州非古訓也葉德炯曰漢書地理志東南曰揚州川曰三江浸曰五湖此本周禮職方文

鄭注周禮云五湖在吳南浸可以爲陂澤灌漑者三江無注初學記地部引鄭尙書注三江左合漢爲北江會彭蠡爲南江岷江居其中則爲中江書正義亦引鄭尙書注云三江分於彭蠡爲三孔東入海據此則揚州之域濱江濱湖故云多水以今輿地約之江南江淮蘇松安徽三布政司所轄及江西浙江西則河南之汝甯湖北之黃州府皆古揚州之域諸地今皆在江淮湖水之間益信揚州界多水之說爲不謬蘇輿曰揚古本从木據此云水波揚而無楊揚也之釋則成國乃从手旁取義資暇集所云地多白楊與春秋元命苞所云地多赤楊故取名焉竝从木旁取義蓋相傳舊訓畢駮殆非楊揚之辨王氏念孫讀漢書雜志言之甚悉

荊州取名於荊山也畢沅曰尙書禹貢荊及衡陽惟荊州鄭注荊州界自荊山南至衡山之南**必取荊爲名者**畢沅曰藝文類聚爾雅釋文及疏引皆無此句**荊警也南蠻數爲寇逆其民有道後服無道先彊常警備之也**畢沅曰公羊僖四年傳楚有王者則後服無王者則先叛鄭注禹貢云荊楚之域國有道則後服國無道則先彊皮錫瑞曰李巡注爾雅云漢南其氣慘剛稟性强梁故曰荊荊强也楊雄荊州牧箴曰江漢朝宗其流湯湯風慓以悍氣鋭以剛有道後服無道先彊

豫州地在九州之中京師東都所在 畢沅曰漢始都長安光武皇帝中興都雒陽稱東漢雒陽豫州分也故曰京師東都所在王啟原曰後漢都河南是爲東都河南尹係司隸校尉所部不屬豫州今成國云豫州京師東都所在與漢制不符當以建安元年遷都許許爲潁川郡屬縣在豫州部雒陽在長安之東故長安爲西都雒陽爲東都許又在雒陽之東故漢末許又爲東都猶周世鎬京爲西周敬王後徙雒陽則雒陽爲東周河南又爲西周也知此非成國駁文

常安豫也 畢沅曰爾雅河南曰豫州李巡注河南其氣著密厥性安舒故曰豫豫舒也皮錫瑞曰成國據漢制言之若古義當從李巡說爲允又春秋元命苞曰豫之言序也言陽氣分布各得其處故其氣平靜多序也王先愼曰安豫釋詁文

涼州西方所在寒涼也 畢沅曰御覽引作西方寒涼或云河西土田薄故曰涼葉德炯曰後漢書郡國志涼州刺史部郡十二隴西漢陽武都金城安定北地武威張掖酒泉燉煌張掖屬國張掖居延屬國案以今輿地約之在甘肅蘭州狄道鞏昌階州平涼寧夏涼州甘州肅州安西等處實兼雍州之域志不云雍州者雍舊制幷於涼獻帝時涼州數有亂河西五郡去州隔遠乃別以爲雍州河西五郡者張掖酒泉武威燉煌金城是也說見晉書地理志其事則在興平元年見

後漢獻帝紀但紀言分西涼四郡爲雍州說與晉志異然晉志云其後又置金城郡是其先無金城郡則仍四郡矣此時涼州屬郡爲隴西武都北地漢陽安定與雍州屬郡平分其地當九州之正西河西五郡則偏西北矣成國專以涼州爲西方所在正據當時地圖言之

雍州在四山之內雍翳也 畢沅曰李巡注爾雅云雍壅也王啟原曰御覽百六十四引春秋元命苞曰雍壅也東距殽阪西有漢中南合嵩山北阻句庸嵩山不應言雍之南境故成國兼取元命苞及李巡義而不實言四山爾雅音義言南商於近之或御覽之誤又漢無雍州涼州即古雍州至獻帝興平元年始分涼州爲雍州故成國先涼後雍葉德炯曰四山者合黎三危鳥鼠同穴積石史記索隱夏本紀引鄭注禹貢云合黎山在酒泉會水縣東北史記正義引括地志云三危山在河州燉煌漢書地理志云隴西郡首陽鳥鼠同穴山在西南又金城郡河關積石山在西南今以輿地約之河西五郡正在此四山之內四山爲禹貢導水名山其地適當西北如元命苞說是古雍州之域非成國雍州之域也先謙曰吳校雍州上有古曰二字合上爲一條

幷州幷兼幷也 畢沅曰今本作并州曰土無也謬甚據御覽引改正蘇輿曰爾雅釋文引元命苞云幷之言併

也陽合交併其氣勇壯抱誠信也太康地記云并州不以衞水爲號又不以恆山爲稱而言并者以其在兩谷之閒也別一義先謙曰吳校并兼并也作西土兼北**其州或并或設故因以爲名也**畢沅曰唐虞十二州有并州禹貢爾雅皆無并州葢夏商并并於冀也周禮職方正北曰并州則周時復設之也故曰其州或并或設

幽州在北幽昧之地也畢沅曰周禮職方東北曰幽州爾雅燕曰幽州蘇輿曰後漢幽州領涿郡廣陽代郡上谷漁陽右北平遼西遼東玄菟樂浪遼東屬國其地北嬴而東縮故此直云在北爾雅郭注自易水至北狄係括并州言之與此不同又爾雅釋文引李巡云燕其氣深要厥性剽疾故曰幽幽要也太康地記以爲因於幽都爲名或云北方太陰故以幽冥爲號二者相依也竝與此義合

冀州亦取地以爲名也畢沅曰藝文類聚引無亦字先謙曰吳校下有冀易也句**其地有險有易**先謙曰吳校有也又二字**帝王所都亂則冀治弱則冀彊荒則冀豐也**畢沅曰此解冀爲希冀之義李巡注爾雅云兩河閒其氣清厥性相近故曰冀冀近也王啟原曰周爲晉國晉郤缺食邑於冀謂之冀缺而其父芮已稱冀芮因爲氏是冀者冀州之地州所由名也晉書地理志引春秋元命苞云昴畢散爲冀州分爲趙

國其地有險有易帝王所都亂則冀安弱則冀彊荒則冀豐此全本之葉德炯曰禹貢冀州公羊莊十七年傳疏引鄭注兩河間曰冀州不書其界者時帝都之使若廣大然此時帝指堯言堯以後夏殷均都於此故成國云帝王所都

兗州取兗水以爲名也畢沅曰爾雅釋文及疏皆引作取兗水之義王啟原曰兗水即沇水沇故濟也禹貢導沇水東流爲濟是沇濟隨地異名兗州別無兗水唯濟水足當之禹貢濟河惟兗州史記夏本紀作沇州說文亦然後漢何進兒苗封濟陽侯而華陽國志景毅爲沇陽侯相即何苗所封之國相也則漢時固猶有謂濟爲沇者濟水本沇水沇通爲兗故云兗取兗水爲名成國此義亦本春秋元命苞見晉書地理志葉德炯曰說文㕣山間陷泥地从口从水敗皃讀若沇州之沇九州之渥地也故以㕣名焉㕣古文㕣此古文葢尙書古文其讀若則今文字也漢碑書兗作兖兖即沇旁之水橫書作丰而略有增配再省則爲兗矣成國九州多本今文家說此可證也蘇輿曰爾雅釋文引李巡云濟河間其氣專質厥性信謙故曰兗兗信也此未釋兗字之義

司州司隸校尉所主也畢沅曰續漢書郡國志司隸校尉所部河南河內河東宏農京兆馮翊扶風凡七郡未有司州名目晉書地理志云魏氏受禪即都漢宮司隸所部河南河東河內宏農幷冀州之平陽合五郡置司州案劉

成國乃東漢時人已知有司州則司州當非魏慕漢後始置矣皮錫瑞曰潛研堂跋釋名曰近時校書家以司州之名曹魏始有之而釋州國篇有司州疑其爲魏初人以予攷之殆非也漢雖無司州之名而百官志稱司隸校尉建武中復置并領一州又稱刺史十二人各主一州其一州屬司隸校尉則司隸部亦可云州左雄傳稱司冀復有大水司冀對舉蓋當時案牘之文稱其地則曰司部亦曰司州稱其官則曰司隸雖未著於甲令不得謂漢無此名也若以司州刺史名官則自晉南渡始魏時尚沿漢制以司隸校尉領州如邢顒徐宣徐邈崔林孫禮諸人皆除司隸校尉不稱司州刺史也晉書地理志謂魏以河南河內河東恆農平陽五郡置司州者乃是史家追稱之在當時不過以平陽改屬司隸以京兆馮翊扶風改屬雍州耳非竟定爲司州也此書釋天篇一云豫司兗冀一云兗豫司冀與左雄傳文正同釋州國篇言司州司隸校尉所主不言何義明司州之名出於流俗相沿未可執此單詞即以爲魏初人也

益州益阸也所在之地險阸也王先愼曰春秋元命苞益之爲言阸也管子山權數云阸者所以益也葉德炯曰後漢書益州部郡國十二以今輿地約之在四川雲南貴州三行省所轄皆險阸之地蜀志諸葛亮傳益州險塞沃野千里天府之土亦以益州爲險塞

古有營州畢沅曰郡國志無營州言古有者見東漢時無有也齊衛之地於天文屬營室取其名也畢沅曰爾雅齊曰營州不言衛也齊之分野於天文爲玄枵之次營室則諏訾之次之宿諏訾乃衛之分野非齊也禮記檀弓云太公封於營丘則營丘之名自古有之在齊地營州蓋取名於營丘也王啟原曰爾雅齊曰營州而無青州是青州即營而鄭康成言分青爲營則成國以古十二州之營州爲言非謂殷制也齊衛分野誠如畢說而齊衛之地原有接壤者唐一行云營室東壁娵訾也初危十三度終奎一度自太行王屋而東得漢河內至北紀之東隅北負漳鄴東及館陶聊城又自河濟之交涉滎波濟水而東得東郡之地又循河濟而東接元枵爲營室之分以後漢時東郡十五城言之强半爲衛地戰國時多入於齊其齊地亦原自屬齊者而濮陽猶屬衛成國意以東郡亦營州之域故云齊衛之地豈必盡舉齊國全域而謂於天文屬營室乎畢氏殆所未喻葉德炯曰漢書地理志衛地營室東壁之分野也今之東郡及魏郡黎陽河內之野王朝歌皆衛分也齊地虛危之分野也東有菑川東萊瑯邪高密膠東南有泰山城陽北有千乘清河以南勃海之高樂高城重合陽信西有濟南平原皆齊分也以今地攷之班志之衛地在今山西解州河南彰德懷慶府治分野正當室壁觜參星度齊地在今山東登萊青三州及臨清東昌一帶分野正當女虛危星度營州既因營室得名不應兼涉齊地且爾雅明稱齊

曰營州則又竝不屬衛成國此釋葢虞十二州之制也故特以古有明之以別於他州之釋今地爾雅釋文引鄭注尚書云舜以青州越海分齊爲營州班志齊地千乘勃海濟南平原一帶在今地爲濟南泰安臨清東昌府治分野爲虛危與室壁鄰度虞制齊地多衞地少鄭言青州越海卽今登萊青等處也其實爾雅之營州實爲青州雖蒙虞稱竝非舊地故李巡郭璞目爲殷制以自岱東至海釋之岱以東亦登萊青諸處也與鄭注青州越海相合郭不及岱以西者殷時虞地營州已并入兗故也蘇輿曰古有二字統上下言之以明上釋九州皆今地下營燕之類據古制言之不專指營州也公羊疏引李巡注爾雅云齊其氣清舒受性平均故曰營營平也今爲青州爾雅釋文營者取營巳以爲號與此別

燕宛也北方沙漠平廣此地在涿鹿山南宛宛然以爲國都也畢沅曰御覽引作宛宛然以名之蘇輿曰此春秋時之北燕也召公封於此武王又封堯後於此故云以爲國都詩甘棠注云燕國名在周禮幽州之域今涿郡薊縣也郡葢因涿鹿得名宛當讀如大宛之宛從玉篇音鴛燕宛疊韻

宋送也王先慎曰說文宋尻也讀若送**地接淮泗而東南傾**葉德炯曰漢書地理志宋地房心之分野也今之沛梁楚山陽濟陰東平及東郡之須昌壽張皆宋分也志又云沛郡梁國屬豫州楚國屬徐州山陽濟陰東平東

郡屬兗州禹貢淮泗二水在徐州之西北境此云東南傾明宋與徐州之西北連界**以爲殷後若云滓穢**

所在送使隨流東入海也葉德炯曰夏書禹貢導淮自桐柏東會於泗沂東入於海

鄭町也其地多平町町然也皮錫瑞曰詩東門之墠傳除地町町者一切經音義華嚴經第八引韓詩墠猶坦也謂除地平坦

楚辛也畢沅曰辛下當有楚字觀下云辛楚可見先謙曰吳校作楚楚也**其地蠻多**葉德炯曰此專據春秋時楚論之楚蠻有羅弦貳軫絞州六蓼黃麇宗巢庸道柏房舒蓼舒庸舒鳩廬戎蠻戎羣蠻二十餘國均見左傳故云多也

而人性急數有戰爭相爭相害先謙曰吳校無相爭二字**辛楚之禍也**畢沅曰此辛字當爲苦成蓉鏡曰辛字不誤楚當爲苦葉德炯曰漢書地理志楚與巴蜀同俗汝南之別皆急疾有氣埶案埶勢古字正言楚好爭也蘇輿曰辛楚二字無煩改易正釋上辛字之義辛楚常語卽苦楚陸機詩俯仰悲林薄慷慨含辛楚文人多承用之亦或言楚辛

周地在岐山之南其山四周也畢沅曰當云周匊也地在岐山之南其山四匊也葉德炯曰漢

書地理志周地柳七星張之分野也今之河南雒陽穀成平陰偃師鞏緱氏是其分也以今地攷班志正當今河南府雒陽偃師鞏孟津四縣之地左距嵩山右輢二崤前枕首陽後跐空同故云其山四周地在岐山之南謂都會建於岐山之南非謂岐山四周也知其然者志又云封畿東西長而南北短短長相覆爲千里則岐山不能四周明矣先謙曰吳校作周周也地在岐山之南其山四周也

秦津也其地沃衍有津潤也 王先慎曰戰國策秦沃野千里說文秦地宜禾周禮大司徒注津潤也

晉進也 王先慎曰本易彖辭 **其地在北有事於中國則進而南也** 蘇輿曰晉初封唐後都絳獻公以後滅虞虢等國據桃林以西阻三河以與秦楚各國爲難遂跨有東南之地以今地攷之自山西平陽太原以東至北直廣平大名之間又蔓延於陝西河南之境春秋經所載雍榆百泉等地並在今河南省故成國云然 **又取晉水以爲名其水迅進也** 畢沅曰晉始封爲唐侯南有晉水叔虞子燮改爲晉侯

趙朝也本小邑朝事於大國也 王啟原曰漢人言分野後人多訾之雜舉春秋戰國時地吳滅

於春秋之末趙未爲國大抵仍主春秋言之以晉地大分而爲三鄭兼韓晉包魏以造父始封趙城故別出趙趙有小義故言本小邑

魯魯鈍也 畢沅曰說文㫃部云𣃔古文旅古文以爲魯衞之魯白部云魯鈍詞也此當云𣃔魯鈍也王先愼曰檀弓容居魯人也注魯魯鈍也又其妻魯人也注言雖魯鈍其於禮勝 **國多山水民性樸魯也**

衞衞也 王先愼曰說文衞宿衞也从韋从行行列衞也 **既滅殷立武庚爲殷後三監以守衞之也** 葉德炯曰事見史記衞康叔世家鄭氏詩邶鄘衞譜云武王伐紂以其京師封紂子武庚爲殷後三分其地置三監使管叔蔡叔霍叔尹而教之

齊齊也地在勃海之南勃齊之中也 王先愼曰史記封禪書齊之所以爲齊以天齊也蘇林注當天中中齊小司馬引解道彪齊記云臨菑城南有天齊泉五泉竝出有異於常言如天之腹臍也先謙曰吳校下勃作如是

吳虞也 畢沅曰古吳虞字通蘇輿曰虞與娛同吳亦娛也詩絲衣不吳不傲衡方碑作不虞不揚先謙曰吳校句上有

吳越二字太伯讓位而不就歸封之於此虞其志也畢沅曰鄭氏三禮目錄云虞安也葉德炯曰事見史記吳太伯世家先謙曰吳校乙就歸二字

越夷蠻之國畢沅曰此下今本有一也字衍先謙曰吳校合上爲一條度越禮義無所拘也王先愼曰說文越度也

此上十三國上應列宿畢沅曰鄭注周禮保章氏說十二次之分野云星紀吳越也玄枵齊也娵訾衛也降婁魯也大梁趙也實沈晉也鶉首秦也鶉火周也鶉尾楚也壽星鄭也大火宋也析木燕也先謙曰此上十三國吳校作此十二國各以其地及於事宜制此名也至秦改諸侯置郡縣畢沅曰漢書地理志秦幷兼四海以爲周制微弱終爲諸矦所喪故不立尺土之封分天下爲郡縣說文秦初兼天下置三十六郡以監其縣先謙曰至秦下吳校別自爲一條隨其所在山川土形而立其名蘇輿曰秦改至其名御覽引在郡群也條下漢就而因之也

河南在河之南也畢沅曰漢書地理志河南郡故秦三川郡高帝更名劉昭注續漢書郡國志云世祖都雒陽建武十五年改曰河南尹葉德炯曰續漢志屬司隸校尉部前漢志同今河南雒陽縣東北二十里

河內河水從岐山而南畢沅曰岐山當是梁山之譌**從雷首而東從譚首而北郡在其內也**王啟原曰譚首者譚山之首譚山蓋太行之別稱名譚者取覃延之義詩碩人譚公維私白虎通宗族篇引作覃公是譚覃通也覃公當食采山下邑而爲王三公非東平陵之譚說文作鄲者也續漢志河內郡野王有太行山元和郡縣圖志引述征記曰太行山首始於河內自河內北至幽州是河內爲太行之首禹貢覃懷底績注家不詳覃之所在司馬貞疑覃懷共爲一地竊以爲覃卽譚首山下之地周以爲覃國與邘國相近與懷各自一地也葉德炯曰續漢志屬司隸校尉部前地理志同今河南懷慶府武陟縣西南先謙曰吳校譚首作覃懷

河東在河水東也葉德炯曰續志屬司隸校尉部前志同今山西解州夏縣北

河西在河水西也畢沅曰地理志及郡國志皆無河西郡止有西河郡此言河西蓋卽謂西河郡也王啟原曰漢時張掖酒泉武威敦煌金城爲河西五郡故并及之亦未必果爲西河之譌又篇中歷舉河南河東河西而不及河北以河北爲縣屬河東郡釋郡國例不能及縣也知此亦足知後汝陰之非縣矣葉德炯曰此河西西五郡之河西亦以時制言卽前十二州中雍州之域今甘肅甘州涼州西甯嘉峪關一帶

上黨黨所也在山上其所最高故曰上黨也畢沅曰今本作故曰上也案當有黨字增皮錫瑞曰公羊文十三年傳往黨衛侯會公于沓反黨鄭伯會公于棐注黨所也所猶時齊人語也葉德炯曰續志屬并州刺史部前志同今山西潞州府長子縣西蘇輿曰御覽引上黨記云高平赤壤其地山阻百姓不居即此郡也

潁川因潁水以爲名也葉德炯曰續志屬豫州刺史部前志同今河南開封府禹州治

汝南在汝水南也葉德炯曰續志屬豫州刺史部前志同今河南汝甯府汝陽縣東南六十里

汝陰在汝水陰也畢沅曰地理志汝陰爲縣名屬汝南郡郡國志同汝陰非郡也水南曰陰在汝水南也即在汝水南矣疑本是汝南在汝水陰也後人妄增在汝水南也汝陰七字王啟原曰晉書地理志汝陰郡魏置後廢泰始二年復置通典亦云魏置汝陰郡司馬宣王使鄧艾屯田於此後廢晉武帝泰始二年復置如二書所云則漢世無汝陰郡成國避地交州即使卒於魏文既立之後無由知汝陰析置之故則漢末自巳立汝陰郡而諸書言魏置者若夏侯湛東方朔畫像贊言魏建安中分厭次以爲樂陵郡顏師古漢書敘例言文穎魏建安中爲甘陵府丞汝陰殆亦建安中置以政出曹氏故渾云魏置也後漢書陳球傳子瑀吳郡太守瑀弟琮汝陰太守弟子珪沛相珪子登廣陵太守竝知名此漢末有汝陰郡之證魏志明

帝紀景初二年分沛國蕭相竹邑符離蘄銍龍亢山桑洨虹十縣爲汝陰郡此雖魏分立汝陰郡之明文然郡應以縣得名而汝南之汝陰縣不與錢氏大昕謂晉志汝陰郡統八縣與此無一同者疑魏志有誤是亦未可取爲汝陰立於魏世之徵至畢氏疑汝陰非郡而謂後人有增改斯亦泥矣葉德炯曰今安徽潁州府阜陽縣治

東郡南郡皆以京師方面言之也 畢沅曰京師謂雒陽也東郡在雒陽東八百餘里南郡在雒陽南千五百里王啟原曰東郡南郡秦及西京之舊洛京因而不改後漢書彭城靖王恭建初三年徙封江陵王改南郡爲國元和二年三公上言江陵在京師正南不可以封乃徙爲六安王是南郡以方面名之證而東郡可知又案續漢志張掖郡獻帝分置西郡故晉書地理志西郡下云漢置則此郡漢末置至晉不改成國不之及者東郡南郡二京之舊西郡之立則成國未及知或亦未及見也若成國果事魏不應置而不言葉德炯曰東郡續郡國志屬兗州刺史部前志同今直隸大名府開州南南郡續郡國志屬荊州刺史部前志同今湖北荊州府江陵縣治後漢建都雒陽由雒陽計之東郡在雒陽極東南郡在雒陽極南故云方面若今京師在順天以盛京吉林黑龍江爲東三省以江南爲南京也

北海海在其北也 葉德炯曰前志屬青州續志爲國屬青州刺史部今山東青州府壽光縣東南三十一里

西海海在其西也畢沅曰郡國志北海郡屬青州南海郡屬交州東海郡屬徐州西海郡則未有見惟劉昭注郡國志於張掖居延屬國之居延下注云獻帝建安末立爲西海郡攷建安之末接魏黃初之始此言西海則劉熙益逮事魏朝故其書有魏所置之司州也成蓉鏡曰古所稱西海有五一爲今之青海漢書王莽傳元始五年羌豪良願獻鮮水海允谷鹽池爲西海郡是也一爲今之昌甯湖水經注休屠澤俗謂之西海是也一爲今之博斯騰泊水經注敦薨之水自西海徑尉犁國是也一爲今之裏海漢書西域傳于闐之西水皆西流注西海是也一爲今之地中海西域傳犂靬條支國臨西海是也晉書地理志西海郡故屬張掖興平二年武威太守張雅請置攷漢時居延故縣卽今額濟納旗在居延海西南故漢書地理志云張掖郡居延居延澤在東北以地望測之青海在旗南魚海在旗東而博斯騰泊裏海地中海相距更遠旗之西境絕無池澤可以當西海之目者然則興平中立西海郡亦祇借以爲名并無實指成國謂海在其西尙未確皮錫瑞曰元始五年已立西海郡豈可據建安末所立以證成國曾仕魏朝畢說非也

南海在海南也畢沅曰南海郡在交州與中國隔海是在海南**宜言海南欲同四海名故言南海**葉德炯曰續志屬交州刺史部前志同今在廣東廣州府南海縣治

東海海在其東也葉德炯曰續志屬徐州刺史部前志同今山東沂州府郯城縣西南三十里蘇輿曰十道志云海州東海郡置在朐山縣禹貢徐州之域春秋魯國之東境七國時屬楚爲薛郡地後分薛郡爲郯漢改郯爲東海郡

濟南濟水在其南也畢沅曰此下六濟字皆當作泲濟乃別是一水音同字別辯已詳釋水篇葉德炯曰續志屬青州刺史部前志同今山東濟南府歷城縣東七十五里

濟北濟水在其北也義亦如南海也葉德炯曰續志屬兗州刺史部五城前漢分隸泰山東郡北海三郡今山東濟南府長清縣西三十里

濟陰在濟水之陰也葉德炯曰續志屬兗州刺史部前志同今山東曹州府定陶縣西北

南陽在中國之南而居陽地故以爲名也畢沅曰今本作在國之南而地陽也據史記秦本紀正義及御覽引增改廣韻引亦有故以爲名四字

凡若此類郡國之名取號於此則其餘可知也縣邑之名亦如之葉德炯曰續志屬荆州刺史部前志同今南陽府南陽縣治

大曰邦畢沅曰鄭注周禮大宰大曰邦小曰國吳翊寅曰吳校大下有邑字案此下疑脫小曰國一條**邦封也**畢沅曰邦从邑丰聲音近封也**封有功於是也**皮錫瑞曰邦封字通論語而謀動干戈于邦內釋文引鄭本作封周語邦內甸服邦外侯服漢書嚴助傳云封內甸服封外侯服卽其證

國城曰都都者畢沅曰今本少一都字據御覽引增**國君所居**畢沅曰史記項羽紀立諸將爲某侯王下輒云都某地是都爲國君所居也先謙曰吳校國君上有言字無上都者二字**人所都會也**畢沅曰穀梁僖十六年傳云民所聚曰都

周制九夫爲井其制似井字也畢沅曰周禮小司徒九夫爲井鄭注采地制井田小司徒爲經之立其五溝五涂之界其制似井之字因取名焉

四井爲邑畢沅曰亦小司徒文**邑猶俋也**畢沅曰今本俋作悒初學記御覽皆引作俋案說文悒訓不安誼與此無涉莊子天地篇云俋俋乎耕而不顧釋文云俋耕人行貌其誼似與此近因據改但說文無俋字**邑人聚會之稱也**

四邑爲丘畢沅曰亦本小司徒文丘聚也王先愼曰尚書孔安國序丘聚也家語正論注九丘國聚也

四丘爲甸畢沅曰亦本小司徒文甸乘也畢沅曰鄭注小司徒云甸之言乘也讀如衷甸之甸出兵車一乘畢沅曰小司徒鄭注甸方八里旁加一里則方十里爲一成司馬法成出革車一乘

鄙否也畢沅曰古鄙否同字尚書堯典否德忝帝位史記作鄙德論語予所否者王充論衡引作予所鄙者蘇輿曰文選揚雄羽獵賦注引尚書大傳鄭注云否不也下不能遠通卽釋否字義本書釋言語否鄙也互相訓小邑不能遠通也

縣畢沅曰于絹反縣也畢沅曰縣于涓反俗作懸下同縣係於郡也畢沅曰逸周書作洛解曰縣有四郡然則周制縣大而郡小故哀二年左氏傳云克敵者上大夫受縣下大夫受郡及秦幷天下置三十六郡以監其縣則縣始縣係於郡矣蘇輿曰風俗通云縣玄也言當玄靜平徭役黃恭十四州記云縣者絃也言施繩用法狀如絃絃聲近縣故以取名案縣玄絃竝疊均爲訓

郡羣也葉德炯曰藝文類聚六引風俗通云郡羣也人所羣聚也葉德炯曰唐釋湛然止觀輔行傳宏

決四之三引此句下有天子制地千里分爲百郡郡十字

五家爲伍以五爲名也又謂之鄰鄰連也相接連也又曰比相親比也畢沅曰小司徒及黨正皆云五人爲伍非五家也茲言鄰六鄉之中五家爲伍誤矣又周禮有六鄉六遂六遂之中五家爲比茲不分晰亦未安

五鄰爲里居方一里之中也畢沅曰遂人云五家爲鄰五鄰爲里里則里乃二十五家之稱非道里之里也曷言之孟子曰方里而井井九百畝此三三而九也實則縱橫皆徑三百畝是爲方一里之地今試以二十五家家各五畝之宅計則凡百二十五畝開方置之則縱橫皆徑二十五畝然則二十五家於方一里之中僅居百四十四之一爾言居方一里之中是未核實細數也

五百家爲黨畢沅曰六鄉之中五家爲比五比爲閭則二十五家四閭爲族則百家五族爲黨則五百家矣

黨長也一聚所尊長也畢沅曰今本所上有之字據廣韻御覽引刪蘇輿曰史記五帝紀正義聚村落也後漢書劉平傳注小於鄉曰聚有黨則有長周官黨正掌其黨之政令教治是也聚附於黨故云一聚所尊長

萬二千五百家爲鄉畢沅曰五黨爲州則二千五百家五州爲鄉故萬二千五百家鄉向也衆所向也先謙曰論語陽貨篇鄉原集解引周生烈云鄉向也

釋形體第八

人仁也畢沅曰中庸仁者人也仁生物也故易曰立人之道曰仁與義畢沅曰周易說卦文也王啟原曰繁露人副天數篇天地之精所以生物者莫貴於人人受命乎天也故超然有以倚物疢疾莫能爲仁義唯人獨能爲仁義

體第也骨肉毛血表裏大小相次第也葉德炯曰孟子則具體而微文選運命論注引劉熙注云體者四支股腳也與此異

軀區也是衆名之大總王先愼曰說文軀體也體總十二屬也若區域也

形有形象之異也葉德炯曰說文形象形也从彡幵聲

身伸也可屈伸也王先愼曰周禮大宗伯矦執信圭注信當爲身聲之誤也信古伸字荀子儒效注伸讀爲

身身伸二字聲同而義通說文伸屈伸也

毛貌也冒也在表所以別形貌且以自覆冒也先謙曰說文毛眉髮之屬又云須面毛也此皆所以別形貌也覆冒之義當專屬髮言之

皮被也被覆體也先謙曰說文被寢衣也引伸爲被覆衣著之名見左襄三年疏此特借同聲爲訓

膚布也布在表也葉德炯曰膚本字作臚說文臚皮也从肉盧聲膚籀文臚古書多借爲臚陳字周禮司儀鄭注臚陳之也漢書禮樂志集注引應劭云臚陳也然則臚引申爲陳又引申爲布皆一義也

肌懻也膚幕堅懻也畢沅曰玉篇北方名堅曰懻說文無此字當止作冀

骨滑也骨堅而滑也王啟原曰說文滑利也从水骨聲而墨子公輸篇禽滑釐列子楊朱篇作禽骨釐高注淮南原道滑讀曰骨是骨滑聲義相同說文骨肉之覈也䯨骨間黃汁也惟覈故堅有汁故滑先謙曰吳校刪下骨字

胑畢沅曰說文胑體四胑也重文作肢**枝也**畢沅曰孟子梁惠王篇云爲長者折枝趙岐注云折枝按摩折手節解罷枝也是則古者胑枝字通也**似木之枝格也**畢沅曰木今本譌作水據誼改蘇輿曰御覽人事十六引正作

似木枝格但誤在骨堅而滑也句下

肉柔也 王先慎曰說文脉嘉善肉也蘇輿曰此下應言其義本書之例在於叚聲以定義未有空陳其聲而無其義者諸如此類疑並奪文發凡於此以後不贅

筋靳也 畢沅曰今本誤作力也案力聲不近筋據下靳固之言當改爲靳則音誼皆合矣

肉中之力 畢沅曰說文筋肉之力也从力肉竹竹物之多筋者从力象筋也先謙曰吳校刪中字

氣之元也 先謙曰吳校刪也字

靳固於身形也 先謙曰後漢崔寔傳悔不小靳注靳固惜之也是靳有固義固惜猶言堅不肯堅固義亦同也素問五藏生成論注筋氣之堅結者堅結即靳固意靳固蓋漢世恒言人身骨大則生筋所以結束百骸故云靳固於身形也

膜幕也幕絡一體也 畢沅曰膜御覽引作脈非先謙曰說文膜肉間胲膜也在皮裏肉間周於一體故云幕絡一體幕絡疊韻爲訓二字意亦相近文選嘯賦注幕漫也西都賦注引方言絡繞也言膈膜漫繞於一身也本書釋衣服幕絡也又釋牀帳幕幕絡也在表之稱也亦作絡幕文選蜀都賦劉注絡幕施張之貌也又作絡縸見後漢馬融傳注皆二字連文

血濊也出於肉流而濊濊也葉德炯曰詩碩人施罛濊濊釋文引韓詩云濊濊流皃說文作濊云水多皃从水歲聲水多故流也廣韵濊泰末二韻兩見一他蓋切一莫割切此當讀如莫割與血疊韻

膿醲也汁醲厚也葉德炯曰說文血部盥腫血也从血農省聲膿俗盥从肉農聲今成國正用俗字又說文酉部醲厚酒也從酉農聲此云汁醲厚以醲釋膿也與腫血之義相近

汁涕也涕涕而出也畢沅曰汁聲不近涕恐誤也疑當爲洟先謙曰吳校涕汁二字互乙刪上也字

津畢沅曰當作盡今通作津**進也汁進出也**先謙曰一切經音義二十五引三蒼云津液汁也液汁出在外洒可見周禮大司徒其民黑而津注津潤也津進津潤並疊韻爲訓

泭澤也有潤澤也畢沅曰人身無所謂泭者泭字蓋誤也疑當爲液王啟原曰本篇後文自膞以下曰水腹水泭所聚也又云脬鞄也主以虛承水泭也凡二見是成國專以泭爲脬中之水釋宮室篇井一有水一無水曰瀱泭脬水時有時無引申取義實非誤字

汗涆也畢沅曰說文無涆字**出在於表涆涆然也**畢沅曰表御覽引作衣先謙曰漢書劉向傳汗

出而不反者也浮字字書所無疑是渙渙之誤易言渙汗又疊韻字說文渙流散也詩溱洧方渙渙兮傳渙渙盛也以釋汗字於義亦安

髓遺也遺遺也　畢沅曰說文無遺字廣韻魚盛皃集韻始有膏液一釋本或作澧更譌先謙曰吳校作髓遺也遺遺然也

髮拔也拔擢而出也　先謙曰說文拔擢也一切經音義三引蒼頡篇拔引也拔擢而出猶言引而出之

囟峻也所生高峻也　畢沅曰囟今本誤作顖案後別有其上聯髮曰鬢不應兩見說文囟頭會腦蓋也則是人頭之頂與高峻之誼合且囟峻同音茲當作囟無疑矣先謙曰吳校囟作顖

髦冒也覆冒頭頸也　畢沅曰髦當作鬏案說文髦髮也上既釋髮則不必復釋髦又案說文鬏髮至眉也从髟敄聲詩曰紞彼兩鬏今詩毛傳誼同說文而詩文作兩髦是可知世俗相承以髦爲鬏也此文亦然矣鄭注儀禮既夕記云兒生三月前髮爲鬌男角女羈否則男左女右長大猶爲飾存之謂之鬏是覆冒頭頸者也

眉媚也有嫵媚也　畢沅曰嫵今本作娬亦俗字王啟原曰案漢仲定碑不眉近戚以眉爲媚蜀有峨眉山劉

向列仙傳陸通在蜀娥嵋山上又以嵋爲眉是眉嵋可通用

頭獨也於體高而獨也 畢沅曰廣韻引同御覽引作處體高而獨尊也

首始也 畢沅曰釋詁首始也先謙曰吳校此上有又曰首三字合上爲一條

面漫也 畢沅曰說文無漫字疑當作曼皮錫瑞曰漢書食貨志注如湻曰民盜摩漫面臣瓚曰摩錢漫面蘇輿曰文選甘泉賦注漫漫無厓際之貌又與曼同封禪文引音義云曼羨廣散也是漫爲廣大之義面受眉目鼻口耳其體廣大故訓爲漫古人稱面爲大宅卽漫字之旨也見文選七發劉良注

額鄂也有垠鄂也故幽州人謂之鄂也 畢沅曰今本作故幽州人則謂之鄂也據御覽引刪皮錫瑞曰潛夫論斷訟篇云晝夜鄂鄂慢遊是好鄂鄂卽額額也額鄂聲相近

角者生於額角也 葉德炯曰漢書諸侯王表厥角䭬首注引應劭曰角者額角也卽此額角字又論語撰攷讖顏回有角額似月均此義也蘇輿曰後漢書光武紀注引鄭玄尚書中候注云日角謂中庭骨起狀如日案額角卽中庭骨先謙曰吳校刪者字

頞，鞍也，偃折如鞍也。畢沅曰：說文：頞，鼻莖也，从頁安聲。蘇輿曰：後漢書楊雄傳云：顩頤折頞。吳志諸葛恪傳：折頞廣額。折頞，郎取偃折之義。

目，默也，默而內識也。畢沅曰：廣韻引同，御覽引默而上有謂字。王啟原曰：周語：國人莫敢言，道路以目。韋注：不敢發言，以目相眄而已。是目有默意。

眼，限也，童子限限而出也。葉德炯曰：按攷工記望其轂欲其眼也，鄭司農云：眼讀爲限切之限。音讀與此正同。先謙曰：限限不見它書，限訓阻止，與出義不合，童子亦非可出者，疑本作童子限而不出也，傳寫致誤耳。

睫畢沅曰：此睫字當作睞，說文：睞，目旁毛也，从目夾聲。插也，接也，插於眼匡而相接也。畢沅曰：今本作睫插接也，少一也字，則合兩訓爲一矣。廣韻睫下引釋名曰：睫，插也，插於眶也。并引說文睞，又云睞同睫。御覽引曰：睫，接也，插也，插於匡而相接也。據此兩引，則插接當分作兩訓。一切經音義三引睫皆作睞，目旁毛也。

童子，童，重也。畢沅曰：說文：童，从辛，重省聲。膚幕相裹重也。子，小稱也。主謂其精明者也。或曰牟子，牟，冒也，相裹冒也。畢沅曰：今本童字牟字皆加目旁，俗字也。說文矊盧童子也又云瞎目童子精瞎也又云眛目童子不正也又云旨目無牟子童牟皆不从目蘇輿曰眸與牟同禮內則鄭注牟讀曰堥荀子成相篇楊注牟讀曰務是牟有務音務冒同聲字也本書釋首飾亦云牟冒也又左昭十二年傳王孫牟杜預春秋世族譜作髦牟髦亦同聲故上文髦毛並訓爲冒孟子離婁趙注眸子瞳子也

鼻嘒也出氣嘒嘒也王先慎曰說文鼻下云引氣自畀也從自畀畀嘒聲近又嘒下云小聲也嘒嘒者氣徐出有聲

口空也王啟原曰易頤自求口實鄭注頤中有物曰口實則無物其口之本體故口云空也說文肙小蟲也从肉口聲一曰空也此亦聲而兼義者

頰夾也面旁稱也亦取挾斂食物也畢沅曰面今本譌爲兩據御覽引改王先慎曰今本兩上脫面字御覽引面下脫兩字急就篇顏注面兩旁曰頰卽本此可證畢改非是

舌泄也舒泄所當言也畢沅曰泄當作渫音誼乃合御覽引作洩唐以後改也王啟原曰田光吞舌以明不泄泄義較渫爲長

齒始也少長之別始乎此也以齒食多者長也畢沅曰此也字御覽引無食少者幼也先謙曰禮文王世子古者謂年齡齒亦齡也詩蝃蝀序國人不齒也箋云不齒者不與相長稚牙樝牙也隨形言之也畢沅曰今本牙樝牙也以下誤入於下條以養人也之下似錯亂無倫次說文牙牡齒也則牙當承齒下今更正之則齒牙頤輔各以類相從矣先謙曰案說文牙下云象上下相錯之形齇下云齬齒也齬下云齒不相值也此樝卽齇之誤字樝是似梨而酢之果樝牙二字義不相屬齇牙則狀其相錯之形故云隨形言之齇俗變爲齟漢書東方朔傳齟者齒不正也張晏注齟音樝梨之樝益可證此文音形譌變之由

頤養也先謙曰吳校句首有頤頤也三字動於下止於上上下咀物以養人也畢沅曰易卦震下艮上爲頤頤震動艮止動於下止於上也序卦曰頤者養也王啟原曰鄭注周易云口車動而上因輔嚼物以養人故謂之頤或曰輔車畢沅曰今本無或曰字而以輔車提行別起左僖五年傳輔車相依正義引作頤或曰輔車云云御覽引亦同則輔車當承頤下遂據以增或曰二字言其骨强所以輔持口也畢沅曰今本無言字據一切經音義引增左傳正義引作可以輔持其口也今不從蘇輿曰御覽人事九引亦無言字作所以輔持其口

無也字易艮六五艮其輔虞翻云輔面頰骨上頰車者也三至上體頤象艮爲止在坎車上故艮其輔謂輔車相依亦見頤輔頰車互相爲名之義**或曰牙車牙所載也**先謙曰左傳杜注輔頰輔車牙車**或曰頷車**畢沅曰今本誤脫車字**頷含也口含物之車也**畢沅曰說文頷面黃也頷頤也頤叵也然則頷字義別茲當作頷或作頤亦可**或曰頰車**畢沅曰說文輔人頰車也先謙曰靈樞經脈篇循頰車上耳前**亦所以載物也或曰鼸車鼸鼠之食積於頰**王啟原曰爾雅釋獸鼸鼠郭注以頰裏藏食也墨子非儒篇鼸鼠藏而羝羊視謂此說文嗛口有所銜也故爾雅釋獸又云寓鼠曰嗛夏小正云田鼠者嗛鼠也**人食似之故取名也凡繫於車**畢沅曰一切經音義引作凡取於車者**皆取在下載上物也**

耳耏也耳有一體屬著兩邊耏耏然也先謙曰漢書高紀注耏頰旁毛也耳亦在頰兩旁故借疊韻之耏字狀之

脣緣也口之緣也葉德炯曰說文脣口耑也从口辰聲按古先眞韻通訓緣訓耑均取疊韻也

吻免也先謙曰文選文賦注引蒼頡篇吻脣兩邊也說文吻从勿聲凡从勿从免之字音近義通故禮禮器祭義注云

勿勿猶勉勉也成國以免訓吻亦取聲近字入之則碎出則免也畢沅曰說文無免字然晚冕勉等字皆以免爲聲固應有免蘇輿曰御覽人事九引無之字又取抆也畢沅曰說文有揩無抆解云揩撫也一曰摹也案此當作揩字漱唾所出畢沅曰說文漱盪口也唾口液也漱御覽引作吹譌恆加抆拭畢沅曰說文亦無拭字然手部之㨷又部之㕞皆訓拭也則是本有脫耳因以爲名也先謙曰吳校無因以爲名四字或曰口卷也可以卷制食物使不落也畢沅曰卷巨圓反卷曲之義與叕舒之叕異今本因以爲名也之下提行別起作舌卷也云云案舌已見前不應重出鄭注周禮攷工記梓人云吻口腃也今本舌卷葢口卷之譌口卷即吻當承吻下故併爲一而以或曰字聯合之

鼻下曰立人取立於鼻下狹而長似人立也葉德炯曰按此皇甫謐甲乙經所云水溝在鼻柱下也一名人中

口上曰髭畢沅曰說文作頾云口上須也从須此聲髭姿也爲姿容之美也畢沅曰姿容之容古本作頾辯說詳下篇蘇輿曰御覽人事十五引美也作美色非

口下曰承漿承水漿也畢沅曰承水漿也今本作漿水也三字據御覽引增改王啟原曰按皇甫謐鍼灸甲經承漿一名天池在頤前脣之下足陽明任脈之會御覽引鍼灸經承漿一名懸漿

頤下曰鬚畢沅曰說文作須云面毛也从頁彡鬚乃俗字鬚秀也物成乃秀人成而須生也亦取須體幹長而後生也畢沅曰當云亦取頾也頾體幹長而後生也

在頰耳旁曰髯畢沅曰髯俗字說文作頾云頰須也从須冄冄亦聲隨口動搖冄冄然也畢沅曰今本作髯髯然也譌案說文亦从冄為義因據改之

其上連髮曰鬢鬢濱也濱厓也畢沅曰濱俗字也說文顭水厓也人所賓附顭戚不前而止从頁从涉則當為顭詩采蘋南澗之顭今亦通作濱字姑仍之為面額之崖岸也

鬢曲頭曰距距矩也言曲似矩也王啟原曰呂本曲上有其字葉德炯曰皇甫謐甲乙經云曲鬢在耳上入髮際曲隅此云曲頭語有轉變耳古距矩二字本通考工記輪人注故書矩為距可證成國以曲尺之矩釋曲頭之距亦取其聲義相近也

項确也堅确受枕之處也畢沅曰确胡角反項轉入聲則近确故曰項确也說文确礊石也礊堅也故曰堅确廣韻引此确字作石旁甬譌葉德炯曰畢說非也項之入聲不成字成國此釋蓋取雙聲言之今以華嚴字母推之項角同出匣紐是喉音中之全濁等成國時此二字音讀當亦與華嚴近也說文頏項枕也卽此處皇甫謐甲乙經謂之玉枕

頸俓也俓挺而長也畢沅曰俓當作徑而此書通卷皆从人姑仍其舊御覽引無而字蘇輿曰俓字非誤說見前挻亦作侹爾雅釋木釋文云俓侹直也

咽咽物也先謙曰此文疑當云咽咽也言咽物也脫去咽也言三字則文義不完與本書例亦不合說文咽嗌也漢書息夫躬傳注咽喉嚨因食物由咽入故吞物亦謂之咽蘇武匈奴二傳並云咽吞也是其證矣史記扁鵲倉公傳正義云咽嚥也言咽物也卽用此文後世以咽爲喉嚨專稱別造嚥字爲吞物之名古書所無**或謂之⿰月嬰**畢沅曰說文無此字先謙曰吳校⿰月嬰作嬰**在頤下纓理之中也**畢沅曰說文纓冠系也蓋以一條組系於左笄上繞頤下右相向上系於笄也無笄者以二條組爲纓兩相屬於頰所垂之條於頤下結之頤下咽也今本在頤脫下字案文義增孫詒讓曰纓與嬰通後釋長幼云胸前曰嬰此謂在頤下嬰上文理之中釋車又云喉下稱嬰畢說未塙先謙曰喉下一義是也釋首飾

云纓頸也此借嬰爲纓而訓曰頸也釋疾病云癭嬰也在頸嬰喉也以嬰喉爲咽喉與此咽謂之嬰義可互證恐人不明其部位故增頤下二字明之若釋爲胸前則去頤下太遠矣**青徐謂之脰物投其中受而下之也**畢沅曰物投其中之上當有脰投也三字**又謂之嗌氣所流通阨要之處也**畢沅曰說文嗌咽也从口益聲籀文作𦘔上象口下象頸脈理也蘇輿曰御覽人事九引所下有以字流通作通流先謙曰氣所流通上當有嗌阨也三字段氏音均表益聲厄聲之字同在古音十六部

胡互也畢沅曰周禮鼈人掌取互物鄭注互物謂有甲萬胡則胡互音義皆相近**在咽下垂**畢沅曰胡牛顄垂也因而謂人咽下垂爲胡也**能斂互物也**畢沅曰文選洞簫賦注引作胡咽下垂也一切經音義引作胡在咽下垂者也

胷畢沅曰說文匈膺也从勹凶聲或从月作胷**猶啌也啌氣所衝也**蘇輿曰御覽人事十二引無兩也字啌音許江切先謙曰啌字說文所無疑當爲空說文空竅也廣雅釋詁衝當也

臆畢沅曰說文肊胷肉也从肉乙聲重文作臆**猶抑也抑氣所塞也**畢沅曰抑當从反印作归今俗

皆作抑抑先謙曰臆从意聲意抑音義古通故以抑訓臆

膺壅也氣所壅塞也畢沅曰一切經音義引膺𦞈塞也謂氣至壅塞也蘇輿曰廣雅臆膺匈也三字義同成國分釋其名耳

腹複也富也腸胃之屬以自裹盛畢沅曰御覽引以作已**復於外複之其中多品似富者也**王啟原曰月令水澤腹堅呂氏春秋季冬紀腹作復高注或作複

心纖也所識纖微無物不貫也畢沅曰今本貫下有心字據御覽引删廣韻引作無不貫也葉德炯曰心說文引博士說以爲火藏火者陽精故所識纖微無物不貫也阮元釋心云釋名此訓最合本義蓋纖細而鋭者皆可名曰心但言心而其纖鋭纖細之意見矣說文心部次於思部思部次於囟部系部細字即从囟得聲得意今人俗書尖字古作鑯鑯與纖同意易說卦云坎其于木也爲堅多心虞翻云堅多心者棗棘之屬按棗棘之屬初生未有不先見尖刺者尖刺即心也說文朿字即今刺字解曰木芒也故重朿爲棗竝朿爲棘皆歸朿部皆有尖心之木也

肝幹也於五行屬木畢沅曰今本脫於字據御覽引增說文肝木藏也蘇輿曰五經異義云今文尚書歐

陽說肝木也心火也脾土也肺金也腎水也古文尚書說脾木也肺火也心土也肝金也腎水也成國以肝屬木腎屬水即用今文說之顯證廣雅亦云肝幹也肝幹雙聲**故其體狀有枝幹也凡物以木爲幹也**畢沅曰木今本譌作大據御覽引改王啟原曰白虎通引樂動聲儀曰肝所以仁者何肝木之精也仁者好生東方者陽也萬物始生故肝象木色青而有枝葉先謙曰吳校凡物上有亦取二字

肺勃也蘇輿曰說文肺从市聲市讀若輩此本音也亦讀如弗則雙聲轉變詩桑柔釋文肺又作胇作胇者明從弗音經傳茀芾多通用迺以聲近通轉市又讀普活切亦從雙聲轉變也本書釋肺爲勃及太元注肺之爲言敷也並依弗聲取訓白虎通肺之爲言費也則讀如本音今人讀肺如萁蔽輩音又微變矣**言其氣勃鬱也**畢沅曰御覽引無言字王先慎曰史記扁鵲倉公傳正義肺重三斤三兩六葉兩耳凡八葉主藏魄注肺孛也言其氣孛故短也鬱也按孛勃字通

脾裨也在胃下裨助胃氣主化穀也蘇輿曰廣雅脾卑也脾裨並從卑聲

腎引也蘇輿曰白虎通腎之爲言寫也以竅寫也又云竅爲之候何竅能瀉水亦能流濡引瀉同義腎引疊均　腎

屬水畢沅曰說文腎水臧也主引水氣灌注諸脈也

胃圍也葉德炯曰胃圍疊韻白虎通胃者穀之委也胃委亦疊韻字圍受食物也葉德炯曰說文胃穀府也从肉囫象形素問五藏別論云胃者水穀之海六府之大源也

腸暢也通暢胃氣去滓穢也王先愼曰白虎通腸爲胃紀素問大腸者傳道之官變化出焉

臍劑也蘇輿曰劑當讀子隨反觀婤麗爾雅劑齊也限劑猶限齊劑齊竝同聲字腸端之所限劑也

自臍以下曰水腹水汋所聚也又曰少腹少小也比於臍以上爲小也畢沅曰自臍以下云云今本列於脬鞄也一條之後別爲一條據云自臍以下自當承接臍下故易置合併之蘇輿曰御覽人事十二引自臍以下云云在腹門以自臍二句併于腹複也條下以竝作已此下無於字

脬鞄也畢沅曰脬今本作胞案說文胞兒生裹也乃別一字俗以音同便借用晉嵇康與山巨源絕交書云每常小便而忍不起令胞中略轉乃起耳是魏晉人卽以胞爲脬也鞄空虛之言也先謙曰說文鞄柔革工也柔革所爲物治鼓之用最大鼓體空虛故以鞄爲空虛之言葢漢世常語也主以虛承水汋也蘇輿曰史記扁鵲倉

公傳正義云膀横也胱廣也體短而又名胞胞虛空也主以虛承水液本此爲義**或曰膀胱**畢沅曰說文脬膀光也**言其體短而橫廣也**畢沅曰古字廣與光通襄十八年左傳塹防門而守之廣里據京相璠春秋土地名廣里卽光里齊地名也蘇輿曰淮南說林訓高注膀胱胞也素問靈蘭祕典論云旁光者州都之官津液出焉旁光與膀胱同又案史記扁鵲倉公傳正義釋各藏名義全本此書其釋膽云膽敢也言人有膽氣而能果敢也釋喉嚨云喉嚨空虛言其中空虛可以通氣息焉釋肛云肛釭也言其處似車釭故曰釭門卽廣腸之門又名䐔也並本書所無

陰蔭也言所在蔭翳也葉德炯曰陰蔭聲義相通說文蔭草陰地从艸陰聲本書釋車云陰蔭也橫側車前所以蔭笒也與此一例又說文也女陰也象形也陰亦一聲之轉但許止訓女此則兼男女言之

脅挾也在兩旁臂所挾也畢沅曰說文脅兩膀也

肋勒也所以檢勒五臟也畢沅曰今本脫所以二字據廣韻引增臟字俗古但用藏

膈畢沅曰鬲加月旁作俗字也當作鬲**塞也**先謙曰吳校塞也作隔也**隔塞上下**畢沅曰今本脫隔字據御覽引增**使氣與穀不相亂也**蘇輿曰使氣與穀不相亂語意不詞當作使不與穀氣相亂說文匈心上

膈也膈在匈閒與下焦隔故云然今本倒互其文則不可通矣御覽人事十二正作使不與穀氣相亂

腋繹也言可張翕尋繹也 畢沅曰案說文夾人之臂夾也从大象兩亦之形徐鉉云今別作腋非是又掖从手夜聲一曰人臂下也則亦可作手旁之掖

肩堅也 畢沅曰於此當云髆肩甲也乃後接甲闔也云云未便擅增附識愚見王啟原曰釋詁肩勝也書盤庚朕不肩好貨傳云肩任也堅可任物故肩有堅義史記仲尼弟子傳公堅定漢書古今人表作公肩子

甲闔也與胷脊背相會闔也 畢沅曰背今本譌作皆據御覽引改蘇輿曰御覽人事十八引中作胛說文髆肩甲也案單言之為肩重言之為肩甲今俗猶沿此稱甲正胛俗

臂裨也在旁曰裨也 蘇輿曰臂裨雙聲古音同在一部說文臂手上也又云裨接也益也廣韻裨附也助也凡物相附助者多在旁臂在身兩旁與手有相為附助之形故云然文選為袁紹檄豫州文注裨師偏師也訓裨為偏偏亦旁也俗以裨益之裨作裨以偏裨之裨別造為裨字而在旁為裨之義幾晦矣

肘注也可隱注也 先謙曰从主聲之字多與肘合韻妵黈是也肘主雙聲故以注訓肘莊子齊物論釋文隱

馮也秦策注注屬也隱几者必屬之肘所謂曲肱枕之故曰肘可隱注

腕畢沅曰此俗字也當作掔**宛也言可宛屈也**蘇輿曰御覽人事十引言下無可字

掌言可以排掌也畢沅曰當云掌爪也言可以排爪也揚雄河東賦曰爪華蹈衰說文爪从反爪

手須也葉德炯曰手須爲雙聲字以字母求之手在正齒音之審字紐須在齒頭音之心字紐於音切爲類隔於五音爲角牙但分輕清重濁不分異同也**事業之所須也**葉德炯曰左傳成公二年疏引服注云今河南俗語治生求利少有所得皆言可用藉手矣此云事業所須亦是此義

節有限節也畢沅曰指附於手爪附於指不應有手有爪而獨無指此當云指節也有限節也

爪紹也畢沅曰爪依說文當爲叉說文云叉手足甲也从又象叉形**筋極爲爪**畢沅曰黃帝素問曰爪爲筋之餘**紹續指端也**

背倍也在後稱也王啟原曰背與面違字从北說文北乖也从二人相背指事故背引申爲乖違之義呂氏春秋尊師篇尊師聽從不盡力命之曰背背又作倍荀子大略篇教而不稱師謂之倍孟子師死而遂倍之左昭二十四年傳

倍奸齊盟皆背義也古人坐立皆嚮明故必南向而南爲前北爲後詩伯兮言樹之背傳北堂也北堂在後直謂之背是背有後義廣雅亦云背後也

脊積也積續骨節終上下也 葉德炯曰說文呂脊骨也象形皇甫謐甲乙經背脊有二十一椎骨故云積續骨節也終讀如始終之終一本作脈絡上下也非是御覽人事部十二引亦作終上下明脈絡爲淺人所增竄矣

尾微也 畢沅曰說文尾微也从到毛在尸後皮錫瑞曰尙書鳥獸孳尾史記作字微戰國策尾生高高誘以爲卽論語之微生高 **承脊之末稍微殺也** 葉德炯曰此說文所云骶臀骨也素問骨空論王砅注尾窮謂之橛骨卽此處

要約也在體之中約結而小也 畢沅曰說文𡝤身中也象人𡝤自臼之形从臼交省聲古文作𡝤蘇輿曰御覽人事十二引作腰約也在體之中約體大而小也案腰俗字要約一聲之轉古亦通用淮南主術訓高注約要也漢書禮樂志顏注約讀曰要是其證今人形體之要讀於消切簡約之要讀於笑切實則一誼人體惟要較小古人尤重細要墨子載楚靈王好細要而國多餓人是也文選曹子建洛神賦要如約素唯要尙細約故成國以約釋要耳

髖緩也其腋皮厚而緩也葉德炯曰說文髖髀上也从骨寬聲吳語韋昭注寬緩也髖从寬得聲故義亦訓緩

臀殿也葉德炯曰說文居髀也从尸从丌居几臀或从骨殿聲周禮鄉師巡其前後之屯故書屯作臀鄭大夫讀爲課殿杜子春讀爲在後曰殿此義所本

高厚有殿遻也畢沅曰當作殿鄂又見釋宮室篇葉德炯曰當讀如宮殿之殿初學記居處部引蒼頡篇云殿大堂也高厚即大義說文殿擊聲也此軍殿之殿別是一義

尻廖也畢沅曰廖當作廫下同尻所在廖牢深也畢沅曰於此當有又樞也三字乃能使上下文相聯屬蘇輿曰御覽人事十七引所在上無尻字說文脽尻也先謙曰吳校刪尻字

樞機也要髀股動搖如樞機也葉德炯曰此脊骨之一也皇甫謐甲乙經云懸樞在第十三椎節下間督脈氣所發

髀卑也在下稱也葉德炯曰此即在後曰殿之義蘇輿曰髀从卑聲故訓爲卑說文髀股外也古文作踔鄭司農注典同云鍾形下當踔據余本嘉靖本段玉裁云踔當是庳之叚字庳亦卑也

股固也爲強固也葉德炯曰詩采菽赤芾在股箋云脛本曰股說文木下曰本脛本故有堅固之義

膝伸也葉德炯曰膝字本作郤說文郤脛頭卪也可屈伸也蘇輿曰伸从申聲膝从桼聲段氏音均表申聲桼聲之字同在古音十二部

腳卻也以其坐時卻在後也王啟原曰古人席地而坐故記言授坐不跪必先跪而後坐故兩足比竝斂蹠向後水經注言太公釣渭水兩膝跡猶存即復坐榻亦然高士傳言管甯常坐一木榻未嘗箕股其榻上當膝處皆穿此漢魏時猶如此今闕里所存至聖四配像皆坐腳向後者

脛莖也直而長似物莖也畢沅曰一切經音義三引兩引同一引作直而正如物莖也

膝頭曰膊畢沅曰說文肉部云膊切肉也囗部云團圜也據誼此當作團弟團膊同是專聲容可假借膊團也畢沅曰團今本作圜御覽引作圜案下文是團字因形團而名之也畢沅曰今本團下有圜字衍

或曰蹁蹁扁也亦因形而名之也蘇輿曰說文蹁足不正也从足扁聲或曰徧詩白華有扁斯石毛傳扁扁乘石貌案膝頭之形磽确不正故亦或名爲蹁與說文之蹁取身雖異詁義實同

足續也言續脛也王啟原曰列子楊朱篇以日足夜雖引伸義亦見足有續義然書傳如此者甚多亦常語也

趾畢沅曰說文無趾字當作止止也蘇輿曰易艮初六艮其趾荀作止趾止字通言一進一止也畢沅曰一本言下有行字一切經音義引作足一進一止因以名焉又引作因以爲名也

蹏底也足底也王啟原曰說文蹏足也淮南修務篇墨子跌蹏而趍與釋名皆主人言自廣雅釋獸訓蹏爲足自是無屬之人者

踝确也居足兩旁磽确然也亦因其形踝踝然也蘇輿曰玉篇磽堅硬也本書項下云堅确受枕之處是磽确二字竝取堅義御覽人事十三引作踝跖踊也亦因其形踝踝也

足後曰跟在下方著地一體任之象木根也又謂之踵畢沅曰說文作歱解云歱跟也又云跟足歱也王啟原曰呂本無又謂之踵一句先謙曰吳校方作旁無又謂之踵四字下另爲一條

踵鍾也鍾聚也體之所鍾聚也畢沅曰一本作上體之所鍾聚也蘇輿曰御覽人事十三引作上體

之所鍾聚也

釋名疏證補卷第二

釋名疏證補卷第三　長沙王先謙譔集

釋姿容第九　釋長幼第十

釋親屬第十一

釋姿容第九

姿資也資取也葉德炯曰易乾元資始釋文引鄭注云資取也形貌之稟取爲資本也葉德炯曰此讀如資財之資故以爲資本說文資貨也从貝次聲

容畢沅曰古作頌今經書皆作容用也合事宜之用也畢沅曰周禮保氏乃教之六儀一曰祭祀之容二曰賓客之容三曰朝廷之容四曰喪紀之容五曰軍旅之容六曰車馬之容鄭康成云祭祀之容齊齊皇皇賓客之容穆穆皇皇朝廷之容濟濟翔翔喪紀之容纍纍顚顚軍旅之容暨暨詻詻車馬之容匪匪翼翼然則事各有容容各有宜故曰合事宜之用

姸研也研精於事宜則無蚩繆也葉德炯曰說文姸技也讀若研是姸研聲義相通先謙曰

廣雅釋詁姸好也方言郭注俗通呼好爲姸說文研䃺也引申之爲凡事研審之義文選東京賦研覈是非卽研精事宜之謂無蚩繆則姸好矣

蚩癡也 畢沅曰今本皆連上案蚩與姸對當別爲一條玉篇訓同此又曰亂也卽上所云蚩繆意同

兩腳進曰行行抗也抗足而前也 王先愼曰說文行人之步趨也行必舉足詩賓之初筵大侯既抗傳抗舉也

徐行曰步步捕也如有所司捕 畢沅曰司相吏反俗作伺非 **務安詳也** 畢沅曰周禮射人若王大射則以貍步張三侯鄭注貍善搏者也行則止而擬度焉其發必獲是以量侯道法之也據此則步有司捕之義

疾行曰趨趨赴也 畢沅曰說文赴趨也 **赴所期也** 畢沅曰期今本作至據御覽引改

疾趨曰走走奏也 畢沅曰奏正作奏俗通作奏 **促有所奏至也** 畢沅曰詩大雅緜云予曰有奔走釋文奏本又作走然則走與奏音義同

奔變也有急變奔赴之也畢沅曰軍事有奔命禮有奔喪是聞急變而奔赴之也

仆踣也頓踣而前也畢沅曰釋言斃踣也郭注前覆說文仆頓也踣仆同是此之仆與爾雅之斃義同

超卓也舉腳有所卓越也畢沅曰一切經音義兩引一引同一引舉上有言字先謙曰說文超跳也卓高也越度也舉足高而度越人前此超之本義

跳條也如草木枝條務上行也蘇輿曰廣雅釋詁跳上也漢書地理志屮繇木條顏注條修暢也草木之暢生自下而上人之跳躍亦自下而上故以為喻

立林也如林木森然各駐其所也王先慎曰說文立住也從大在一之上椴大人也一地也周禮地官注竹木生平地曰林立林二字皆會在地上意說文無住字駐下云馬立也本篇駐株也如株木不動也

騎支也兩腳枝別也畢沅曰枝御覽引作跂葉德炯曰說文騎跨馬也按跨馬必兩腳枝別

乘陞也畢沅曰陞俗升字登亦如之也葉德炯曰詩七月亟其乘屋傳乘升也釋詁登陞也乘升登三字疊韻

載戴也戴在其上也畢沅曰戴也今本譌作載也又脫第二戴字據禮記正義引改增釋山云石戴土曰岨土戴石曰崔嵬是載卽戴也

儋畢沅曰今本譌作檐任也任力所勝也畢沅曰御覽引作力所勝任也

負背也置項背也王先愼曰釋邱邱背有邱爲負邱明堂位注負之爲言背也本書釋車負在背上之言也

駐株也如株木不動也葉德炯曰莊子達生篇承蜩者處身若橛株枸史記平準書注引文穎曰凡鬭雞勝者爲株此列子載周宣王養鬭雞所云望之如木雞是也二說足證駐立如木之義

坐挫也骨節挫詘也王先愼曰古人坐以兩膝向後如今跪形故骨節挫詘下文跪危也兩膝隱地體危陒也

伏覆也葉德炯曰禮曲禮寢毋伏鄭注伏覆也

偃安也葉德炯曰荀子儒效篇偃然如固有之注偃然猶安然也

僵正直畺然也畢沅曰吳越春秋要離謂吳王曰臣迎風則僵負風則伏左定八年傳正義引作迎風則偃背

風則仆然則偃與僵亦相似故息偃亦云僵臥先謙曰說文畺界也从畕三其界畫也僵臥不動疑若有界畫限止之而不過者故曰畺然本書釋用器齊人謂鋤柄曰橿橿然正直也下橿字亦當爲畺

側偪也 葉德炯曰文選上林賦偪側泌瀄注引司馬彪偪側相迫也字本與仄通考工記車人山行者仄輮仄輮正言其偪也

據居也 畢沅曰說文居蹲也是卽踞字先謙曰晉語今不據其安韋注據居也左僖五年傳神必據我杜注據猶安也是據爲安居之義畢說似非

企啟也啟開也言自延竦之時樞機皆開張也 畢沅曰今本作企啟開也自延竦之時諸樞機皆開張也據一切經音義引改

竦從也體支 畢沅曰今本作皮譌 **皆從引也** 葉德炯曰說文竦敬也从立从束束自申束也又从相聽也从二人公羊宣十二年傳告從何休解詁從服从均與此義相合

視是也察其是非也 畢沅曰一切經音義引作言察其是非也今本脫其字此條又重見言語篇彼有其

字今據增

聽靜也靜然後所聞審也先謙曰說文靜審也楚詞招魂王注無聲曰靜

觀翰也望之延頸翰翰也葉德炯曰易賁白馬翰如釋文引黃注翰馬舉頭高卬也卽此義也

望茫也遠視茫茫也葉德炯曰說文望出亾在外望其還也从亾朢省聲又孟子公孫丑茫茫然歸注茫茫罷倦之貌

跪危也兩膝隱地體危隉也畢沅曰古人危坐乃跪也故管寍坐榻當膝處皆穿隉今本作倪據一切經音義引改

跽忌也見所敬忌不敢自安也葉德炯曰說文跽長跽也从足忌聲故跽作忌訓又史記范雎蔡澤傳秦王屏左右宮中虛無人秦王跽而請

拜於丈夫爲趺趺然詘折下就地也畢沅曰說文手部云捧首至地也重文作拜𢪒揚雄說拜从兩手下

於婦人爲扶自抽扶而上下也畢沅曰禮記少儀云婦人吉事雖有君賜肅拜

爲尸坐則不手拜肅拜鄭注云肅拜拜低頭也手拜手至地也婦人以肅拜爲正案肅拜者頫首正立斂兩褎於胸前而低卬之故曰抽扶而上下抽扶胡本作曲扶御覽引作相扶皆不從先謙曰吳校扶作拔

攀畢沅曰古作𠬜**翻也連翻上及之言也**畢沅曰今本脫之字據一切經音義引增先謙曰連翻上及謂攀援也

掣畢沅曰字俗本應作㨷下同葉德炯曰說文本作㨷云引縱曰㨷从手瘛省引縱即使之順己也**制也制頓之使順己也**先謙曰掣引也頓亦引也續史記滑稽傳當道掣頓人車馬鹽鐵論散不足篇吏捕索掣頓不以道理掣頓即制頓也成國依聲立訓故必釋掣爲制以明之

牽弦也使絃急也王啟原曰弦當爲趨說文趨急走也从走弦聲

引演也使演廣也畢沅曰使今本作徒譌以上下文例之是使字葉德炯曰文選西京賦注引蒼頡篇云演引也與此轉注詩楚茨毛傳引長也說文演長流也二字古訓一義

掬畢沅曰本字應作匊**局也使相局近也**畢沅曰毛詩椒聊傳云兩手曰匊然則使相局近謂使兩手相

局近以承受物也

撮捽也擊捽取之也畢沅曰擊今本譌作暫據一切經音義引改先謙曰說文撮兩指撮也漢書律厤志注引應劭云三指撮之也一切經音義引字林云撮手小取也漢書貢禹傳顏注捽拔取也

摣叉也畢沅曰摣今本譌从木說文担挹也从手且聲讀若樝棃之樝然則此當作担**五指俱往叉取也**畢沅曰今本脫叉取二字據一切經音義引增

捉促也使相促及也蘇輿曰說文捉搤也捉促字通莊子庚桑楚釋文捉崔本作促是其證

執攝也使畏攝己也葉德炯曰說文執捕罪人也按罪人畏法故攝己也

拈黏也兩指翕之黏著不放也葉德炯曰說文拈掫也黏相箸也二字均从占得聲釋詁翕合也一切經音義十四引蒼頡篇黏亦云合也故拈黏翕三字音義均得相成

抶鐵也其處皮熏黑色如鐵也畢沅曰說文抶笞擊也此當指所笞擊之處孫詒讓曰熏吳校作薰案熏黑無義熏當爲黧墨子兼愛篇朝有黧黑之色黧字亦見玉篇後釋長幼云八十曰耋耋鐵也皮膚變黑色如鐵也

蹋榻也榻著地也畢沅曰說文無榻字唯遝音義與蹋相近或當作遝字

批畢沅曰字俗當作捭說文捭兩手擊也正與下義合捭也兩相捭助共擊之也先謙曰相吳校作指據下云四指廣博作指是

搏博也四指廣博亦以擊之也畢沅曰以今本誤作似一切經音義引作以無亦字案上文有擊之語此亦字當仍之

挾夾也在傍也先謙曰吳校下句作夾在旁也吳語韋注在腋曰挾

捧逢也兩手相逢以執之也葉德炯曰穆天子傳捧饋而哭郭注捧兩手持也說文無捧字正當作奉廾部奉承也从手从廾丰聲承下云奉也受也从手从卪从廾兩相互訓而皆从廾廾兩手相共也

懷回也本有去意回來就己也先謙曰方言來自關而東周鄭之郊齊魯之間或曰懷說文回轉也成國借回聲定懷義故云本有去意亦言歸也來歸己也王先愼曰詩南山鼓鐘匪風傳懷歸也

抱畢沅曰本當作袌保也相親保也葉德炯曰方言北燕朝鮮洌水之間謂伏鷄曰抱說文保養也从人

从采省采古文孚而孚下云卵孚也从爪从子一曰信也采古文孚是保孚古同作案抱古訓爲伏鷄保古字爲孚卵義本相近故成國取以爲訓說文抱本作褏云褭也別是一義

戴載也載之於頭也畢沅曰此與前又互相訓

提地也臂垂所持近地也葉德炯曰說文祇地祇提出萬物者也此提字最初之義手部提挈也

挈結也結束也束持之也葉德炯曰說文挈縣持也縣繫也結締也義本一貫先謙曰吳校刪束也二字

持跱也跱之於手中也畢沅曰說文峙从止不从足玉篇有跱字引爾雅曰室中謂之跱跱止也案持之手中亦止義也今爾雅跱作時

操鈔也手出其下之言也葉德炯曰說文鈔叉取也从金少聲此本字也俗借用抄一切經音義二引服虔通俗文遮取謂之抄掠是也叉取遮取皆從後襲取之詞手出其下正鈔之本義

攬斂也斂置手中也葉德炯曰攬正本作擥說文擥撮持也漢書變作擥陳湯傳擥城郭之兵王莽傳故

務自攬眾事皆謂總持一切也此云斂置手中卽其義

擁翁也翁撫之也王啟原曰漢鐃歌擁離宋書樂志作翁離其古今樂錄云擁離亦曰翁離蓋擁翁義通也翁擁之翁義當如蓊玉篇蓊木茂也木茂則蔽護漢書司馬相如傳觀眾樹之蓊薆兮覽竹林之榛榛集解師古曰蓊薆蔭蔽貌是翁撫之猶云擁護之若云如翁之撫恐不其然先謙曰史記夏侯嬰傳集解引蘇林云南陽謂抱小兒曰雍樹雍擁字同正翁撫之義

撫敷也敷手以拍之也畢沅曰郭璞注爾雅釋訓云撫掩猶撫拍

拍搏也以手搏其上也畢沅曰今本脫以字據一切經音義引增

摩娑猶末殺也手上下之言也畢沅曰周禮司尊彝鬱齊獻酌鄭注引郊特牲曰汁獻涚於醆酒獻讀爲摩莎之莎齎鬱和秬鬯以醆酒摩莎泲之出其香汁摩娑卽摩莎也漢書谷永傳末殺災異葉德炯曰集韻引字林作抹摋云滅也蘇輿曰方言摩滅也莊子徐無鬼釋文引王注云摩消滅也末殺亦有滅義凡物以手摩之則消滅故摩娑末殺互相取訓此以雙字釋雙字者先謙曰今人讀末殺爲平聲乃摩撫之意其音卽爲摩娑知聲義通轉也

蹙畢沅曰字俗古通用戚**迺也迺迫之也**畢沅曰蹙子六反又千六反周禮攷工記云不微至無以爲戚速也鄭注齊人有名疾爲戚者春秋傳曰蓋以操之爲已戚矣是其證也操之已戚猶迫之義也諸本迺皆作遒字之誤也戚與迺音誼皆遠蘇輿曰說文迺迫也或作遒楚辭招魂迺相迫些本書釋天秋緧也緧迫萬物緧迺並通廣雅蹙迺迫急也又云蹙迺迫也與此義同釋訓速速蹙蹙惟逑鞠也郭璞音義逑迫也逑迺同聲

踐殘也使殘壞也畢沅曰尚書敘云成王東伐淮夷遂踐奄史記周本紀東伐淮夷殘奄是則踐有殘誼矣

踖藉也以足藉也葉德炯曰說文踖長脛行也从足昔聲一曰踧踖此云足藉卽一曰之義先謙曰吳校足藉下有之字

履以足履之因以名之也葉德炯曰履本訓爲屨此則引申爲踐履字詩生民履帝武敏歆傳履踐也禮文王世子行不能正履注履蹈地也皆从引申之義

蹈道也以足踐之如道路也畢沅曰一切經音義引無路字案如道路者如之言往也

跐弭也足踐之使弭服也畢沅曰說文無跐字玉篇有之祖解子爾二切云蹋也

躡攝也登其上使攝服也畢沅曰攝本或作懾今從施本胡本匍匐小兒時也畢沅曰生民詩云誕實匍匐謂后稷幼小時也匍猶捕也藉索可執取之言也畢沅曰小兒初學步時恐其蹎跋必以帶圍繞其胸腋而結於背後乃曳之以行故曰藉索可執取說文匍裹也手裹行也匐伏也伏地行也畢沅曰說文匐伏墜也人雖長大及其求事盡力之勤猶亦稱之詩曰凡民有喪匍匐救之是也畢沅曰詩邶風谷風文也鄭箋匍匐言盡力也凡於民有凶禍之事鄰里尙盡力往救之

偃蹇偃偃息而臥不執事也畢沅曰北山詩云或息偃在牀蹇跛蹇也畢沅曰說文跛行不正也蹇跛也先謙曰吳校刪也字病不能作事今託病似此也畢沅曰眾本皆作偃蹇也其下蹇跛蹇也又別爲條今案自上匍匐以迄下貸駭皆總目二字於上下乃析其字而分釋之今本偃蹇也之也乃偃字之誤又末句今託病似此下眾本有而不宜執事役六字義贅詞複今皆據一切經音義引改刪先謙曰郭璞客傲莊周偃蹇於漆園郎偃臥不事事之意後漢蔡邕傳董卓聞邕名辟之稱疾不就卓怒曰我力能族人蔡邕遂偃蹇者不旋踵矣此偃蹇正

謂其託病也左哀六年傳杜注偃蹇驕傲又引申之義

望羊畢沅曰本皆作望佯非也史記孔子世家云眼如望羊與下云舉頭高似若望之之誼合據改**羊陽也**畢沅曰古羊陽字通**言陽氣在上舉頭高似若望之然也**蘇輿曰洪範五行傳鄭注羊畜之遠視者屬視故望遠取義於羊家語辨樂篇注望羊遠視也莊子秋水篇望洋向若釋文作盳洋引司馬崔云盳洋猶望羊仰視貌論衡骨相篇武王望陽言望視太陽也望陽卽望羊與此義合

沐禿畢沅曰本有也字誤衍**沐者髮下垂**畢沅曰說文沐濯髮也**禿者無髮**畢沅曰與說文同**皆無上貌之稱也**先謙曰本書釋疾病禿無髮沐禿也據此沐禿二字雖可分疏在漢時俗諺仍總言禿耳顏氏家訓云或問俗名傀儡子爲郭禿有故實乎答曰風俗通云諸郭皆諱禿當是前代有病禿者滑稽戲調故後人爲其象先謙案今傀儡皆無髮然則郭禿卽沐禿沐郭音轉字變耳

卦賣卦挂也自挂於市而自賣邊畢沅曰段疑是之字先謙曰易乾卦疏引易緯云卦者挂也言懸挂物象以示於人故謂之挂繫辭再扐而後掛釋文掛京本作卦特牲饋食禮注古文挂作卦是卦挂字義並通故卦

可訓挂卦賣又疊韻字**自可無慙色言此似之也**先謙曰自可自許可也

倚簁倚伎也簁作清簁也言人多技巧尙輕細如簁也畢沅曰清讀絜清之清才性反去其粗留其精曰作清孫詒讓曰作清簁者清謂清酒也釋飲食云言蒼梧清酒說文簁箄竹器也急就篇顏注簁所以籭去粗取細者也蓋簁亦可以用漉濁酒之糟取其清毛詩小雅伐木傳以筐曰釃以藪曰湑簁卽筐之屬畢注失其義吳校刪作清二字尤繆

窶數猶局縮皆小意也畢沅曰漢書東方朔傳著樹爲寄生盆下爲寠數又楊惲傳云鼠不容穴銜寠數先謙曰寠吳校作寠

齧掣掣卷掣也齧噬齧也語說卷掣與人相持齧也成蓉鏡曰淮南原道短袂攘卷攘卷猶卷掣也先謙曰吳校作與人相持如噬齧也

䘑摘猶諦摘也先謙曰吳校猶諦摘也作言訶摘**如醫別人䘑知疾之意**畢沅曰別字本作𠂢分異也兵列反今通作別**見事者之稱也**王啟原曰方言謫過也南楚以南凡相非議人謂之謫或

謂之䶗䶗又慧也卽此以二義併一猶釋飲食之以黏敹連文此本書通例

貸騃先謙曰貸俗音轉作獃字書不載廣雅釋詁騃凝也貸者言以物貸予葉德炯曰大戴禮記千乘以物投長曰貸騃者言必棄之不復得也先謙曰吳校無言字不相量事者之稱也葉德炯曰一切經音義六引蒼頡篇騃不曉事之稱也此皆見於形貌者也畢沅曰言此皆者皆葡匋以下諸條總結之也

臥化也畢沅曰變匕字當作匕今多與教化字通用精氣變化畢沅曰御覽引作其精神變化不與覺時同也畢沅曰覺古孝反

寐謐也靜謐無聲也王啟原曰說文謐靜語也一曰無聲也

寢權假臥之名也寢侵也侵損事功也葉德炯曰說文寢臥也此統訓寢字文選高唐賦注引論語宰予晝寢鄭注云寢臥息也與此權假之義合下文朽木糞牆正戒其侵損事功也

眠畢沅曰俗字也說文瞑翕目也與眠連文當從之蘇輿曰御覽人事三十四引正作瞑泯也無知泯泯

也畢沅曰泯亦說文新附字若上作瞑下俱作冥爲允愜矣

覺告也先謙曰說文覺寤也此臥覺本義引申之爲凡有發悟之稱孟子使先覺覺後覺是也臥覺之後昭然明悟與告語使覺者同意故訓覺爲告亦取疊韻字

寤忤也畢沅曰忤俗字當作啎

能與物相接忤也畢沅曰說文無忤字詩東門之池云可與啎歌毛傳啎遇也則啎之義爲接啎又邶風柏舟云寤辟有摽說文引作啎辟有摽則寤啎義同故當定作啎王啟原曰經傳言夢寤必言驚春秋隱元年傳莊公寤生驚姜氏逸周書寤儆王曰今朕寤有商驚予又太姒夢見商之庭產棘寤驚以告文王見朱右曾逸周書校釋又史記王召左史戎夫曰今夕朕寤遂事其驚予凡此皆與物接忤者

欠欽也畢沅曰今本欽上加山乃俗書之無理者說文欽欠皃故云欠欽也

開張其口脣欽欽然也畢沅曰今本口下衍聲字欽欽下無然字據御覽引增刪先謙曰吳校作開張其口作聲欽欽然也廣雅釋訓欽欽聲也

嚏疐也聲作疐而出也畢沅曰今本疐皆作踕俗譌字也毛詩終風云願言則疐陸氏釋文乃云疌本

又作唓本又作蹇據此則知蹇一誤而爲疌再誤而爲唓今本作踕者又因唓而譌也說文嚏从口疐聲鄭君箋詩云疐讀爲不敢嚏欬之嚏然則此當云嚏疐也說文叀部云疐礙不行也氣欲出而有礙則歕涌而出有聲故曰聲作疐而出也

笑鈔也頰皮上鈔者也畢沅曰笑當作芺芺本是艸从艸夭聲借爲歡𤻮相芺之芺作艸書者凡艸頭輒作兩點一畫而夭文又或書似大字以兩點一畫加大字上遂成关字顏師古注漢書薛宣傳以关爲古笑字據師古注則可知芺字从艸不从竹矣徐鉉案孫愐唐韻引說文从竹从夭云喜也遂於竹部增一笑字又案五經文字从竹下犬今俗間皆依徐作笑字矣蘇輿曰此鈔字非本義蓋取斂撮之意本書釋首飾云綃鈔也鈔髮使上從也齊人謂之㡘言斂髮使上從也是鈔斂義同人笑則頰皮斂撮故云今俗猶呼物相斂著者爲鈔

釋長幼第十

人始生曰嬰兒胸前曰嬰抱之嬰前畢沅曰抱𧚍字之俗先謙曰嬰無胸前義此借嬰爲膺說文膺胸也詩采芑傳鉤膺樊纓也禮內則衿嬰綦屨釋文嬰又作纓是嬰纓膺三字義訓相通故嬰可借爲膺**乳養之也**畢沅曰一切經音義引作投之胸前以乳養之故曰嬰兒皮錫瑞曰侯鯖錄引釋名云人始生曰嬰兒胸前曰嬰抱

之嬰前而乳養之故曰嬰兒葉德炯曰禮記雜記鄭注嬰兒嬰猶鷖彌也鷖彌卽嬰兒之轉聲

或曰嫛婗嫛是也言是人也婗其嗁聲也故因以名之也

先謙曰說文嫛下云云嫛婗也从女殹聲婗下云嫛婗總謂小兒耳廣雅釋親婗子也亦作繄倪孟子梁惠王下反其旄倪注倪弱小繄倪者也詩雄雉箋繄猶是也此借繄爲嫛荀子富國篇呪嘔之楊注呪嘔嬰兒語聲也此又借婗爲呪也

男任也典任事也

畢沅曰白虎通嫁娶篇云男者任也任功業也說文男丈夫也从田力言男用力於田也用力於田典任事之義也皮錫瑞曰案尚書二百里男邦史記作任國白虎通書侯甸男衞爲侯甸任衞男任字通

女如也婦人外成如人也

畢沅曰說文女部如从隨也

故三從之義少如父教嫁如夫命老如子言

畢沅曰白虎通嫁娶篇云女者如也從如人也在家從父母旣嫁從夫夫殁從子傳曰婦人有三從之義也

青徐州曰娪娪忤也始生時人意不喜忤忤然也

畢沅曰娪忤皆俗譌字說文午啎也啎屰也當據以改正王啟原曰魏志崔季珪傳諺言生女耳耳非善辭當是生時其父母告人之辭中含有不喜之意故孟德云耳非善辭以其時其不以生女爲喜所謂忤忤然也孫詒讓曰娪疑與管子海王國

蓄兩篇吾子吾字同尹知章注吾子謂小男小女也蓋吾子本爲小男小女之通稱後世語變遂專以稱小女猶孺子爲小兒之通稱秦漢古書亦或以專稱女子也漢青徐於周爲齊地故與管子書合畢欲改爲悟失之先謙曰吳校州作人

兒始能行曰孺子畢沅曰今本脫子字據御覽引增哀六年左傳云女忘君之爲孺子牛而折其齒乎孺濡也言濡弱也蘇輿曰二句御覽人事二十五引作孺弱也先謙曰凡从需之字多有弱義孺弱儒弱懦弱濡弱皆是濡則未有不弱者禮儒行疏亦云儒者濡也

七年曰悼悼逃也知有廉恥隱逃其情也亦言是時而死可傷悼也畢沅曰後說非是禮記曲禮鄭注悼憐愛也

毀齒曰齔齔洗也毀洗故齒畢沅曰洗當爲洒今本皆作洗蓋西先同音故輒以洗爲洒更生新也畢沅曰說文齔毀齒也男八月生齒八歲而齔女七月生齒七歲而齔从齒匕聲

長畢沅曰丁丈反三字舊音萇也言體萇也畢沅曰詩長楚亦作萇楚可通用

幼少也畢沅曰說文幼少也从幺从力言生日少也畢沅曰曲禮曰人生十年曰幼

十五曰童畢沅曰說文人部云僮未冠也辛部云男有辠曰奴奴曰童此文皆當作僮然二字世俗亂之已久禮記內則曰成童舞象鄭注云成童十五以上故禮有陽童畢沅曰禮記雜記上曰有父母之喪尚功衰而附兄弟之殤則練冠附於殤稱陽童某甫不名神也鄭注此兄弟之殤謂大功親以下之殤也斬衰齊衰之喪練皆受以大功之衰此之謂功衰以是時而祔大功親以下之殤不易服陽童謂庶殤也宗子則曰陰童童未成人之稱也牛羊之無角者曰童畢沅曰易曰童牛之牿詩云俾出童羖毛傳羖羊不童也鄭箋使出無角之羖羊脅以無然之物是羊無角者曰童也山無草木亦曰童畢沅曰今本無亦字據御覽引增鄭注周禮司書云山林川澤童枯則不稅言未巾冠似之也畢沅曰未御覽引作無女子之未笄者亦稱之也畢沅曰鄭語府之童妾未既齔而遭之及笄而孕是女子未笄亦稱童也禮記喪服小記男子冠而婦人笄故女子之未笄者與男子未冠者同稱

二十曰弱言柔弱也畢沅曰曲禮二十曰弱冠一切經音義引亦有冠字下云言雖成人而冠體尚弱也今案下文但曰壯曰强曰艾不連餘文又言丁壯也言堅强也與此文句正相似故不從彼所引改

三十曰壯畢沅曰曲禮亦云然言丁壯也

四十曰強畢沅曰曲禮亦云然言堅強也

五十曰艾艾乂也乂治也治事能斷割芟刈無所疑也畢沅曰今本止云艾治也無乂也乂三字據一切經音義引增案說文𡰯治也乂芟也重文作刈云乂或从刀則訓治訓芟故是兩字今經典多不作𡰯而艾與刈乂通用月令毋艾藍呂紀作刈藍孟子自怨自艾艾訓治而周頌奄觀銍艾與刈同此芟刈之刈疑亦本是艾字曲禮五十曰艾服官政服官政則治事矣

六十曰耆耆指也不從力役指事使人也畢沅曰一切經音義引作者指也謂指事使人不自執役也曲禮六十曰耆指使鄭注指事使人也

七十曰耄頭髮白耄耄然也畢沅曰曲禮七十曰老而傳八十九十曰耄今云七十曰耄者蓋耄者髮白皃人生七十尟有不白髮者故七十八十九十可通稱耄也蘇輿曰御覽人事二十四引無白字

八十曰耋耋鐵也皮膚變黑色如鐵畢沅曰說文年八十曰耋从老省至聲今本皆不省

也王先慎曰釋親孫炎注耋老人面如鐵也

九十曰鮐背背有鮐文也畢沅曰詩行葦云黃耇台背鄭箋台之言鮐也大老則背有鮐文說文鮐海魚也

或曰黃耇鬢髮變黃也畢沅曰詩南山有臺云遐不黃耇毛傳黃黃髮也吳翊寅曰吳本鬢上有黃字案此分釋黃耇二字與耇垢也同例當補

耇垢也皮色驪顇恒如有垢者也蘇輿曰御覽人事二十四引無耇字

或曰胡耇咽皮如雞胡也畢沅曰左僖廿二年傳雖及胡耇獲則取之葉德炯曰周書謚法解彌年壽考曰胡胡大也此胡耇二字所本成國此訓及舍人爾雅注赤黑如狗之說皆近穿鑿蘇輿曰御覽人事二十四引無咽字

或曰凍梨畢沅曰鄭注儀禮士冠記云耇凍梨也說文耇老人面凍梨若垢皮有班點也畢沅曰點今本譌作黑據御覽引改案此所謂耇也說文耇老人面如點也先謙曰吳校班作斑

如凍梨色也或曰齯齒畢沅曰今本齒亦誤作齯據藝文類聚御覽引改蘇輿曰御覽人事二十四引齯作兒

大齒落盡更生細者如小兒齒也畢沅曰詩閟宮云黃髮兒齒說文齯老人兒齒也釋詁黃髮齯齒鮐背耇老壽也舍人曰黃髮老人髮白復黃也郭璞曰黃齯齒齒墮更生細者舍人曰鮐背老人氣衰皮膚消瘠背若鮐

魚耇䚋也血氣精華䚋竭言色赤黑如狗矣孫炎曰耇面如凍梨色如浮垢老人壽徵蘇輿曰御覽人事二十四引細者作細齒

或曰眉壽 畢沅曰今本無此句據藝文類聚引補案既有此文下必更有申說眉壽之名誼云云惜引者不具引今不可得聞矣姑爲證明之詩南山有臺云遐不眉壽毛傳眉壽秀眉也鄭箋閟宮詩云秀眉亦壽徵

百年曰期頤頤養也老昏不復知服味善惡孝子期於盡養道而已也 畢沅曰御覽引無而已二字曲禮百年曰期頤鄭注期猶要也頤養也不知衣服食味孝子要盡養道而已周易序卦頤者養也

老朽也 葉德炯曰蔡邕獨斷云老謂久也舊也壽也續漢禮儀志注引應劭漢官儀云老者久也舊也二說竝同按凡物之久舊者皆易朽毀故老亦訓朽也

老而不死曰仙仙遷也遷入山也故其制字人傍作山也 畢沅曰仚說文人在山上皃本不同僊僊長生僊去也从人䙴聲此當云老而不死曰僊僊䙴也䙴升高也僊能超升也

釋親屬第十一

親襯也言相隱襯也 蘇輿曰襯疑當作儭釋親釋文引說文云親至也蒼頡篇云親愛也近也一切經音義四儭且吝反又義覲反儭至也近也又作寴說文寴至也从宀親聲是儭與親聲義竝近隱痛也相隱儭猶言相痛愛白虎通九族篇云一家有吉百家聚之合而爲親生相親愛死相哀痛卽此隱儭之義襯儭形近易譌廣雅釋詁儭仞也影宋本作儭各本皆作襯其誤正與此同

屬續也恩相連續也 王先愼曰說文屬連也淮南說林訓親莫親於骨肉節族之屬連也

父甫也始生己也 畢沅曰甫有始誼葉德炯曰父古與甫通詩亶父王充論衡初稟引作亶甫先謙曰吳校始上有甫始也三字是

母冒也含生己也 葉德炯曰御覽引易說卦傳陸績注母取含養也卽此義又說文母牧也从女象褢子形一曰象乳子也按廣韻引蒼頡篇云母其中有兩點象人乳形此許君所本然則母之取義含生乃故訓相傳如此也先謙曰吳校含上有冒含也三字此以意增之但冒無含義無此三字上下文又不貫俟考

祖祚也 畢沅曰祚俗字當作胙 **祚物先也** 畢沅曰御覽引無物字先謙曰祚胙同字畢說是也祖胙一聲

之轉故釋祖爲胙說文胙祭福肉也祭餘之物人方食之故胙爲物之先猶祖爲人之先

又謂之王父畢沅曰爾雅父之考爲王父

王䧅也家中所歸䧅也畢沅曰歸䧅止當作往又有作注字者見漢書揚雄傳皆後來所增葉德炯曰說文王天下所歸往也則此䧅字當是往字畢說是也

王母亦如之畢沅曰爾雅父之妣爲王母

曾祖從下推上祖位轉增益也畢沅曰爾雅王父之考爲曾祖王父說文曾益也

高祖高皐也最在上皐韜諸下也畢沅曰爾雅曾祖王父之考爲高祖王父葉德炯曰禮明堂位天子皐門注皐之爲言高也與此轉注先謙曰皐韜猶皐牢也荀子王霸篇睾牢天下而制之睾與皐同後漢馬融傳皐牢陵山皐牢皐韜竝雙聲疊韻字皆覆冒意也皐又與櫜通櫜韜亦覆冒意二字見毛詩彤弓傳士喪禮大司徒鄭注

兄荒也荒大也畢沅曰荒大釋詁文**故青徐人謂兄爲荒也**王啟原曰楚辭怳忽兮遠望祭義以其慌惚以與神明交均彷忽之異文一从兄一从荒以兄亦荒也漢書司馬相如傳西望崑崙之軋沕荒忽兮後漢書下邳惠王傳衍病荒忽則慌直可爲荒詩鶉奔以兄協姜彊是讀如荒葉德炯曰古兄音近况詩倉兄塡兮可證兄荒於西

域字母皆屬曉紐青徐人以蹴口開脣推氣言之如風讀放之例

弟弟也相次弟而生也畢沅曰生今本譌作上據御覽引改說文弟韋束之次弟也然則本誼爲次弟假借以爲兄弟取次弟之誼以爲後生者之稱故云弟弟也相次弟而生也是則兄弟次弟非有異字乃俗書次弟之弟輒加竹於上以別於兄弟字謬甚矣

子孳也相生蕃孳也王先慎曰白虎通子者孳也孳孳無已也

孫遜也遜遁在後生也畢沅曰生字疑衍爾雅子之子爲孫郭注孫猶後也王啟原曰說文遜遁也詩狼跋公孫碩膚箋孫之言遜遁也後漢楊倫傳遜遁不行遜遁猶逡巡也

曾孫義如曾祖也畢沅曰義如曾孫言亦取曾益之意爾雅孫之子爲曾孫

玄孫玄縣也上縣於高祖最在下也畢沅曰爾雅曾孫之子爲玄孫

玄孫之子曰來孫畢沅曰爾雅亦云**此在無服之外其意疎遠呼之乃來也**

來孫之子曰昆孫畢沅曰爾雅亦云昆貫也恩情轉遠以禮貫連之耳

昆孫之子曰仍孫畢沅曰爾雅亦云以禮仍有之耳恩意實遠也

仍孫之子曰雲孫畢沅曰爾雅亦云言去已遠如浮雲也皆爲早娶晚死壽考者言也

父之兄曰世父言爲嫡統繼世也畢沅曰爾雅父之罤弟先生爲世父後生爲叔父又曰伯父伯把也把持家政也王啟原曰按王霸之霸先秦書多作伯公羊分陝之伯即霸也茲言伯把也則亦讀如霸尙書中候有霸免篇詩甫田序正義引其篇鄭注霸猶把也把天子之事也

父之弟曰仲父仲中也位在中也王先慎曰說文仲中也从人从中中亦聲韓詩仲氏任只注仲中也言位在中也

仲父之弟曰叔父叔少也王先慎曰白虎通叔者少也儀禮覲禮同姓小邦則曰叔父其異姓小邦則曰叔舅叔古有少小義

叔父之弟畢沅曰今本脫父字據御覽引增曰季父畢沅曰史記項羽本紀其季父項梁季癸也甲乙之次癸最在下季亦然也畢沅曰周家積叔故文王十子伯邑考已下皆稱叔唯聃季稱季以處末也

父之世叔父母曰從祖祖父母畢沅曰舊脫一祖字若從祖父母則父之從父晜弟與其妻於己爲父母行也爾雅父之世父叔父爲從祖祖父父之世母叔母爲從祖祖母今依此補之言從己親祖別而下也亦言隨從己祖以爲名也

父之姊妹曰姑畢沅曰爾雅亦云姑故也言於己爲久故之人也王啟原曰爾雅孫炎注姑之言古尊老之名也不訓爲故然姑从古聲古有故義詩古訓是式卽故訓也又有久義詩古公亶父傳古久也戴侗引唐本說文故从久古聲故成國訓姑爲故且申言久故之人又淮南子時則律中姑洗訓云姑故也洗新也則姑原有故訓非成國刱說

姊積也猶曰始出積時多而明也王啟原曰漢書地理志南郡有秭歸縣水經注江水篇引

盛宏之荆州記言屈原歸姊來省而名是姊秭通廣雅秭積也姊歸可爲秭歸則姊義亦得云積

妹昧也畢沅曰莊子釋文引作末也**猶曰始入歷時少尙昧也**畢沅曰案日出日入二義殊不允帖又甚舛鑿王啟原曰按易豐其沬釋文鄭作昧徵昧之光也書酒誥明大命于妹邦鄭本作沬與詩沬邦合王弼易略例明徵故見昧釋文本作妹又作沬是妹昧沬三字通用昧有昧爽昧旦之義所謂歷時少也莊子釋文引未作末與白虎通合恐非成國原文先謙曰吳校始入作始出詳語意作出是

姑謂兄弟之女爲姪姪迭也共行事夫更迭進御也畢沅曰爾雅女子謂晜弟之子爲姪儀禮喪服傳謂吾姑者吾謂之姪皆兼男女言之左僖十五年傳姪其從姑則應在子圉竟專言男矣此所言唯指娣姪之從嫁者亦當有不從事一夫者何可鑿定此詛亦未爲允矣

夫之父曰舅畢沅曰爾雅婦稱夫之父曰舅**舅久也久老稱也**畢沅曰御覽引作舅言久也久老之稱也王啟原曰白虎通親屬云舅者舊也爾雅孫注亦云舅之言舊尊長之辭舊有久義小爾雅云舊久也詩告爾舊止箋舊久也論語久要不忘平生之言孔注久要舊約也又久與舊通書無逸舊勞於外史記魯周公世家舊作久久舊音近班

孫言舊成國

言久一也

夫之母曰姑 畢沅曰爾雅稱夫之母曰姑 **亦言故也** 畢沅曰亦者亦前文父之姊妹曰姑也蘇輿曰亦上當有姑字御覽宗親七引作姑言故也御覽脫亦字此脫姑字耳

母之兄弟曰舅亦如之也 畢沅曰亦如夫之父曰舅之義爾雅曰母之罤弟爲舅母之從父罤弟爲從舅孫叔然注云舅之言舊尊長之稱

妻之父曰外舅母曰外姑 畢沅曰爾雅亦云 **言妻從外來謂至己家爲歸** 畢沅曰歸本皆作婦茲從段玉裁改 **故反以此義稱之** 先謙曰吳校無義字 **夫妻匹敵之義也** 畢沅曰說文妻婦與己齊者也故曰匹敵之義

妻之罤弟曰外甥 畢沅曰爾雅妻之罤弟爲甥 **其姊妹女也來歸己內爲妻故其男爲外姓之甥** 畢沅曰外姓今本作外甥譌若上作外甥則下之甥二字當衍 **甥者生也** 先謙曰吳校無者字 **他姓子本生於外不得如其女來在己內也**

姊妹之子曰出畢沅曰爾雅男子謂姊妹之子爲出左氏成十三年傳康公我之自出公羊定八年傳云臨南者陽虎之出也出嫁於異姓而生之也畢沅曰司儀注異姓昏姻也

出之子曰離孫畢沅曰爾雅謂出之子爲離孫言遠離已也

姪之子曰歸孫畢沅曰爾雅謂姪之子爲歸孫婦人謂嫁曰歸畢沅曰語本公羊傳姪子列故其所生爲孫也畢沅曰喪服傳曰婦人雖在外必有歸宗故謂姪之子爲歸孫也

妻之姊妹曰姨畢沅曰今本姨誤作娣據下條母之姊妹曰姨亦如之則此當爲姨可知矣爾雅妻之姊妹同出爲姨詩碩人邢侯之姨姨弟也言與己妻相長弟也畢沅曰案當云姨夷也言與己妻等夷也王啟原曰姨弟音近此亦以音成義畢說非也易明夷夷於左股釋文夷子夏本作睇又作眱又渙匪夷所思釋文荀本作弟釋草蕛似稗布地生穢草釋文蕛本作荑據此孟子不如荑稗荑正字蕛或字也又廣雅鵜鴣也集韻云鮧鵜鯷同說文鵜古文雉从弟故春秋感精符云雉之爲言弟也春秋傳五雉爲五工正疏引服虔云雉夷也凡从夷从弟之字無不相通者唯涕洟二字自目曰涕自鼻曰洟異義而史記宋微子世家曰涕曰霧集解徐廣曰一曰洟曰被索隱曰徐廣所見本義通而字變

此皆夷弟相通之證姨弟猶姨夷也不煩改字葉德炯曰說文妻之女弟同出爲姨呂覽長攻吾妻之姨也高注妻之女弟爲姨此姨弟義訓之古者畢說不可據

母之姊妹曰姨亦如之 畢沅曰亦如之者亦言與己母相長弟也蘇輿曰據此則呼母黨爲姨自漢已然蓋子效父言古無是稱也故成國別之云禮謂之從母今俗呼爲姨母 **禮謂之從母** 畢沅曰爾雅母之姊妹爲從母 **爲娣而來則從母列也故雖不來猶以此名之也** 畢沅曰喪服小功章云從母丈夫婦人報此不爲娣而來亦名從母也

姊妹互相謂夫曰私 畢沅曰爾雅女子謂姊妹之夫爲私詩碩人譚公維私 **言於其夫兄弟之中此人與己姊妹有恩私也**

舅謂姊妹之子曰甥 畢沅曰爾雅謂我舅者吾謂之甥也吳翊寅曰吳校刪舅字合上爲一條案上稱姊妹之子曰出則此甥係對從母而言卽今所謂姨甥也舅字衍與出義複非是 **甥亦生也出配他男而生故其制字男傍作生也** 王啟原曰因甥亦生故漢魏或謂甥爲外生吳志陸遜傳遜外生顧譚顧

承姚信竝以親附太子枉見流徙御覽引諸葛亮誡外生

妾謂夫之嫡妻曰女君畢沅曰喪服齊衰期不杖章云妾爲女君鄭注女君君適妻也夫爲男君畢沅曰喪服斬衰三年章云妾爲君鄭注妾謂夫爲君者不得體之加尊之也雖士亦然故名其妻曰女君也

嫂叟也叟老者稱也畢沅曰鄭注喪服傳云嫂者尊嚴之稱嫂猶叟也叟老人稱也葉德炯曰史記魏世家集解引劉熙注叟長老之稱義與此同按說文叟老也此成國所本蘇輿曰御覽宗親七引作嫂叟也老稱也先謙曰吳校老上無叟字叟縮也人及物老皆縮小於舊也蘇輿曰本書釋疾病瞍縮壞也叟瞍同聲字故竝訓縮叟縮聲之轉

叔少也幼者稱也畢沅曰爾雅夫之弟爲叔叔亦俶也先謙曰吳校作亦言俶也見嫂俶然卻退也蘇輿曰俶與踧同俶然猶云踧然一切經音義十三引字林踧踖不進也不進卽卻退之義嫂叔別嫌故見而卻退葉德炯曰禮曲禮嫂叔不通問注通問謂相稱謝也此云見嫂卻退葢本禮意

夫之兄曰公吴翊寅曰吴校公上有兄字案依爾雅當有兄字各本誤脫**公君也君尊稱也**先謙曰釋詁公君也聘禮鄭注今文公爲君是公君字亦通說文君尊也施之於家遂有嚴君男君女君之稱皆奉爲宗主之義**俗間曰兄章章灼也章灼敬奉之也**先謙曰上文青徐人謂兄爲荒荒章疊韻呂覽勿躬篇名號已章矣高注章明也廣雅釋訓灼灼明也據爾雅郭注以俗呼兄鍾爲兄伀之轉顏師古又以呼鍾爲章之轉覗實則兄伀章鍾皆雙聲迻變成國緣文定訓耳**又曰兄伀**畢沅曰今本伀作忪據一切經音義引改正爾雅夫之兄爲兄公郭注云今俗呼兄鍾語之轉伀與鍾同音又伀本一作妐下同皮錫瑞曰廣韻三鍾妐夫之兄也職容切禮昏義和於室人注謂女妐女叔諸婦也正義女妐謂壻之姊也是夫之姊曰女妐當從女夫之兄不當從女此作伀是廣韻非也**言是己所敬忌**畢沅曰今本脫言字忌字據一切經音義引增**見之怔忪**畢沅曰今本作怔忡據一切經音義引改案方言作怔忪云皇遽也蘇輿曰怔忪與征伀同廣雅釋詁征伀懼也王褒四子講德論百姓征伀無所措其手足潛夫論乃復怔忪如前竝取惶懼之義廣雅釋訓又云屏營征伀也漢書王莽傳人民正營顏注正營惶恐不安之意也正營卽怔忪語之轉此云見之怔忪言見兄伀則心爲惶恐起自肅齊故上云是己所敬忌以兄伀字例之此宜一律作征伀**自**

肅齊也俗或謂舅曰章又曰伀畢沅曰一切經音義引作俗謂舅章爲伀先謙曰漢書廣川王去傳背尊章嫖以忽顏注尊章猶言舅姑也今關中俗婦呼舅姑爲鍾鍾者章聲之轉也據此則呼舅者並以之呼姑觀漢俗又微變矣亦如之也畢沅曰亦如兄章兄伀取章灼伀遽之意

少婦謂長婦曰姒言其先來己所當法似也畢沅曰爾雅娣婦謂長婦爲姒婦

長婦謂少婦曰娣娣弟也己後來也畢沅曰爾雅長婦謂穉婦爲娣婦喪服小功章娣姒婦報傳曰娣姒婦者弟長也鄭注娣姒婦者兄弟之妻相名也先謙曰此主長婦謂之者言己後來也疑本作後己來也文誤倒耳或曰先後以來先後弟之也畢沅曰史記封禪書見神於先後宛若孟康注漢書郊祀志云兄弟妻相謂先後王啟原曰弟之也呂本作言之也先謙曰弟之謂次弟之也呂本非

青徐人謂長婦曰稙長禾苗先生者曰稙取名於此也畢沅曰閟宮詩云稙穉菽麥毛傳先種曰稙後種曰穉長婦曰稙長故少婦稱穉穉婦皆取於此先謙曰吳校稙下無長字是此衍荆豫人謂長婦曰孰孰祝也先謙曰本書釋言語祝屬也祝孰屬皆同聲字故取以轉訓祝始也

王先慎曰鄭語祝融韋注祝始也

兩壻相謂曰亞畢沅曰爾雅亦云然節南山詩云瑣瑣姻亞毛傳亦云兩壻相謂曰亞**言一人取姊**畢沅曰詩正義引言下有每字**一人取妹相亞次也又竝來至女氏門**畢沅曰詩正義引無至字門字**姊夫在前**畢沅曰詩正義引句上有則字**妹夫在後亦相亞也**畢沅曰今本作亦相亞而相倚共成其禮也案文義贅甚似後人所羼入據詩正義引無此七字從之成蓉鏡曰漢書霍光傳延見姊夫昌邑關內侯吳志呂蒙傳依姊夫鄧當蜀志來敏傳敏隨姊夫奔荊州漢書王子侯表陸侯延壽坐女妹夫亡命笞二百首匿罪免謝承後漢書胡毋班王匡之妹夫吳志孫奐傳皆壹之妹夫也兩漢三國通用此稱故釋名亦云爾**又曰友壻言相親友也**王先慎曰漢書嚴助傳家貧爲友壻所苦此成國所本

婦之父曰婚畢沅曰當云婦之父曰婚婚昏也爾雅婦之父爲婚說文婚婦家也**言壻親迎用昏**畢沅曰儀禮士昏禮記親迎詞曰吾子命某以茲初昏使某將請承命鄭目錄云日入三商爲昏**又恆以昏夜成禮也**畢沅曰藝文類聚引作婚昏時成禮也案白虎通云昏時行禮故謂之婚也先謙曰吳校又作女

壻之父曰姻畢沅曰爾雅亦云姻因也女往因媒也畢沅曰藝文類聚引作姻因也女因媒也案說文姻壻家也女之所因故曰姻白虎通云婦人因夫而成故曰姻

天子之妃曰后后後也言在後不敢以副言也畢沅曰禮記曲禮天子之妃曰后鄭注云后之言後也

諸侯之妃曰夫人夫扶也扶助其君也畢沅曰曲禮諸侯曰夫人鄭注夫之言扶

卿之妃曰內子畢沅曰魯語云卿之內子爲大帶子女子也在閨門之內治家也

大夫之妃曰命婦畢沅曰魯語云命婦成祭服婦服也服家事也王啟原曰白虎通嫁娶云婦者服也服於家事事人者也說文婦服也从女持帚灑埽也夫受命於朝妻受命於家也畢沅曰鄭仲師注內宰云外命婦卿大夫之妻王命其夫后命其婦喪服傳曰夫尊於朝妻貴於室矣

士庶人曰妻畢沅曰曲禮士曰婦人庶人曰妻鄭注婦之言服妻之言齊是則士庶人之匹耦名稱不同今云士

庶人曰妻者蓋士與庶人之爲尊卑也微庶人有事通用士**妻**禮則其妃耦不妨同稱魯語列士之妻是士之妃亦曰妻也**齊也夫賤不足以尊稱故齊等言也**蘇輿曰白虎通妻者齊也與夫齊禮也廣雅妻齊也

天子妾有嬪畢沅曰天官有九嬪**嬪賓也諸妾之中見賓敬也**蘇輿曰周禮太宰鄭注嬪故書作賔嬪賔字同嬪爲婦官次於三夫人後故云於諸妾之中見賓敬

妾接也以賤見接幸也畢沅曰一切經音義引曰嬖卑賤婢妾媚以色事人得幸者也蘇輿曰禮內則聘則爲妻奔則爲妾鄭注妾之言接也聞彼有禮走而往焉以得接見於君子也

姪娣曰媵畢沅曰公羊莊十九年傳媵者何諸侯娶一國則二國往媵之以姪娣從**媵承也承事嫡也**畢沅曰今本脫承也二字據一切經音義引增先謙曰說文無媵字經文或借媵爲之然此字當有疑說文脫也媵從朕聲故與承音近

妃畢沅曰配同**輩也一人獨處一人往輩耦之也**葉德炯曰詩桑柔箋其鹿相輩耦行是輩古有妃義相輩猶言相配也

匹辟也往相辟耦也蘇輿曰白虎通爵篇云庶人稱匹夫者匹偶也與其妻爲偶陰陽相成之義也一夫一婦成一室明人君者不可使男女有過失時無匹偶也耦偶同辟耦猶上云輩耦廣雅釋詁匹輩也先謙曰莊子庚桑楚篇形之與形亦辟矣釋文引崔注辟相著也與此辟義近今則但知匹耦無言辟耦者矣

耦遇也二人相對遇也葉德炯曰偶遇古字本通史記佞倖傳集解引徐廣曰遇一作偶是也華嚴經音義上引國語賈逵注云偶對也漢書高帝紀集注引應劭曰耦對也偶耦字通

嫡敵也與匹相敵也畢沅曰匹謂夫也詩鄘風柏舟實維我儀實維我特毛傳皆訓爲匹是也

庶摭也拾摭之也謂拾摭微陋待遇之也先謙曰說文庶屋下眾也摭拾也卽拓之或體方言摭取也庶妾取之甚易故以摭釋之

無妻曰鰥畢沅曰孟子老而無妻曰鰥**鰥昆也**先謙曰說文昆同也从日从比又罤周人謂兄曰罤从弟从眔鰥亦从魚眔聲故取从眔聲同之字爲訓此昆字當作罤**昆明也**先謙曰本書釋親屬同王制昆蟲未蟄注亦云昆明也**愁悒不寐**畢沅曰王制正義引作愁悒不能寐**目恆鰥鰥然也**先謙曰吳校然下補明字

是故其字从魚魚目恆不閉者也畢沅曰一切經音義引作言鰥人愁悒不寐目常鰥鰥然如魚目不閉故字从魚也

無夫曰寡畢沅曰王制老而無夫者謂之寡寡踝也踝踝單獨之言也畢沅曰說文踝足踝也與單獨無涉王制正義引作倮誼似近之但說文無倮字不便遽易踝踝王制正義引作倮然

無父曰孤畢沅曰王制少而無父者謂之孤孤顧也顧望無所瞻見也王啟原曰孤从子瓜聲續漢書五行志瓜者外延離本根而實孤从瓜義應取此虞翻注易睽孤亦云孤顧也

老而無子曰獨畢沅曰王制老而無子者謂之獨獨隻獨也言無所依也畢沅曰王制正義引作獨鹿也鹿鹿言無所依也

釋名疏證補卷第三

釋名疏證補卷第四　長沙王先謙譔集

釋言語第十二

道導也所以通導萬物也葉德炯曰淮南繆稱訓道者物之所導也

德得也得事宜也畢沅曰德說文作悳云外得於人內得於己也从直从心然則今通作德別也王啟原曰禮樂記德者得也賈子新書道術施行得理謂之德

文者會集衆采以成錦繡會集衆字以成詞誼畢沅曰當云文彣也畢沅曰誼本皆作義乃威義字也說文義己之威義也从我从羊鄭注周禮肆師云故書儀爲義鄭司農云義讀爲儀古者書儀但爲義今時所謂義爲誼然則此當作誼如文繡然也

武舞也征伐動行如物鼓舞也故樂記曰發揚蹈厲太公之志

也畢沅曰樂記鄭注發揚蹈厲所以象威武時也

仁忍也好生惡殺畢沅曰說文引商書無有作政然則此好當作政俗通用好字無別矣善含忍也畢沅曰廣韻引作善惡含忍也一切經音義引作善惡含忍之也御覽引曰仁忍也性惡殺好善含忍之也

誼畢沅曰本皆作義辯說見上宜也裁制事物使合宜也畢沅曰說文誼人所宜也从言宜宜亦聲案春秋繁露仁義法篇曰春秋之所治人與我也所以治人與我者仁與義也以仁安人以義正我故仁之爲言人也義之爲言我也言名以別矣據董子所言義从我我亦聲漢人說字亦有異同義字不必定非但此訓宜自與說文合漢書凡義字多作誼故今定作誼

禮體也得事體也畢沅曰廣韻引作得其事體也御覽引作言得事之體也又禮記禮器曰禮也者猶體也體不備君子謂之不成人設之不當猶不備也得事體乃所謂當乃所謂備也

智畢沅曰說文智从白亏知今省作智知也無所不知也

信申也言以相申束使不相違也畢沅曰御覽引無言以二字皮錫瑞曰儀禮士相見禮注

古文伸作信穀梁范甯解云信申字古今所共用

孝，好也。愛好父母，畢沅曰說文𢟹从心先聲俗皆作愛別如所說好也。畢沅曰爾雅善父母爲孝

孝經說曰：孝，畜也。畜，養也。畢沅曰禮記祭統曰孝者畜也順於道不逆於倫是之謂畜此所引孝經說蓋孝經緯援神契之文曰庶人孝曰畜畜者含畜爲義庶人含情受樸躬耕力作以畜其德則其親獲安故曰畜也

慈，字也。字愛物也。王先愼曰說文慈愛也字乳也愛也徐鍇云左傳大不字小字愛也

友，有也。相保有也。王先愼曰荀子大略篇友者所以相有也楊注友與有同義白虎通三綱六紀篇友者有也左傳季友鹽鐵論殊路篇引作季有論語學而顏淵釋文並云有本作友二字義同故通用公羊定四年傳朋友相衞相衞卽相保也

恭，拱也。自拱持也。亦言供給事人也。畢沅曰御覽引作亦言供給事人恭警也案說文龔給也後人皆作供不作龔或以龔代恭字用

悌，弟也。畢沅曰說文無悌字古通用弟古孝經有悌字見汗簡

敬警也恆自肅警也王先慎曰毛詩大雅既敬既戒鄭注周禮夏官序用韓詩作既儆既戒儆卽警字見一切經音義雞鳴序夙夜警戒釋文警本作敬是敬警二字古通用常武箋云敬之言警也說文敬肅也

慢漫也畢沅曰說文無漫字當借用曼漫漫心無所限忌也蘇輿曰詩蕩傳滔漫也釋文本又作慢慢漫同漫漫爲無涯際之皃見文選甘泉賦注故云心無所限忌

通洞也無所不貫洞也葉德炯曰淮南原道訓與天地鴻洞高注洞通也王充論衡超奇上通下達故曰洞歷

達徹也葉德炯曰說文通達也漢書高帝紀通侯諸將注引應劭云通亦徹也此因達有通訓故又以徹訓達

敏閔也進敘無否滯之言也故汝潁言敏如閔也畢沅曰如本皆作曰從段校本改蘇輿曰說文敏疾也卽無否滯之義又禮中庸注云敏勉也凡事勉則疾速無滯義相成書君奭僞孔傳閔勉也是敏閔同有勉意閔又同黽黽勉連文黽亦勉也進敘當作進取進取亦黽勉之意取敘形近而譌先謙曰吳校敘作取

篤畢沅曰篤古作竺築也築堅實稱也蘇輿曰釋詁篤厚也厚則堅實義相成說文築擣也凡擣築務

堅實故云

厚畢沅曰古作𣆪後也有終後也先謙曰俗薄則罔終惟厚者能有終後也故青徐人言厚如後也畢沅曰如本皆作曰亦從段校本改王啟原曰禮記檀弓有后木注謂魯孝公子惠伯鞏之後據世本則惠伯名鞏字厚左傳之厚成叔其後也禮記作后左氏或又作郈字皆假借字經典多假后爲後故厚後音訓相通

薄迫也單薄相偪迫也畢沅曰偪从人畐聲俗書从辵非先謙曰輕少之薄與偪近之薄本二義此通一爲

懿僾也言奧僾也畢沅曰胡本作僾奧蘇輿曰小爾雅廣詁懿深也詩七月毛傳懿筐深筐也孔疏懿者深邃之言此以奧僾釋懿葢取深邃之義本書釋天陰蔭也氣在內奧蔭也奧蔭卽深邃之旨說文僾彷彿也禮祭義釋文僾音愛微見皃正義僾髣髴見也爾雅釋言薆隱也僾薆字同並與深邃義合

艮量也葉德炯曰海內北經大封國有文馬名曰吉量注量一作艮是艮量字通量力而動不敢越限也先謙曰賈子道術篇安柔不苛謂之艮與此義近

言宣也宣彼此之意也先謙曰大戴記四代篇發志爲言說文直言曰言論難曰語宣達彼此之意是直言也

語敘也敘己所欲說也畢沅曰藝文類聚引同御覽引作敘己所說述也

說述也宣述人意也畢沅曰今本作序述之也據廣韻御覽引改

序抒也抴抒其實也畢沅曰今本抒作杼抴作拽从段校本改蘇輿曰序與敘同本書釋典藝敘抒也抒洩其實宣見之也抴抒猶抒洩

抴泄也發泄出之也先謙曰此以世聲之字通訓荀子非相篇牽引則用抴說文抴捈也捈臥引也發泄出之亦引而伸之之意故抴泄義可相通一切經音義廿五引廣雅云泄發也文選魏都賦注泄猶出也

發撥也撥使開也葉德炯曰說文癹下云春艸根枯引之而發土爲撥此義所本禮曲禮衣毋撥鄭注發揚也與此此轉注又發撥古字本通詩長發元王桓撥釋文引韓詩作元王桓發

撥播也播使移散也畢沅曰移古作迻先謙曰吳校作亦言播也播使移散也合上爲一條

導，陶也。陶演己意也。蘇輿曰：史記司馬相如傳正義：導，導引也。本書釋姿容：引，演也。下文演訓延，延亦引也。是導演同義。文選七發注引韓詩章句云：陶，暢也。暢與引義相屬。陶演己意，猶云暢引己意。

演，延也。言蔓延而廣也。葉德炯曰：說文：演，長流也。延，長行也。二字同一義訓。

頌，容也。畢沅曰：古容皃之容亦作頌。史記樂書：物之頌也。漢書儒林傳：魯徐生善爲頌。又頌禮甚嚴。後人乃以容盛之容爲儀容，不能變矣。**敘說其成功之形容也。**畢沅曰：詩敘曰：頌者，美盛德之形容，以其成功告於神明者也。

讚，畢沅曰：此說文所無。古者贊美之贊不从言，漢書紀傳之贊可證。諸本加言傍者，蓋讀字之誤。此實當作讀，讀與錄聲相近也。葉德炯曰：畢說非也。贊古音近醝，周禮酒正注：如今鄼白矣。釋文：鄼亦作醝，是也。錄古音近角，禮記喪大記注：綠當爲角，聲之誤也，是也。贊、錄雙聲，故取以爲訓。**錄也。省錄之也。**

銘，畢沅曰：說文無銘字。鄭康成注儀禮士喪禮曰：今文銘爲名。又注周禮小祝云：銘，今書或作名。然則銘乃古文名也。**名也。記名其功也。**畢沅曰：周禮司勳云：凡有功者，銘書於王之大常。禮記祭統：銘者，自名也。自名以稱揚其先祖

之美而明著之後世者也葉德炯曰此鐘鼎銘之銘左襄公十九年傳作林鐘而銘魯功焉是也與典藝篇之銘別

勒刻也刻識之也葉德炯曰禮月令物勒工名鄭注勒刻也書序疏引易通卦驗鄭注刻謂刻石而記識之也

紀記也記識之也葉德炯曰紀記二字古通廣雅釋詁二均訓識也此與後釋經典記紀也紀誌之也爲轉注

識幟也畢沅曰幟乃說文新附字非古也詩小雅云織文鳥章箋云織徽織也然則古通用織昌試反**有章幟可按視也**蘇輿曰史記高祖紀索隱幟或作識或作志是識幟字同幟之本義爲旌旗之屬軍事以旌旗爲幖識也史記索隱又引字說云幟幖也引申爲凡有幖記者之稱

視是也察其是非也畢沅曰此重出已見釋姿容惟少一其字王先愼曰古視示二字通用此視葢卽示字說文示天垂象見吉凶所以示人也吉凶旣著是非自明則示有明察是非之義與釋姿容視是也察是非也說同義別後人示皆改視並此作示之本字亦誤改之畢云重出疑非先謙曰視是也吳校作亦言是也合上爲一條

是嗜也人嗜樂之也蘇輿曰顏氏家訓音辭篇南人呼是爲舐此訓是爲嗜音亦近舐

非排也人所惡排去也葉德炯曰說文非違也排擠也而淮南脩務訓立是廢非注非惡也又而非學者多注非者不善之詞均足與此相發明

基據也在下物所依據也葉德炯曰詩南山有臺傳基本也說文基牆始也本與牆均从下至上故此云物所依據

業捷也事捷乃有功業也蘇輿曰論語敏則有功何晏集解引孔氏云應事疾則多成功與此義合

事傳也傳立也凡所立之功也故靑徐人言立曰傳也畢沅曰傳字本皆作偉誤周禮天官太宰六曰事典以富邦國以任百官注任猶傳傳也陸德明云傳側吏反猶立也疏云東齊人物立地中爲傳案史記張耳傳莫敢傳刃公之腹中正義云東方人以物臿地中爲傳皆與此云靑徐人言立合故定爲傳字王啟原曰按禮記仲尼燕居雖在畎畝之中事之聖人已注事之謂立置於位也郊特牲信事人也注事猶立也此二事皆傳義以事爲之漢書蒯通傳不敢事刃公之腹者注李奇曰東方人以物臿地中爲事亦祇作事後漢書張衡傳思玄賦丁厥子而傳刃則作

傳蓋事有數義後人別制傳字皮錫瑞曰考工記輪人鄭司農注泰山平原所樹立物曰菑聲如胾管子輕重篇春有以剚耕又傳戟十萬是事傳剚菑聲近義同管子齊人泰山平原齊地正與青徐言合

功攻也攻治之乃成也 王啟原曰周齊侯鎛鐘銘肇敏於戎攻此義當爲功而作攻秦嶧山刻石功戰日作此義當爲攻而作功功攻二字通

取趣也 蘇輿曰莊子齊物論趣舍不同釋文趣本或作取趣取字同事之有可取者人爭趣之故訓取爲趣趣與趨同先謙曰吳校云下脫舍一條

名明也 畢沅曰莊子釋文引作鳴也先謙曰荀子正名篇制名以指實上以明貴賤下以辨同異是名訓爲明之義也作鳴亦通繁露深察名號篇鳴而命施謂之名名之爲言鳴與命也據下文作明爲是 **名實使分明也** 王啟原曰呂本名實下有事字

號呼也 葉德炯曰越語韋昭注號呼也 **以其善惡呼名之也** 葉德炯曰白虎通號篇號者功之表也所以表功明德號令臣下者也

善演也演盡物理也先謙曰善演疊韻左昭二年傳孔疏演謂爲其辭以演說之文選西都賦注引蒼頡篇演引也其言引伸物理莫不曲盡斯爲善矣

惡扼也扼困物也葉德炯曰說文亞醜也象人局背之形與困扼義近惡从亞得聲故有此義也

好巧也蘇輿曰月令鄭注淫巧謂奢僞怪好也以怪好釋巧與此轉注如巧者之造物無不皆善人好之也先謙曰說文巧技也專主造物者言

醜臭也如物臭穢也畢沅曰今本脫物字據廣韻引增穢當作薉从艸歲聲俗作禾傍著歲非

遲穨也不進之言也先謙曰說文遲徐行也易繫辭下傳虞注隤安也

疾截也有所越截也葉德炯曰說文越度也截斷也此云越截蓋疾行居人之先也

緩浣也斷也持之不急則動搖浣斷自放縱也孫詒讓曰莊子天下篇云椎拍輐斷與物宛轉又云而不免於魭斷郭注云魭斷無圭角也史記陸賈傳集解引孟康云刓刓斷無復廉鍔也浣斷與輐斷魭斷刓斷並聲近字通

急及也畢沅曰公羊隱元年傳及猶汲汲也則及亦有急意王啟原曰說文彶急行也从彳及聲毛詩新臺序公子伋卽春秋傳之急子說文急从心及聲是从及者多有急義故急得爲及

操切之使相逮及也畢沅曰初學記御覽引操切上皆有言字

巧攷也畢沅曰攷今通作考假借字也據義當爲攷

攷合異類共成一體也畢沅曰異漢魏叢書本作意非王啟原曰巧攷古通書金縢予仁若考史記魯周公世家考作巧是其證周禮冬官述百工之事謂之考工記亦取攷合眾類之義

拙屈也使物否屈不爲用也畢沅曰屈當作詘蘇輿曰墨子貴義篇不利於人謂之拙案物否屈不爲用卽不利於人

燥焦也畢沅曰焦本皆作燋俗蘇輿曰廣雅釋詁燥乾也乾亦焦也春秋繁露循天之道篇爲爇則焦沙爛石亦燥爲焦之義

澀浥也畢沅曰說文云浥澀也

彊畺也王先慎曰彊强之本字也說文彊弓有力也强彊之借字也說文强蚚也此爾雅釋蟲所云强醜捋也畺說文界也从田三其界畫也此別一義而其字實相通用說文強籀文从䖵从彊左襄二十四年傳蘧啟彊楚語又作蘧啟疆詩萬壽無疆白石神君頌作萬壽無畺蓋古强弱字只用彊疆界字則用畺自隸俗行而彊畺之本字俱廢矣先謙曰吴校畺作僵

弱衄也又言委也畢沅曰本多脱又字今從胡本蘇輿曰廣雅釋言衄縮也本書辱衄也言折衄也折衄即縮衄竝與弱義合說文委隨也楚詞哀時命欲愁悴而委惰兮委隨委惰竝弱意

能該也無物不兼該也葉德炯曰說文能熊屬足似鹿从肉㠯聲能獸堅中故稱賢能而彊壯稱能傑也按賢能能傑故能兼該此本義也能古音同台與該疊韻

否鄙也畢沅曰尚書堯典否德忝帝位史記作鄙德忝帝位論語子所否者論衡引作子所鄙者然則否與鄙音義同鄙劣不能有所堪成也

躁燥也物燥乃動而飛揚也畢沅曰一切經音義再引一引作言物燥即動而飛揚也一引作如物燥則飛揚也

靜整也 王先慎曰說文整從正正亦聲故整有正義禮月令注整正列也莊子人間世正則靜史記老子列傳清靜自正故靜訓爲整

逆 畢沅曰說文逆迎也从辵屰聲屰不順也从干下凵屰之也此當作屰而俗通作逆 **遻也遻不從其理** 先謙曰吳校作言不從其理 **則生殿遻不順也** 畢沅曰三遻字亦別當作咢說文咢从吅屰屰亦聲然則咢有屰意且得屰聲史記趙良曰千人之諾諾不如一士之諤諤謂逆耳之言也亦當作咢咢先謙曰殿遻二字又見本書釋姿容釋宮室篇亦作殿鄂鄂遻字同

順循也循其理也 畢沅曰說文順理也王啟原曰說文循行順也廣雅理順也三文義同皮錫瑞曰儀禮大射儀順左右隈注今文順爲循月令順彼遠方呂氏春秋順作循

清青也 葉德炯曰清青古通白虎通八風清明者青芒也呂覽序意青荓水經注六引作清洴 **去濁遠穢**

色如青也 葉德炯曰說文瀓水之皃按水瀓則色青也

濁瀆也汁滓演瀆也 畢沅曰瀆亦黷字之別王啟原曰瀆即川瀆之瀆海瀆俱以承流惡濁爲義前云海

晦也主承穢濁風俗通云尚書大傳禮三正記江河淮濟爲四瀆瀆者通也所以通中國垢濁民陵居殖五穀也白虎通云四瀆瀆者濁也中國垢濁發源東注海其功著大故稱瀆也由此言之溝瀆亦以納濁而名之故濁轉訓瀆也

貴歸也物所歸仰也汝潁言貴聲如歸往之歸也 葉德炯曰歸貴古聲同論語先進詠而歸鄭注本作詠而饋是也以西域字母求之貴歸同出見字紐見爲牙音之全清等成國書在神珙以前而汝潁之聲豫合如此則字母者乃中土之正聲也

賤踐也卑下見踐履也 蘇輿曰廣雅釋言賤卑也案人居卑下爲人指使猶地居卑下爲人踐履此以譬況成義者

縈猶熒也熒熒照明貌也 畢沅曰一切經音義引作縈猶熒熒然照明之貌言其光潤者也又引作縈猶熒熒然照明之貌也

辱衄也言折衄也 先謙曰說文衄鼻出血也引伸爲凡挫傷之稱文選吳都賦注衄折傷也奏彈曹景宗注衄折挫也辱人者挫傷之亦謂之折辱史記項羽紀輕折辱秦吏卒是也故辱言折衄矣

禍毀也言毀滅也先謙曰禍之爲毀其義自明或以二字聲不近爲疑案詩汝墳釋文齊人謂火曰燬釋言孫炎注方言有輕重故謂火爲燬也案毀燬聲同火禍聲同火燬禍毀齊人並以爲聲近字故取以爲訓成國用其鄉音也

福富也畢沅曰禮記郊特牲富也者福也　**其中多品如富者也**畢沅曰禮記祭統福者備也多品故云備也皮錫瑞曰說苑引河間獻王曰五福以富爲首是今文尚書作九五福一曰富也王引之說尚書惟訖于富當作惟訖于福則富可假借爲福

進引也引而前也畢沅曰前漢魏叢書本作進非先謙曰詩常武箋進前也說文丨上下通也引而上行讀若囟引而下行讀若退徐鍇云中從丨引而上行音進案非特音同義亦與此文相發

退墜也畢沅曰禮記檀弓退人若將隊諸淵隊本字俗加土

羸累也恆累于人也畢沅曰累本作纍从糸畾聲俗省畾爲田失其聲矣皮錫瑞曰易大壯羸其角釋文鄭虞作纍古纍羸通禮玉藻喪容纍纍注羸憊貌也

健建也能有所建爲也先謙曰秦策韋昭注健者强也廣雅釋詁建立也立功立事皆謂之立覩後漢章傳

注古人強而仕謂年力有爲也

哀愛也愛乃思念之也皮錫瑞曰呂氏春秋報更篇人主胡可以不務哀士高誘注哀愛也詩序哀窈窕哀字亦當訓愛

樂畢沅曰勒各反**樂**畢沅曰五敎反下同**也使人好樂之也**葉德炯曰樂字古有二音一讀如禮樂之樂此正音也引申之則爲喜樂之樂一讀如樂山樂水之樂此變言也凡音之轉變皆以音之疾徐輕重爲之後世四聲之法蓋即昉此詩溱洧樂與讙樂均揚之水樂與襮沃均晨風樂與櫟駁均此讀如喜樂之樂也關雎鐘鼓樂之與左右芼之均南有嘉魚嘉賓式燕以樂與烝然罩罩均韓侯莫如韓樂樂與靡國不到均正月樂與沼炤慘虐均抑抑威儀樂與慘藐敎虐均此讀如樂山樂水之樂也此二字亦當析爲二音證之於詩知均書相承樂一讀五敎反者皆本周秦均矣

委萎也萎蕤就之也葉德炯曰說文委隨也周語四曰蕤賓韋昭注蕤委蕤柔皃也淮南天文訓音比蕤賓高誘注蕤賓五月也陰氣委蕤在下似人主委蕤猶萎蕤

曲局也相近局也王啟原曰詩正月不敢不局傳局曲也方言五所以行棊謂之局或謂之曲詩采綠予髮

曲局曲局連文義同先謙曰陶靖節詩隻雞招近局近局二字本此案局卽近也文選魏文帝與吳質書塗路雖局官守有限李注爾雅曰局近也小爾雅局訓近曲亦訓近故成國以局釋曲靖節遊斜川詩序云與二三鄰曲同遊斜川又詩云鄰曲時時來鄰曲若今言鄰近矣

蹤畢沅曰足傍著從亦俗字說文䡮車迹也當作䡮**從也人形從之也**蘇輿曰詩羔羊傳委蛇行可從跡也釋文從字又作蹤漢書張湯傳上問變事從跡安起顏注從讀曰蹤是蹤從字同人行形隨則有蹤可見公羊隱八年傳何注從隨行也

跡積也積累而前也畢沅曰說文無跡字當作迹蘇輿曰說文迹步處也从辵亦聲或从足責字作蹟積說文聚也从衣責聲是蹟積竝从責得聲荀子勸學篇故不積蹞步無以至千里卽此積累而前之意

扶傳也傳近之也蘇輿曰傳與附同漢書天文志注引晉灼云扶附也方言扶護也下云將救護之也亦從扶聲近之字取義

將畢沅曰案說文㨾訓扶此當作㨾俗通作將**救護之也**蘇輿曰詩樛木福履將之鄭箋將猶扶助也廣雅釋

言將扶也荀子成相篇吏請將之楊注將持也扶助扶持竝與救護義近但以本書例之將下疑有奪文

縛薄也使相薄著也 畢沅曰著當作箸蘇輿曰說文縛束也从糸尃聲本書薄迫也單薄相偪迫也相偪迫卽束縛之義易說卦釋文引陸注云薄相附薄也薄著猶云附著

束促也相促近也 先謙曰說文促迫也迫近也廣雅釋詁促近也是促近義通束縛則見迫於人故束訓爲促晉司馬彪詩倥偬見迫束迫束猶束促也唐韓愈詩豈必局束爲人鞿局之言近局束猶促近也

覆孚也如孚甲之在物外也 葉德炯曰釋器罦覆車也此亦覆有孚義之證蘇輿曰周語韋昭注孚覆也與此轉注詩大田箋方謂孚甲始生孔疏孚者米外之粟皮甲者以在米外若鎧甲之在人表案莩爲葭裏白皮靚幞觚莊勝桴爲木表麤皮覗鞹角孚與莩桴同聲字竝爲在物外之稱覆者覆物之具物在覆內則覆在物外故以孚釋之

蓋加也加物上也 蘇輿曰本書釋車蓋在上覆蓋人也蓋有覆義故訓爲加說文蓋覆也此承上爲義

威畏也可畏懼也 葉德炯曰詩巧言昊天已威毛傳威畏也又賈子容經有威可畏謂之威

嚴儼也 葉德炯曰嚴儼二字古通書無逸嚴恭寅畏釋文引馬融作儼 **儼然人憚之也** 葉德炯曰論語

堯曰篇儼然
人望而畏之

政正也下所取正也 畢沅曰御覽引政下有者字所下有以字先謙曰說文政正也論語爲政皇疏政謂法制也周禮夏官序官注政所以正不正者也

教效也下所法效也 畢沅曰說文教上所施下所效也諸本效作傚別

侍時也尊者不言常於時供所當進者也 蘇輿曰論語先進皇疏卑者侍尊者之側曰侍廣雅釋言時伺也與論語孔子時其亡也之時義同卑侍尊側專爲伺候先意承志相諭無言如曲禮所云視於無聲聽於無形內則所云若飲食之雖不欲必嘗而待加之衣服雖不欲必服而待之類是其事也時有伺義故侍可訓時侍時竝从寺聲成國依聲爲訓故云然

御語也尊者將有所欲先語之也亦言其職卑下 畢沅曰今本脫其字下字據一切經音義引增 **尊者所勒御如御牛馬然也** 蘇輿曰天官序官注云御猶進也侍也春秋桓公十四年鄭伯使其弟語來聘穀梁語作禦禦御同是御語字通也說文御使馬也从彳从卸與後說同

雅畢沅曰說文隹部云雅楚烏也其疋部解疋字有云古文以爲詩大疋字然則此當作疋雅也爲之難人將爲之雅雅然憚之也畢沅曰雅與疋音不相近蓋誤也疑當作雅葉德炯曰畢改雅爲雅是雅雅即啞啞淮南原道訓烏之啞啞蓋烏聲也說文雅楚烏也今南楚之間俗以聞雅聲爲事不成蓋本古諺

俗欲也俗人所欲也王啟原曰孝經移風易俗正義引韋昭云隨其趨舍之情欲故謂之俗後漢書班彪傳注隨君上之情欲謂之俗

艱根也如物根也畢沅曰尚書咎繇謨奏庶艱食釋文艱馬本作根云根生之食謂百穀

難憚也人所忌憚也先謙曰說文憚忌難也一曰難也廣雅釋詁憚難也轉相訓

吉實也有善實也先謙曰吉實疊韻爲訓文選東京賦薛注吉福也太祝三曰吉祝先鄭注吉祝祈福祥也爲善得吉是有善實故訓吉爲實古稱積善餘慶作善降祥即此義也因善必獲吉故吉善又互相訓說文吉善也善吉也

凶空也就空亡也王啟原曰說文凶惡也象地穿交陷其中也墨子七患篇三穀不收謂之凶是凶歲亦取空亡之義

停定也定於所在也畢沅曰停爲亭字之俗說文亭民所安定也此亭館之亭有亭止之義卽以爲亭止字不當有人傍

起啟也啟一舉體也吳翊寅曰吳校作啟舉一體也案爾雅啟跪也李巡注小跪也詩不遑啟處毛傳與雅訓同論語啟予手啟予足說文作𢼄無舉一體之訓從原本作一舉體與小跪義合

翺敖也言敖游也先謙曰淮南覽冥訓高注翼一上一下曰翺此翺敖疊韻爲訓說文敖出游也廣雅釋訓翺翔浮游也

翔佯也言仿佯也畢沅曰說文無佯字莊子山木篇孔子徐行翔佯而歸後漢書東平憲王蒼傳消搖仿佯亦與此同案左氏十七年傳如魚竀尾衡流而方羊作方羊爲古毛詩載驅傳云翺翔猶彷徉也又从彳皆後來字譌變

出推也推而前也先謙曰凡物之出若有推而前進者故以推訓出廣韻出在六術推在六脂段氏音韻表同在十五部蓋古音讀出若吹與推音叶吹出雙聲詩雨無正以出韻瘁後人故有尺僞一切也

入內也內使還也畢沅曰內本皆作納案說文入內也內入也从冂自外而入也其糸部云納絲溼納納也

然則納乃別是一義此當作內

候護也司護諸事也畢沅曰司息吏反蘇輿曰說文候伺望也廣雅釋詁候覗也卽司護意畢讀是

望惘也視遠惘惘也畢沅曰心傍箸罔亦俗字案釋姿容篇有云望茫也遠視茫茫也義與此同亦以守望爲義與候對文

狡交也與物交錯也王啟原曰狡當作佼說文佼交也

夬決也畢沅曰周易有夬卦彖傳曰夬決也**有所破壞決裂之於終始也**畢沅曰案下四字不可曉疑誤下文言始則對文當言終其訓釋不可攷矣

始息也言滋息也先謙曰漢書宣紀注息謂生長也律歷志陽氣伏於地下始著爲一萬物萌動有生長之義故以息訓始段氏音韻表始息同在弟一部

消削也言減削也蘇輿曰消削俱从肖聲易剝釋文削本作消消削同廣雅釋詁削減也

息塞也言物滋息塞滿也畢沅曰今本無言物滋息四字據一切經音義引增吳翊寅曰滋息乃始

下之訓畢依一切經音義引蓋併二義爲一非本書舊文先謙曰段氏音韻表息塞同在弟一部

姦奸也言奸正法也葉德炯曰說文姦私也从三女奸犯淫也从女干聲字異而義相通假

宄佹也佹易常正也蘇輿曰說文宄姦也外爲盜內爲宄从宀九聲讀若軌此與姦相承爲義佹與詭同佹宄疊韻

誰推也畢沅曰推舊本皆作相誤案史記淮陰侯傳始爲布衣時貧無行不得推擇爲吏正與此合今改正**有推擇言不能一也**畢沅曰莊子天運篇子生五月而能言不至乎孩而始誰郭象注誰者別人之意也案別人卽與此擇之義同葉德炯曰左昭十三年傳請待於郊以聽國人楚世家注引服虔云聽國人欲爲誰此誰字正作推訓言聽國人之推擇也

往暀也歸往於彼也故其言之卬頭以指遠也畢沅曰今本卬上有於字據下條義删葉德炯曰暀本書兩見前釋親屬王暀也家中所歸暀也案說文暀美也釋詁暀暀光美也與此義不相近惟詩泮水烝烝皇皇箋云皇皇當作暀暀暀暀猶往往也是漢時暀一作往訓

來哀也使來入己哀之故其言之低頭以招之也畢沅曰哀似當爲依亦讀烏皆反蘇輿曰此哀字與悲哀義別當訓爲依哀依字通義亦同不必改字爲依說文哀从口衣聲心部引孝經哭不哀作哭不悠云从心依聲日本古文孝經哀又作依則知哀依本通故悲哀之哀亦可作依說文依倚也此云使來入己哀之猶言使來入己依之耳

麤錯也相遠之言也蘇輿曰荀子正名篇楊注麤疏略也下訓疏爲獲索相遠卽此義

細畢沅曰本皆作納誤也此篇皆兩兩反對麤之對當作細弭也弭弭兩致之言也王先慎曰本書釋兵弓末謂之弭以骨爲之滑弭弭也則弭弭是光滑之義致同緻詩斯干箋堅致彼都人士箋密致釋文並云致本作緻禮聘義注縝致也釋文同今俗言細緻卽其義兩無義蓋譌字

疏索也獲索相遠也蘇輿曰廣雅釋詁疏遠也疏索一聲之轉獲索未詳蓋其時方語禮檀弓吾離羣而索居注索猶散也淮南俶眞訓高注疏躍布散也皆相遠之義

密蜜也如蜜所塗無不滿也先謙曰密字經典有數義此則密比之謂也故云如蜜塗皆滿

甘含也人所含也蘇輿曰本書釋飲食含合也合口亭之也說文甘美也从口含一淮南覽冥訓高注甘猶者也物之甘美者人所耆推之於事亦然甘含疊韻

苦吐也人所吐也蘇輿曰說文苦大苦苓也因之凡物之苦者皆謂之苦又引伸爲厭苦之義一切經音義十一引倉頡云吐棄也苦吐疊韻

安晏也晏晏然和喜無動懼也皮錫瑞曰尚書文思安安今文尚書作文塞晏晏春秋傳安孺子亦作晏孺子

危阢也阢阢不固之言也蘇輿曰阢與杌同書秦誓僞孔傳杌隉不安言危也

成盛也先謙曰成盛聲義互通見於經典者甚多故成訓爲盛

敗潰也蘇輿曰說文潰訓漏誼微別此說文之殨歺部云殨爛也辵部云退數也數爛義近故可互訓後世言軍事不勝曰敗潰二字亦爲恒言通誼矣

亂渾也蘇輿曰說文渾溷流聲也溷亂也二字義本相因素問三部九候論王注渾渾亂也與此互訓

治，值也，物皆值其所也。 蘇輿曰：值，當也，言物皆當其所。漢書韓安國傳：公等足與治乎？顏注：治謂當敵也。今人猶云對治。然則治有當義，故訓值。治、值疊韻，凡事治則條理秩然，物皆得所矣。

煩，繁也，物繁則相雜撓也。 王先慎曰：大戴少閒篇：列五王之德，煩煩如繁諸乎？注：煩煩，眾也。如繁者，言如萬物之繁蕪也。煩、繁義相因。一切經音義十四引字林：撓，擾也。

省，瘦也，臞瘦約少之言也。 畢沅曰：今本作「省，嗇也，曜嗇約少之言也」。案御覽人事部瘦人類引曰：「省，瘦也，臞雀約少之言也。」唯雀字譌，餘盡是。彼文之臞，足正此曜字之誤，今皆從之。或疑當入姿容篇，則何以不云瘦省也？况此省與煩對文，益知本在此篇明矣。先謙曰：吳校瘦作嗇。

閒，簡也，事功簡省也。 先謙曰：漢書公孫宏傳：今事少閒。注：閒謂有空隙也。鄒陽傳：乘閒而請。注：閒謂空隙無事之時。曲禮：少閒。疏：閒謂清閒也。皆與事功簡省之義相應。說文：閒，隙也。閑，闌也，从門中有木，非閑暇之義。今人分閒、閒為二字，又讀閒隙之閒為去聲，而以清暇之閒爲閑，皆非古義。

劇，巨也，事功巨也。 畢沅曰：劇，諸本皆從刀，乃說文新附字，今案當從力。說文：勮，務也。此義與之同。

貞定也精定不動惑也葉德炯曰周書諡法大慮克就曰貞蔡邕獨斷清心自守曰貞皆貞定之義

淫浸也浸淫旁入之言也葉德炯曰說文淫浸淫隨理也論語浸潤之譖鄭注譖人之言如水之浸潤以漸成其禍也

沈澹也澹然安著之言也蘇輿曰澹當讀如論語澹臺之澹音談沈澹同聲史記陳涉世家夥頤涉之爲王沈沈者索隱引劉伯莊云沈沈猶談談謂故人呼爲沈沈猶俗云談談深也是沈音近談之證文選海賦注澹泞澄深也凡事深沈則安著矣義相比傅

浮孚也孚甲在上稱也蘇輿曰孚甲在上與上云孚甲在物外相應爲義浮从孚聲禮坊記注在上曰浮故取在上之孚甲爲況

貪探也探取入他分也畢沅曰今本脫取字據御覽引增蘇輿曰說文探遠取之也物非己有而妄意取之故云探取入他分

廉斂也自檢斂也蘇輿曰說文廉仄也从广兼聲案凡物偪仄則斂著是仄亦有斂義引申爲立行清廉能

自攝斂之稱書伊訓孔疏檢謂自攝斂也人廉潔則知檢斂矣先謙曰吳校廉下補檢也二字

潔確也確然不羣貌也畢沅曰潔本無水旁確亦俗字案說文隺高至也从隹上出冂是則不羣之意也然則此當作隺

汙洿也如洿泥也蘇輿曰說文洿濁水不流也一曰窳下也左文六年傳孔疏洿者穢之別名不絜之稱也荀子性惡篇楊注洿穢行也案此汙與潔對專自人之品類言之賈子道術篇放理潔清謂之行反行爲汙水停洿泥則穢濁人行不潔亦如之論語子張篇君子惡居下流天下之惡皆歸亦其義也汙洿字同

公廣也可廣施也蘇輿曰周書謚法立制及眾曰公太子晉伯能移善於眾與百姓同謂之公皆廣施之義公廣雙聲

私畢沅曰說文引韓非子曰自營爲厶韓子則作自環爲厶營環字通也俗作私別**恤也所恤念也**蘇輿曰離騷皇天無私阿兮王注竊愛爲私竊愛卽恤念意晉傳咸詩進則無云補退則恤其私亦此私恤之義廣韻私在六脂恤在六術

勇，踊也，遇敵踊躍，畢沅曰：遇，御覽引作見。欲擊之也。葉德炯曰：淮南本經訓「甬道相連」，高誘注：甬讀踊躍之踊。而說文勇下云：勇，氣也，从力，甬聲。故勇可訓踊。

怯，脅也，見敵恐脅也。蘇輿曰：廣雅釋詁：脅，怯也。與此互訓。一切經音義十四引公羊劉兆注：脅，畏迫也。淮南本經訓高注：脅，恐也。與此合。

斷，段也，分爲異段也。葉德炯曰：說文：斷，截也。段，椎物也。皆與分異義近。

絕，截也，如割截也。王先慎曰：說文：絕，斷絲也。古文作䋣，象不連絕二絲，是絕之本義爲絲之斷，引申爲凡割斷之通稱。說文：截，斷也。絕、截二字皆取斷義，故成國釋絕爲截。穆天子傳注：絕，猶截也。

罵，迫也，以惡言被迫人也。先謙曰：罵从馬聲，迫从白聲，段氏音韻表皆在古音弟五部，足證漢音去古不遠。廣雅釋詁：被，加也。

詈，歷也，以惡言相彌歷也。亦言離也，以此挂離之也。先謙曰：詈、歷、離並以聲轉之字爲訓。彌歷未詳何語，蓋淩藉意。漢書司馬相如傳下「磧歷之坻」，注：磧歷，不平也。惡言者，不平之語，彌歷或與磧歷義

近本書釋天霢霂小雨也言霢歷霑漬惡言如雨之霑漬人彌歷或即霢歷之音變字挂疑註之誤說文註誤也廣雅釋詁註欺也以惡言欺誤人而離之

祝屬也以善惡之詞相屬著也畢沅曰一切經音義一引同一引無著字葉德炯曰白虎通號篇祝者屬也又五行篇祝者屬續也

詛阻也使人行事阻限於言也畢沅曰一切經音義兩引使人上皆有謂字葉德炯曰周禮詛祝鄭注詛謂祝之使沮敗也

盟明也告其事於神明也畢沅曰一切經音義引無其字周禮司盟北面詔明神既盟則貳之襄九年左傳昭大神要言焉是盟必告事於神明也

誓制也葉德炯曰廣雅釋言誓制也義本此**以拘制之也**畢沅曰拘或約字誤葉德炯曰說文誓約束也案約束猶拘制

佐左也在左右也畢沅曰佐俗字也輔佐之佐本作左今之左右本作ナ又

助乍也乍往相助非長久也 畢沅曰相助本皆作相阻譌今从段校本改先謙曰助从且聲與乍聲之字段氏音韻表皆在古音弟五部今助字開口呼之則得與乍叶之音矣如詩將伯助予之助是有乍義若孟子莫善於助守望相助之助亦非乍義也

飾拭也物穢者拭其上使明由他物而後明猶加文於質上也 王啟原曰周禮司尊彝注涚酌者捝飾勺而酌也釋文飾本作拭又封人飾其牛牲注謂刷治潔清之也禮記雍人拭羊注靜也然則飾拭一也大戴禮記勸學篇遠而有光者飾也故曰拭拭其上使明

蕩盪也排盪去穢垢也 葉德炯曰禮昏義蕩天下之陽事鄭注蕩蕩滌去穢惡也

啜惙也心有所念惙然發此聲也 畢沅曰段云此啜字當是咄之誤先謙曰啜非咄字之誤詩中谷有蓷啜其泣矣毛傳啜泣貌成國正爲此詩作注說文惙憂也

嗟佐也言之不足以盡意故發此聲以自佐也 畢沅曰此佐字加人傍非也辯見上詩關雎敘云言之不足故嗟歎之王啟原曰嗟古音如嵯故與佐音近

噫憶也憶念之故發此聲噫之也畢沅曰噫之本皆作憶之誤今從段校本改先謙曰吳校刪噫之二字書金縢疏噫者心不平之聲亦通作懿詩瞻卬箋懿有所痛傷之聲也

嗚畢沅曰本作烏加口傍俗舒也氣憤滿畢沅曰本皆作滿據說文云憤懣也則此當作懣故發此聲以舒寫之也畢沅曰說文孔子曰烏盱呼也取其助氣故以爲烏呼是烏爲舒氣之聲也王啟原曰說文歍心有所惡若吐也舒寫之烏宜爲此

念黏也意相親愛心黏著不能忘也葉德炯曰說文念常思也釋訓勿念勿忘也

憶意也恆在意中也

思司也畢沅曰司相吏反下同凡有所司捕必靜思忖亦然也王啟原曰周禮司市上旌於思次注思若今市亭也此假思爲司郎伺字也

克刻也畢沅曰克說文作亨云肩也象屋下刻木之形刻物有定處人所克念有常心也

慮旅也旅衆也易曰一致百慮慮及衆物以一定之也畢沅曰引易者下繫文也王啟原曰無慮都凡之辭亦有衆義

釋飲食第十三

飲奄也以口奄而引咽之也葉德炯曰說文歙歠也从欠酓聲奄覆也大有餘也又欠也从大从申申展也按二字義本相近故飲可訓奄申展也奄申展尤與引咽之義無異

食殖也所以自生殖也殖王啟原曰管子地員篇𥹛土之次曰五殖禮記檀弓則擇不食之地而葬我焉不食猶不殖也

啜絕也乍啜而絕於口也葉德炯曰說文啜嘗也禮檀弓鄭注嘗試也此與乍啜之義正合

餐乾也乾入口也畢沅曰說文餐吞也此乾字當爲吞吞與入口之義正合

吮循也不絕口稍引滋汋循咽而下也蘇輿曰吮从允聲循从盾聲允盾疊韻本書釋形體汋澤也

嗽促也用口急促也畢沅曰說文欶吮也从欠束聲此加口傍字俗漢書佞幸傳文帝嘗病癰鄧通常爲上嗽吮之師古注嗽音山角反一切經音義御覽皆引作用力急促非

含合也合口亭之也銜亦然也蘇輿曰亭與停同本書釋宮室亭停也釋言語停定也含物必合口故云說文含嗛也从口今聲含合聲轉

咀藉也以藉齒牙也先謙曰一切經音義廿二引三蒼云咀含味也文選遊天台山賦注以草薦地曰藉含物在齒牙之上故亦曰藉也猶言在口中謂之藉口矣二見年左傳成

嚼削也稍削也先謙曰一切經音義六引通俗文咀齧曰嚼易剝牀以辨疏云初六蔑貞但小削而已小猶稍

鳥曰啄如啄物上復下也畢沅曰啄物之啄疑當作琢

獸曰齧齧齾也所臨則禿齾也蘇輿曰說文齾齒缺也禿齾猶云禿缺廣韻鳥食之餘爲齾與此同蓋引申義

餅并也溲麪使合并也畢沅曰初學記引麪上有麥字御覽引麪字作麥

胡餅作之大

漫沍也畢沅曰說文無漫字此當作蔄胡案鄭注周禮鼈人云互物謂有甲蔄胡龜鼈之屬則蔄胡乃外甲兩面周圍蒙合之狀胡餅之形似之故取名也葉德炯曰漫沍即麵餬之轉聲也原本玉篇食部䬉下云䬉餬也即此沍字蘇輿曰御覽飲食十八引漫沍作漫汗**亦言以胡麻著上也**畢沅曰上初學記引作之成蓉鏡曰胡餅藝文類聚七十二引三輔決錄云趙岐避難至北海於市中販胡餅魏志畧同御覽八百六十引續漢書云漢靈帝好胡餅京師皆食胡餅又引英雄記云作萬枚胡餅先持勞客而初學記二十六合璧事類四十六引崔鴻前趙錄前當作後石季龍諱胡改胡餅曰麻餅尤與本書後一義合

蒸餅湯餅蝎餅髓餅畢沅曰齊民要術云截餅一名蝎子蓋即蝎餅也齊民要術有作髓餅法以髓脂蜜合和麪厚四五分廣六七寸便著胡餅鑪中令熟勿令反覆餅肥美可經久成蓉鏡曰蒸餅晉書何曾傳帝輒命取其食蒸餅上不坼作十字不食御覽引晉陽秋云王歡就學貧窶或人惠蒸餅一顆以充一日又引繆襲祭儀云夏祀以蒸餅湯餅藝文類聚七十二引束晳餅賦云充虛解戰湯餅為最御覽引語林云何平叔面絕白魏文帝疑其著粉正夏月喚來與熱湯餅世說畧同荊楚歲時記云六月伏日並作湯餅蝎餅髓餅初學記引盧諶祭法云春祠用曼頭湯餅髓餅牢九夏秋冬亦為之御覽引作湯餅髓餅牢丸事文類聚續集十七引作餲餅餳餅餲餅餳餅皆蝎餅之誤御覽引雜五行書云食經有髓

餅法以隨脂合和麪金餅索餅之屬成蓉鏡曰索餅疑卽水引餅今江淮間謂之切麪皆隨形而名之也畢沅曰皆一切經音義引作各

糝黏也畢沅曰今人所謂飯糝亦或曰飯黏子相黏𪐴也畢沅曰案說文無𪐴字𪐴疑當作䵒御覽引作黍𪐴也相黏𪐴也葢別是一條而亡逸者與不敢據改而以入補遺中可也王啟原曰方言䵒𪐴黏也齊魯青徐自關而東或曰䵒或曰𪐴廣雅𪐴䵒黏也成國青州人其方言如此

餌而也相黏而也成蓉鏡曰本書以溲麪使合幷訓餅而此文云餌而也相黏而也葢謂溲麥屑蒸之曰餅溲米屑蒸之曰餌劃然爲二說文餅麪餈也从食幷聲鬻粉餅也从鬻耳聲餌或从食耳麪謂麥麪粉謂米粉也方言餅謂之飥或謂之餦餭廣雅餛飩餅也[illegible]本疏皆謂麥麪所爲方言餌謂之餻或謂之餈或謂之䬴或謂之餣或謂之飥廣雅餻饐䬴餣飥餌也皆謂米粉所爲釋名以餅爲溲麥麪則餌爲溲米粉可知故小顏注急就章餅餌云溲米而蒸之則爲餌餌之言而也相黏而也溲麪而蒸熟之則爲餅餅之言幷也自賈思勰著齊民要術米粉麥麪皆入之餅法而後世言食經者鮮知其分矣

兗豫曰溏浹畢沅曰二字說文所無鄉俗之語未詳何義就形名之也成蓉鏡曰案溏浹疑卽餹

餅之譌集韻餅餌也兖豫謂之餹餅當本此御覽八百六十引本書兖豫曰溏浹注或作夷蓋餅或省作弟而弟又誤作夷也葉德炯曰溏疑餹之假借浹謂融浹說文而須毛也此當是齊民要術之𥹁糖一名窠絲糖者故云就形名之

餈漬也烝燥屑使相潤漬畢沅曰今本烝譌作丞據御覽引改餅之也畢沅曰周禮籩人羞籩之實糗餌粉餈康成注此二物皆粉稻米黍米所爲也合烝曰餌餅之曰餈糗者擣粉熬大豆爲餌餈之黏著以粉之爾餌言糗餈言粉互相足

饙分也眾粒各自分也畢沅曰詩泂酌正義引說文饙一烝米也案米纔一烝則未黏合故曰眾粒各自分御覽引作飯分也使其粒各自分也飯字誤

飧散也投水於中解散也畢沅曰御覽引作投飯於水中各散也詩伐檀正義引說文飧水澆飯也从夕食

羹汪也汁汪郎也畢沅曰羹今本譌作歎據初學記御覽引改儀禮士昏禮有大羹湆湆汁也則羹多汁者也故曰汁汪郎廣雅羹謂之湆蘇輿曰釋器肉謂之羹御覽飲食十九引爾雅舊說肉有汁曰羹

膗蒿也香氣蒿蒿也畢沅曰今本膗作膏俗字也御覽引作膗據改葉德炯曰禮祭義君焄蒿悽愴注蒿謂氣蒸出貌也

糜煮米使糜爛也畢沅曰說文糜爛也此當云糜糜也煮米使糜爛也

粥濁於糜粥粥然也畢沅曰今本濁作濯據御覽引改葉德炯曰釋言鬻糜也釋文引孫炎注鬻淖糜也禮儒行粥粥若無能也疏云是柔弱專愚之貌正取此義

漿將也飲之寒温多少與體相將順也先謙曰孝經將順其美注將行也廣雅釋詁將養也

湯熱湯湯也先謙曰說文湯熱水也

酪澤也畢沅曰酪於說文在新附字中疑古者借用洛字葉德炯曰御覽飲食部引服虔通俗文煴羊乳曰酪是漢時有酪字許書未收

乳汁所作使人肥澤也畢沅曰乳汁所作今本誤作乳作汁所據藝文類聚御覽引改

齏濟也與諸味相濟成也畢沅曰鄭注周禮醢人云凡醯醬所和細切爲齏全物若牒爲菹是齏必用醯醬諸味相濟成也葉德炯曰北堂書鈔酒食部五引作齊濟也與諸味相濟成也案齊齏本通周禮醢人五齊注齊當爲齏

菹阻也生釀之遂使阻於寒温之間不得爛也畢沅曰禮記少儀麋鹿爲菹野豕爲軒皆聶而不切麕爲辟雞兔爲宛脾皆聶而切之切葱若薤實之醯以柔之鄭注此軒辟雞宛脾皆菹類也其作之狀以醢與菫菜淹之殺肉及腥氣也是生釀之者也

䤸投也味相投成也畢沅曰說文䤸醔䤸也醔䤸榆醬也齊民要術有作榆子醬法治榆子仁一升擣末篩之清酒一升醬五升合和一月可食之

醢晦也畢沅曰晦今本譌作海據義改晦冥也封塗使密冥乃成也畢沅曰鄭注周禮醢人云作醢及臡者必先膊乾其肉乃後剉之雜以梁麴及鹽漬以美酒塗置甀中百日則成矣醢多汁者曰醓畢沅曰鄭注周禮醢人云醓肉汁也今本醓作醢誤王啟原曰說文肬肉汁滓也从肉尤聲則字當作肬醢血醢也別一義然

詩行葦醓醢以薦周禮醢人深蒲醓醢儀禮公食大夫禮醓醢昌本皆假醓爲肬監瀋也宋魯人皆謂汁爲瀋畢沅曰說文瀋汁也哀三年左傳無備而官辦者猶拾瀋也此魯大夫富父槐之言也醢有骨者曰臡畢沅曰爾雅肉謂之醢有骨者謂之臡臡胒也骨肉相傳胒無汁也

豉嗜也畢沅曰說文尗部枝配鹽幽尗也今本作豉俗五味調和須之而成乃可甘嗜也畢沅曰御覽引作須之而成博物志云外國有豉法以苦酒浸豆暴令極燥以麻油蒸蒸訖復暴三過乃止然後細擣椒屑隨多少合之中國謂之康伯能下氣調和者也故齊人謂豉聲如嗜也畢沅曰如何本作而北堂書鈔御覽皆引作如雖如而字通毋寧從如

麴朽也鬱之使生衣朽敗也畢沅曰齊民要術說作女麴如作麥麴法以青蒿上下奄之置牀上三七二十一日開看徧有黃衣則止三七日無衣乃停要須衣徧乃止出日日暴之燥則用

櫱缺也漬麥覆之使生芽開缺也畢沅曰齊民要術有作櫱法八月中作盆中浸小麥即傾去水日曝之一日一度著水即去之腳生布麥於席上厚二寸一日一度以水澆之芽生便止

鮓畢沅曰說文無鮓字以音求之疑當借用鮺菹也畢沅曰今本作滓也據廣韻御覽引改以鹽米釀魚以爲菹畢沅曰今本作以鹽米釀之如菹據廣韻引改蘇輿曰御覽飲食二十亦作以鹽米釀之如菹熟而食之也畢沅曰齊民要術有作裹鮓蒲鮓魚鮓乾魚鮓等法用魚臠切之乃以鹽散之又炊秔米飯爲糝并茱萸橘皮好酒以合和之

腊乾昔也畢沅曰說文昝乾肉也从殘肉日以晞之與俎同意籀文昝下从夕

脯搏也乾燥相搏著也畢沅曰搏義當爲傅初學記御覽皆作搏姑仍之又曰脩脩縮也乾燥而縮也畢沅曰說文脯乾肉也脩脯也王啟原曰周禮腊人注薄析曰脯捶之而施薑桂曰腶脩搏即薄也詩中谷有蓷暵其脩矣傳云脩且乾也

膊迫也薄椓肉迫著物使燥也畢沅曰說文膊薄脯膊之屋上从肉尃聲葉德炯曰此暴肉也方言七膊暴也燕之外郊朝鮮洌水之間凡暴肉發人之私披牛羊之五藏謂之膊說文薄脯膊之屋上謂切薄肉暴之屋上也淮南繆稱訓有云嗜厚膊則此有薄膊矣亦有以火炙者淮南說林訓一膊炭熯是也椓說文擊也蘇輿曰儀禮士喪禮兩

胉亞鄭注今文胉爲迫周禮醢人豚拍魚醢司農注鄭大夫杜子春皆以爲拍爲膊膞胉迫拍竝同字

膾會也細切肉令散分其赤白異切之已乃會合和之也畢沅曰禮記內則曰肉腥細者爲膾大者爲軒鄭注言大切細切異名也膾者必先軒之所謂聶而切之也又少儀曰牛羊與魚之腥聶而切之爲膾鄭注聶之言牒也先藿葉切之復報切之則成膾蘇輿曰御覽飲食二十引散上無令字末句作乃會和之也說文膾細切肉也

炙畢沅曰之夜反火熟之肉也後脯炙釜炙䐄炙銜炙貊炙皆同炙也畢沅曰炙之亦反下炙於火上及後炙之皆同

炙於火上也畢沅曰說文炙炮肉也从肉在火上

脯炙以餳蜜豉汁淹之脯脯然也先謙曰脯脯無義淹之六字吳校作淹而炙之如脯然也

釜炙於釜汁中和熟之也蘇輿曰御覽飲食二十一引作於釜中汁和熟之也

䐄炙畢沅曰今本無此二字據前後諸條竝據下文釋䐄爲銜合增此二字䐄銜也銜炙細密肉先謙曰吳校云銜炙二字衍密作切和以薑椒鹽豉已乃以肉銜裹其表而炙之

也畢沅曰齊民要術有銜炙法取極肥子鵝一隻淨治煮令半熟去骨剉之和大豆酢五合瓜菹三合薑橘皮各半合切小蒜一合魚醬汁二合椒數十粒作屑合和更剉令調取好白魚肉細琢裹作串炙之

貊炙全體炙之各自以刀割出於胡貊之爲也畢沅曰貊說文作貉蘇輿曰御覽八百五十九引搜神記云羌煮貊炙翟之食也自太始以來中國尚之先謙曰卽今之燒豬

膾細切細切豬羊馬肉使如膾也畢沅曰膾已見上此則名膾細切或膾字爲衍細切二字舊不重今案當重上舉其名下言其法下文云一分膾二分細切則細切之爲名審矣

生脡以一分膾二分細切合和挻攪之也畢沅曰說文脡生肉醬也从肉延聲齊民要術有作生脡法羊肉一斤豬肉白四兩豆醬清漬之縷切生薑雞子春秋用蘇蓼著之

血䐒畢沅曰說文衉羊凝血也从血臽聲今本作䐒別也蘇輿曰御覽飲食十七引䐒作衉音苦濫反引說文云羊血曰衉以血作之增其酢豉之味使甚苦以消酒也

膏饡畢沅曰今本脫此二字案下文有如膏饡之語卽謂此也今據補消膏而加菹其中亦以

消酒也畢沅曰御覽引上條以消酒也誤作以消膏而加菹其中亦以消酒也是有脫誤而合二條爲一矣據上條云以消酒也此云亦以消酒也文正相承當分爲二條使相從

生瀹葱薤曰兌言其柔滑兌兌然也畢沅曰御覽引兌皆作𩚬未知孰是孫詒讓曰一切經音義一引通俗文云淹韭曰韲淹薤曰䪣兌疑卽䪣音近字通

韓羊韓兔韓雞本法出韓國所爲也先謙曰此三韓國所爲猶若今言高麗肉之比

酒言宜成醪蒼梧清之屬也畢沅曰周禮酒正疏引曹植酒賦云宜城醴醪蒼梧縹清文選陸韓卿詩注引陳思王酒賦云酒有宜城濃醪蒼梧漂清又七命注引張華輕薄篇云蒼梧竹葉清宜城九醖酒

䐿畢沅曰奧加月傍俗字也禮記內則有鴇奧鄭注云膍胵也奧不从肉奧也藏肉於奧內畢沅曰藏本作臧俗加艸稍出用之也畢沅曰禮記正義云奧謂藏之深奧處正與此合然則奧以深奧爲名字不當從肉孫詒讓曰荀子大略篇曾子食魚有餘曰泔之門人曰泔之傷人不如奧之賈思勰齊民要術及段公路北戶錄引南朝食品竝有奧肉法

脬赴也夏月赴疾作之久則臭也畢沅曰說文脬旁光也淮南說林訓旁光不升俎今人亦不以旁光供食茲以列飲食篇當別是一物先謙曰今取脬吹張實肉和香味其中乾之名香肚蘇州粵東皆有之當是也

分乾切豬肉以梧分乾其中而和之也畢沅曰梧疑當作牾說文午牾也案午有交橫之義儀禮特牲饋食禮心舌皆去本末午割之此當與之同其中上似有脫文葉德炯曰畢說非是梧當讀爲枝梧之梧謂斜解也史記項羽紀莫敢枝梧集解引臣瓚曰斜柱曰梧

肺膭畢沅曰今本膭作膴俗譌字也據御覽引改說文膭切肉內於血中和也讀若遜膭饡也以米糝之如膏饡也畢沅曰禮記內則云取稻米舉糔溲之小切狼臅膏以與稻米爲酏鄭注狼臅膏臆中膏也以煎稻米則似今膏饜矣案膏饜卽膏饡也蘇輿曰御覽飲食十七引無膭字以作全盧諶祭法云四時祠皆用肺膭亦見御覽引

雞纖細擗其腊令纖然後漬以酢也兔纖亦如之王啟原曰此云細擗則纖其本義下云漬酢則又當爲瀸說文瀸漬也本無正名隨所命之舉一則義不全故齊民要術別謂之雞臘其言云腤雞一名缹雞以渾鹽豉蔥白中截乾蘇微火炙生蘇不炙與成治渾雞俱下水中熟煮出雞及蔥漉出汁中蘇豉澄令清擘肉廣寸餘

奠之以𤆃汁沃之肉若冷將奠蒸令𤆃滿奠又云葱蘇鹽豉汁與雞煮既熟擘奠與汁葱蘇在上莫按下可增葱白令細也其言作法至詳而不言漬酢漢至後魏經時已久故法小異名亦微變廣雅始出䐑字云美也玉篇則訓䐑爲羹

餳洋也煮米消爛洋洋然也葉德炯曰急就章云棗杏瓜棣饊飴餳說文餳飴和饊者也方言十三餳謂之餦餭

飴蘇輿曰此下當有怡也二字**小弱於餳形怡怡然也**葉德炯曰說文飴米糱煎也即此物方言十三凡飴謂之餳

餔哺也如餳而濁可哺也畢沅曰齊民要術有煑白餳黑餳法又有煑餔法大略相同成蓉鏡曰御覽八百五十二引四王起事云惠帝到華陰河間王遣上甘菓甘餔二百幡

酒酉也畢沅曰說文酒就也从水从酉酉亦聲酉亦訓就**釀之米麴酉澤**畢沅曰酉澤酉繹也說文酉下訓云繹酒也从酉亦半見於上禮記郊特牲曰猶明清與醆酒於舊澤之酒也是澤亦繹義也初學記澤引作懌誤**久而味美也**畢沅曰初學記引無久字非**亦言踧也能否皆强相踧持飲之也**

畢沅曰持今本譌作待據初學記引改蘇輿曰御覽飲食一引無飲之二字**又入口咽之皆踧其面也**

緹齊色赤如緹也畢沅曰周禮酒正辨五齊之名其四曰緹齊鄭注緹者成而紅赤如今下酒矣說文緹帛丹黃色案丹黃色近赤矣

盎齊盎滃也畢沅曰今本無滃也二字據周禮注增注見下**滃滃然濁色也**畢沅曰鄭注周禮酒正云盎猶翁也成而翁翁然蔥白色如今酇白矣

汎齊浮蟻在上汎汎然也畢沅曰周禮作泛齊鄭注泛者成而滓浮泛泛然如今宜成醪矣說文汎浮貌泛浮也汎泛義相近葉德烱曰此元酒也書顧命麻冕蟻裳御覽服章部引鄭注蟻謂色玄也

沈齊濁滓沈下汁清在上也畢沅曰鄭注周禮沈齊云沈者成而滓沈如今造清矣

醴齊醴禮也釀之一宿而成禮有酒味而已也畢沅曰禮當皆爲體字之誤也鄭注周禮醴猶體也成而汁滓相將如今恬酒矣說文醴酒一宿孰也

醳酒久釀酉澤也畢沅曰此禮記所謂舊繹之酒也醳當作繹从糸睪聲俗从酉非酉澤從說文當作酋繹

事酒有事而釀之酒也畢沅曰周禮酒正云凡爲公酒者鄭注謂鄉射飲酒以公事作酒者此有事而釀之酒也酒正又云辨三酒之物一曰事酒

苦酒湻毒甚者酢苦也畢沅曰御覽引作湻毒者酢且苦也成蓉鏡曰案晏子春秋蘭本三年而成湛之苦酒則君子不近庶人不佩御覽六百六十六引魏名臣奏曰今官販苦酒與百姓爭錐刀之末苦酒卽醯也故吳錄地理志曰吳王築城以貯醯今俗呼苦酒城御覽賈思勰齊民要術九引陸璣草木鳥獸蟲魚疏云接余以苦酒浸之爲菹

寒粥畢沅曰字本作鬻今本省末稻米投寒水中育育然也畢沅曰御覽引作寒粥投米寒水中也

干飯畢沅曰干與乾音同得相假借御覽引卽作乾飯而暴乾之也成蓉鏡曰司馬彪續漢書羊陟拜河內尹常食乾飯謝承後漢書左雄爲冀州刺史常食乾飯羊茂爲東郡太守常食乾飯胡砌爲淮南太守使鈴下閤外吹曝作乾飯竝見御覽八百五十亦通作干飯後漢書獨行傳明堂之奠干飯寒水

糗齲也飯而磨散之使齲碎也畢沅曰今本脫散字據御覽引補齊民要術有作秔米糗糒法取秔米汏灑作飯暴令燥擣細磨粗細作兩種折

餱候也候人飢者以食之也葉德炯曰說文餱乾食也餥餱也陳楚之間相謁食麥飯曰餥楚人相謁食麥曰飵秦人謂相謁食麥曰䭇䬷據此是古人以麥食作乾糧矣魏志袁術傳注引吳書云袁術士衆絕糧問廚下尙有麥屑三十斛時盛暑欲得蜜漿又無蜜坐欂牀上歎息此亦以麥爲乾糧之證云候人飢者食之卽相謁食麥之義也相謁畱食正以其行道阻飢耳詩民之食德乾餱以愆正謂相謁而不設食遂爲愆尤也

煮麥曰麮麮亦齲也煮熟則齲壞也畢沅曰今本麮作麩訛據御覽引改說文麮麥甘鬻也與煮麥義亦合

柰油擣柰實和以塗繒上燥而發之形似油也杏油亦如之畢沅曰今本末句杏油亦作柰油誤也據御覽引改正案柰實不可爲油據齊民要術說棗油法稱鄭康成云棗油擣棗實和以塗繒上燥而形似油也乃成之與此相似雖非引本書亦得證此之誤又齊民要術引本書云杏可以爲油蓋據此文杏油亦

如之之言而云然本書實未有杏可以爲油之言也

桃濫水漬而藏之其味濫濫然酢也 畢沅曰鄭注禮記內則說濫云以諸和水也紀莒之間名諸爲濫釋文乾桃乾梅皆曰諸然則桃濫以水漬桃諸爲之也

柰脯切柰暴乾之如脯也 畢沅曰齊民要術說棗脯法切棗暴之乾如脯也又說作柰脯法柰熟時中破暴乾卽成矣二法相仿此似當作棗脯據御覽引則實是柰脯

鮑魚鮑腐也埋藏淹使腐臭也 畢沅曰說文鮑饐魚也鄭注周禮籩人云鮑者於楅室中糗乾之出於江淮也顏注漢書貨殖傳云鮑今之䱎魚也秦始皇載鮑亂臭則是䱎魚耳鄭說非也先謙曰吳校淹作奄下有之字

蟹胥取蟹藏之使骨肉解胥胥然也 畢沅曰今本解下有之字據義似衍删之說文胥蟹醢也鄭康成注周禮庖人供祭祀之好羞云若青州之蟹胥字林云蟹醬也

蟹齏去其匡齏熟擣之令如齏也 畢沅曰匡下齏字衍據北堂書鈔御覽引皆無段云當作加齏脫加字

桃諸藏桃也諸儲也藏以爲儲待給冬月用之也畢沅曰禮記內則有桃諸梅諸然則梅諸亦藏以待用者也用之疑當作之用

瓠蓄皮瓠以爲脯畢沅曰剝其皮曰皮說文剝取獸革者謂之皮戰國策聶政皮面抉眼成蓉鏡曰晉書祖逖傳耆老歌元酒忘勞甘瓠脯蓄積以待冬月時用之也畢沅曰齊民要術所引月下無時字用下無之字

釋采帛第十四

青生也象物生時色也葉德炯曰考工記繢畫之事東方謂之青素問玉機眞藏論東方木也萬物之所以始生也

赤赫也太陽之色也葉德炯曰易說卦離爲火爲日說文赤南方色也赫火赤貌日實也太陽之精火熾也南方之行先謙曰吳校太陽上補赫赫二字

黃晃也猶晃晃象日光色也葉德炯曰廣雅釋訓晃晃光也案說文無晃字本作煌御覽天部三

引易傳云曰煌煌似黃

白啟也如冰啟時色也王啟原曰爾雅馬前足皆白啟以色名之是有白義說文启訓開啟訓教經典無別引申之二字義通山濤之啟事卽白事也漢晉人書牘首尾云某白猶後人之言某啟也先謙曰冰啟禮月令所謂開冰薦廟也白啟聲不近俟攷

黑晦也如晦冥時色也葉德炯曰說文黑火所熏之色也公羊成十六年傳晦者何冥也莊子逍遙遊釋文引東方朔十州記水黑色謂之冥先謙曰黑則未有不晦者本書釋水海晦也其色黑而晦也

絳工也染之難得色以得色爲工也畢沅曰鄭注儀禮士冠禮云纁裳淺絳裳凡染絳一入謂之縓再入謂之赬三入謂之纁朱則四入與三入猶爲淺絳故曰染之難得色說文絳大赤也絑純赤也此篇不別出朱文盖朱卽絳也

紫疵也非正色五色之疵瑕以惑人者也畢沅曰論語陽貨篇云子曰惡紫之奪朱也葉德炯曰說文紫白青赤色漢書王莽傳注引應劭曰紫間色

紅絳也白色之似絳者也畢沅曰說文紅帛赤白色从糸工聲工夅聲相近故前文云絳工也此云紅絳也吳翊寅曰紅絳也吳校作紅亦工也案紅从工聲依本書例當以聲近字爲訓絳既訓工故云紅亦工也

緗桑也如桑葉初生之色也畢沅曰御覽引曰緗桑花初生色也說文無緗字意古者假借湘字爲之孫詒讓曰周禮內司服有鞠衣鄭注鞠衣黃桑服也色如鞠塵象桑葉始生者急就篇鬱金半見緗白約顏注緗淺黃也

綠瀏也荆泉之水於上視之瀏然綠色此似之也畢沅曰荆泉之水葢卽滄浪之水也滄浪亦以其色名之王啟原曰荆泉當是荆淵唐人避諱改非本文當謂今湖南之水漢時荆州刺史治武陵索縣瀏然綠色唯湘中水足以當之長沙郡之瀏水亦以邑名之滄浪水孺子歌淸濁竝言非全清者

縹猶漂也畢沅曰今本脫漂也二字據一切經音義引增漂漂淺青色也畢沅曰說文縹帛青白色也先謙曰爾雅翠微邢疏山氣青縹色故曰翠微也有碧縹有天縹有骨縹各以其色所象言之也先謙曰說文碧石之青美者漢書司馬相如傳注謂石之青白色者也天縹若今俗言天青色骨縹則青黃色矣隋禮儀志所謂黃縹也

緇滓也泥之黑者曰滓此色然也畢沅曰說文緇帛黑色也

皁畢沅曰說文作草草斗櫟實也一曰象斗从艸早聲後來相承以草爲艸字遂別造白下十或白下七之字以爲草字早也日未出時早起視物皆黑此色如之也

布布也布列衆縷爲經畢沅曰衆御覽引作諸以緯橫成之也又太古衣皮畢沅曰禮記禮運云食鳥獸之肉飲其血茹其毛未有麻絲衣其羽皮女工之始始於是施布其法使民盡用之也

疏者言其經緯疏也畢沅曰疎爲疏之俗體後漢書文苑傳禰衡著布單衣疎巾後人又改作練皆說文所無吳翊寅曰吳校作亦言疏也其經緯疏也合上爲一條案布疎一聲之轉布又與絹對文別爲條非先謙曰下別有疏一條

絹絚也其絲絚厚而疏也畢沅曰今本絚皆作絚訛段云絚古堅字當从糸臣聲玉篇引成公四年鄭伯絚卒今春秋作鄭伯堅絚亦絚之譌玉篇音古下古兩二切初學記一音古費切費乃賢之訛也先謙曰廣雅釋器絹謂

之絹說文絹生絲也一切經音義十五引通俗文云生絲繒曰絹合並絲繒曰縑之訓證以本書可知絹縑之别漢書外戚傳注縑卽今之絹也解殊未晰

縑兼也其絲細緻數兼於絹染兼五色細緻不漏水也畢沅曰今本作縑兼也其絲細緻數兼於布絹也細緻染縑爲五色細且緻不漏水也據御覽引改說文縑幷絲繒也

練爛也煮使委爛也蘇輿曰說文練湅繒也从糸柬聲華嚴經音義引珠叢云煮絲令熟曰練此練之本義引申爲凡事練熟之稱漢書薛宣傳練國制度顏注練猶熟也文選韋孟諷諫詩瞻惟我王時靡不委李注委練也練熟練委茲原於此訓

素朴素也已織則供用不復加功飾也畢沅曰今本功作巧據御覽引改藝文類聚引作不復加飾也又物不加飾皆目謂之素此色然也畢沅曰今本目誤作自據義改說文素白緻繒也先謙曰皆目謂之素吳校作皆目之爲素

綈似蛥蟲之色綠而澤也畢沅曰蛥謂蟪蛥小蟬也郭注方言蟪蛦云江南呼蟪蛦蛥蛦二字說文

皆無之說文綈厚繒也御覽引說文云綈赤黃色也葢別有一義今脫佚矣先謙曰急就篇顏注綈厚繒之滑澤者漢書外戚傳有綠綈方底與成國所言綠而澤相證合漢文帝衣皁綈後世則絳紺青白緋紫黃綈不一其色成國舉一眹之耳

錦金也作之用功重其價如金 畢沅曰今本其上衍於字據廣韻引刪　葉德炯曰漢時錦名最多有斜文錦蒲桃錦見西京雜記有虎文錦見漢官儀有走龍錦翻鴻錦雲鳳錦均甘泉宮招仙靈閣物見郭子元洞冥記有鴛鴦萬金錦蛟文萬金錦均成帝賜後宮物見博物要覽有綠地五色錦見吳淑事類賦引西京雜記有雲錦紫錦見漢武內傳至三國名目尤繁如御覽布帛部二載魏志絳地交龍錦紺地句文錦暴文雜錦又載魏武詔如意虎頭連璧錦金薄蜀薄等大都隨織文命名如下條綺之例因成成國未及補注於此 **故其制字從帛與金也** 畢沅曰今本脫從字據廣韻引增案說文錦襄邑織文也从帛金聲是諧聲字从帛與金說說爲會意非制字之本旨矣

綺攲也其文攲邪不順經緯之縱橫也 畢沅曰說文綺文繒也案織文繒必二人一人於機中投杼一人居於機上提絜其經而操縱之使經緯間錯成文故曰不順經緯之縱橫 **有杯文形似杯也有長命其綵色相間皆橫終幅此之謂也** 畢沅曰御覽引無此四字成蓉鏡曰

御覽八百十六引東宮舊事云太子納妃有七綵杯文綺被一絳石杯文綺被一七綵杯文絳袴長命杯文綺袴**言長命者服之使人命長**葉德炯曰玉燭寶典五月引董勛問禮俗云夏至上長命縷又引荆楚歲時記云士女取練葉捶頭綵絲繫臂謂爲長命縷又引沈約宋書云元嘉四年楚斷夏至日五絲長命縷之屬知長命縷爲六朝通用之物而藝文類聚歲時部中引風俗通云五月五日以五綵絲繫臂者辟兵及鬼令人不病溫又云五月五日續命縷俗說以益人命西京雜記取綵絲就北斗星求長命二說尤與使人命長之說合葢漢時風俗有此語也**本造者之意也**畢沅曰造者今本譌作造意據御覽引改**有綦文方文如綦也**畢沅曰今本綦文下有者字以杯文長命二句例之則不當有御覽引無者字據刪

綾凌也其文望之如冰凌之理也蘇輿曰說文東齊謂布帛之細者曰綾从糸夌聲綾凌疊均初學記引風俗通積冰曰凌以其文理細淨有似冰凌之色故云

繡修也文修修然也葉德炯曰詩終南黻衣繡裳毛傳五色備謂之繡禮記禮運義之修而禮之藏注修猶飾荀子儒效脩脩兮其用統類之行也脩脩卽修修之假借

羅文羅疎也畢沅曰今本作文疎羅初學記藝文類聚御覽皆引作文羅疎據改審字義當爲羅疏蘇輿曰文羅下當更有羅字初學記諸書引竝脱羅羅疏猶言文理羅羅而疎也上云文脩脩然此云文羅羅疏正一例本書釋宮室籬離也疎離離然也羅離聲近羅羅疏猶彼云疏離離矣世說司馬太傅爲二王目曰孝伯亭亭直上阿大羅羅清疏足證羅羅二字之義先謙曰吳校作文疎羅羅也

纚簁也麤可以簁物也葉德炯曰說文纚冠織也案假借當爲籭說文籭可以取粗去細卽此義也此蓋羅之極稀者

笭辟經絲貫杼中一閒并一閒疏疏者笭笭然并者歷辟而密也葉德炯曰案此今之五絲羅七絲羅也笭讀如車笭之笭辟讀如辟析之辟一閒并猶言一格合并一閒疏猶言一格稀疏廣雅釋器笭籠也今織熏籠者亦是如此蘇輿曰本書釋天歷辟析也所歷皆破析也亦此歷辟之義析其絲令細織之故密也

紡麤絲織之曰疏疏寥也寥寥然也先謙曰與上條言其經緯疏也同意說文寥作廫云

空虛也

轂粟也畢沅曰急就篇補注引作沙也其形戚戚畢沅曰今本作其形足足而踧御覽引作其形戚戚據政戚讀如迫促之促絲縷急戚則起縐文如粟矣俗書戚字下安足非也蘇輿曰御覽布帛三引轂作縠云縠粟也其形戚戚如也無以下文吳翊寅曰吳校作踧踧下同案原本誤足足御覽作戚戚可悟皆蹙蹙之譌依本書例作蹙蹙爲是原不必盡依說文也視之如粟也又謂之沙亦取戚戚如沙也畢沅曰今本沙下有縠字衍又戚戚作踧踧今案亦者亦上文也當從上作戚戚鄭注周禮內司服云今世有沙縠者兼而名之也皮錫瑞曰漢書江充傳紗縠襌衣師古曰紗縠紡絲而織之也續漢書輿服志亦有紗縠單衣文選七啟紗縠之裳

繐惠也畢沅曰今本脫此二字據御覽引補齊人謂涼爲惠言服之輕細涼惠也畢沅曰儀禮喪服有繐縗裳傳曰繐縗者何以小功之縷也鄭注云治其縷如小功而成布四升半凡布細而疏者謂之繐今南陽有鄧繐喪服記曰繐縗四升有半蘇輿曰御覽布帛七引惠作慧惠慧同

紈煥也細澤有光煥煥然也畢沅曰今本煥作渙御覽引作煥亦說文新附字

蒸栗染紺使黃色如蒸栗然也 王先慎曰急就篇蒸栗絹紺縉紅燃注蒸栗黃色若蒸熟之栗也

紺含也青而含赤色也 畢沅曰一切經音義引青上有謂字說文紺帛深青揚赤色

緜猶湎湎柔而無文也 先謙曰禮玉藻疏好者爲緜惡者爲絮湎本訓爲沈於酒此假以爲狀詩蕩疏湎者顏色湎然齊一之辭漢書敘傳湎湎紛紛借義亦同

綸倫也作之有倫理也 畢沅曰說文侖理也則不當用人傍之倫後人多通用先謙曰本書釋水淪倫也水文相次有倫理也與此同知本書不盡依說文

絮胥也胥久能解落也 王啟原曰能呂本作故先謙曰說文絮敝緜也胥與須同詩桑扈疏胥須古今字宋陳道人刊本能亦作故

紬抽也抽引絲端出細緒也 畢沅曰說文紬大絲繒也 又謂之絓絓挂也挂於杖端 畢沅曰杖直賞反 振舉之也 畢沅曰今本杖作帳據御覽引改此皆言繅絲之法也案說文絓繭

涬絓頭也一曰以囊絮練也从糸圭聲說與此異

煮繭曰莫莫幕也畢沅曰此七字今本作繭幕也三字據御覽引增貧者著衣可以幕絡絮也畢沅曰御覽引無絡字或謂之牽離煮熟爛牽引使離散如緜然也畢沅曰御覽無然字案御覽引說文曰絓繭涬絓頭也一曰牽離然則說文之所謂絓與此同與上異也今人以繭之不堪為絲者乃為緜其作之法與此所言無異著衣之著音竹呂反禮記玉藻纊為繭緼為袍鄭注繭袍衣有著之異名也纊新緜緼謂今纊及舊絮也葢貧者衣不能純緜但用新緜幕絡於舊絮之上又今人以古貝著衣亦以緜幕絡之知此古今同也成蓉鏡曰王隱晉書曰洛中歌何德貞二人共披一幡牽離柰何見御覽八百十九吳翊寅曰或謂之牽離以下三句當合紬絓為條各本皆誤

釋首飾第十五

冠貫也所以貫韜髮也畢沅曰說文冠絭也所以絭髮弁冕之總名也从冖元元亦聲冠有法制从寸案貫當作毌說文貫乃泉貝之貫毌則穿物持之也从一橫毌讀若冠今則通用貫字蘇輿曰白虎通冠絻篇所以有冠者何

冠者倦也所以倦持其髮者也注繩祖云倦當作卷卷與貫聲義通

纓頸也自上而下繫於頸也畢沅曰今本脫下字據御覽引增案纓冠系也鄭注儀禮士冠禮云有笄者屈組爲紘垂爲飾無笄者纓而結其條賈公彥疏屈組謂以一條組於左笄上繫定繞頤下右相向上仰屬於笄屈繫之有餘因垂爲飾也無笄則以二條組爲纓兩相屬於頍其所垂條於頤下結之故云纓而結其條也此言自上而下繫於頸則是二條組兩相垂下者也

笄係也所以係冠使不墜也畢沅曰士冠禮有皮弁笄爵弁笄鄭注笄今之簪

祭服曰冕畢沅曰天子冕服有六皆祭服也詳周禮司服**冕猶俛也俛平直貌也**蘇輿曰御覽服章三引俛下無也字白虎通論冕制云禮曰周冕而祭又云十一月之時陽氣俛仰黃泉之下萬物被施如冕前俛而後仰故謂之冕冕也後漢書明帝紀注引三禮圖云冕以十三升布染而爲之廣八寸長尺六寸前圓後方前下後高有俯伏之形故謂之冕欲人之位彌高而志彌下故以名焉**亦言文也**蘇輿曰御覽服章三引無此句**玄上纁下前後垂珠有文飾也**畢沅曰周禮弁師掌王之五冕冕皆玄冕朱裏延紐五采藻十有二就皆五采玉十有二玉

笄朱紘是有文飾者也玄上謂延上色玄纁下謂朱裏也此所言珠亦以玉爲之續漢書輿服志乘輿冕係白玉珠三公諸侯青玉爲珠卿大夫黑玉爲珠蓋袞冕用玉二百八十八其形僅如珠始不過重耳晉書輿服志云漢以來天子之冕前後旒用眞白玉珠魏明帝好婦人之飾改以珊瑚珠是知珠蓋通稱耳蘇輿曰御覽服章三引應劭漢官儀云周冕與古冕略等周加垂旒天子前後垂眞白珠各十二據此則垂眞白珠不始於漢又蔡邕獨斷云漢明帝採尚書皋繇及周官禮記以定冕制皆廣七寸長尺二寸係白珠於其端十二旒三公及諸侯九旒卿七旒

有袞冕袞卷也畫卷龍於衣也畢沅曰鄭仲師注司服云袞卷龍衣也卷渠緣反蘇輿曰御覽服章三引摯氏決疑要注云秦除六冕之制明帝永平中使諸儒案古文始復造袞冕

有鷩冕鷩雉山雉也畢沅曰今本作鷩雉之憋惡者山雞是也據御覽引改

鷩憋也畢沅曰說文心部無憋字列子力命篇憋懯乃急速之貌廣雅釋詁憋惡也曹憲音埤列芳列二切

性急憋不可生服必自殺故畫其形於衣以象人執耿介之節也畢沅曰鄭康成注司服云鷩畫以雉謂華蟲也又注大宗伯云雉取其守介而死不失其節

毳冕毳芮也畫藻文於衣象水草之毳芮溫暖而潔也畢沅曰康成注司服云毳畫虎蜼謂宗彝也以

冕服五等之章差之鄭說爲長孫詒讓曰芮疑郎輭之假字呂氏春秋必己篇云不衣芮溫高注云芮絮也未塙

黻冕黻紩也畫黻紩文采於衣也畢沅曰黻冕當爲黹冕黹紩也畫黻二字疑衍文黹冕衣刺粉米一章無畫裳刺黼黻二章故得黹名周禮作希冕康成注希刺粉米無畫也又有玄冕康成云玄者衣無文裳刺黻而已是以謂玄焉案此乃所謂黻冕今幷合二冕無分別似非

此皆隨衣而名之也所垂前後珠轉減耳畢沅曰周制王之五冕衮冕之旒十有二就鷩冕九就毳冕七就黹冕五就玄冕三就其玉則五冕皆每就十有二後亦如之公侯以下自九就以至三就凡四等其前後用玉多寡各視其就數以尊卑爲差也此言所垂前後珠轉減亦如是用玉之數爾

章甫殷冠名也甫丈夫也服之所以表章丈夫也畢沅曰御覽引作殷以之表章丈夫也儀禮士冠記章甫殷道也鄭注章明也殷質言以表明丈夫也蘇輿曰丈夫御覽服章二引竝作大夫

冔亦殷冠名也冔幠也幠之言覆言以覆首也畢沅曰本無此條案周弁殷冔夏收等爾不應有弁收而無冔鄭注士冠記曰冔名出於幠幠覆也言所以自覆飾也今仿鄭君注義以增此條惟是說文無

冔字蓋後人鈔寫有脫落也說文兒字解說云冕也周曰兒殷曰冔夏曰收則說文必本有冔字冔从冃吁聲當增入冃部

牟追牟冒也言其形冒髮追追然也畢沅曰牟追士冠記郊特牲皆作毋追鄭注士冠記毋發聲也追猶自也夏后氏質以其形言之案毋讀亦爲牟說文牟牛鳴也則解牟爲發聲亦可蘇輿曰追追大貌白虎通冠紼篇夏統十三月爲正其飾最大故曰毋追毋追者言其追大也是以追訓大之證

收夏后氏冠名也言收斂髮也畢沅曰鄭注士冠記亦云收言所以收斂髮也

委貌冠形委曲之貌上小下大也畢沅曰委曲之貌今本作又委貌之貌據御覽引改鄭注士冠記云委猶安也言所以安正容貌案鄭義差長蘇輿曰白虎通所以謂之委貌何周統十一月爲正萬物始萌小故爲冠飾最小故曰委貌委貌者言委曲有貌也與此合士冠禮委貌周道也

弁畢沅曰說文作㝸或覍字**如兩手相合抃時也**畢沅曰抃說文作拚云拊手也今諸本皆作抃初學記音奮如小弁亦作小卞後人通用無別矣蘇輿曰白虎通弁之爲言攀也所以攀持其髮也士冠禮鄭注弁名出於槃槃大也拚攀槃竝聲近字**以爵韋爲之謂之爵弁**畢沅曰鄭注士冠禮云爵弁者冕之次其色赤而微黑如

爵頭然蘇輿曰白虎通爵弁者何謂也其色如爵頭周人宗廟士之冠也御覽服章三引董巴輿服志爵弁一名冕廣八寸長尺二寸如爵形前小後大其上似爵頭色有收持笄所謂殷收夏冔者也**以鹿皮爲之謂之皮弁**畢沅曰鄭注士冠禮云皮弁者以白鹿皮爲冠成蓉鏡曰以鹿皮九字當在韋弁下聘禮君使卿韋弁歸饔餼注變皮弁服韋弁敬也疏案周禮春官司服王之吉服有九祭服之下先云兵事韋弁服後云視朝皮弁服則韋弁尊於皮弁是其證蘇輿曰白虎通皮弁者何也所以法古至質冠之名也御覽服章三引三禮圖云皮弁以鹿皮淺毛黃白色者爲之高尺二寸左僖二十八年傳楚子玉自爲瓊弁玉纓杜注弁以鹿子皮爲之**以韎韋爲之謂之韋弁也**畢沅曰周禮司服云凡兵事韋弁服鄭注韋弁以韎韋爲弁

纚以韜髮者也以纚爲之因以爲名畢沅曰士冠禮緇纚廣終幅長六尺鄭注纚今之幘梁也終充也纚一幅長六尺足以韜髮而結之矣釋文韜本作弢先謙曰吳校句末有也字

總束髮也總而束之也畢沅曰鄭注禮記內則云總束髮也

幘蹟也下齊眉蹟然也畢沅曰眉今本譌作員據御覽引改蹟御覽作賾說文無賾字故不從蘇輿曰

後漢書輿服志幘者賾也頭首嚴賾也或曰畢沅曰今本無此二字據義增兒上小下大兒兒然也蘇輿曰上小下大其形尖銳故象其形而呼爲兒也兒古通作銳或曰聭聭折其後也畢沅曰說文無聭字未考得實姑仍而不改通俗文云帛幘曰帢意此本作帢與然說文亦無帢字成蓉鏡曰聭當作帓廣韻三十二洽帢或體作冐帓先謙曰吳校作帓或曰幘畢沅曰此正說幘不應又言或曰幘蓋幘字上下必有脫字必不單名幘也方言曰覆結謂之幘巾意此當作幘巾與形似幘也賤者所著曰兒髮作之裁裹髮也皮錫瑞曰蔡邕獨斷云幘古者卑賤執事不冠者之所服也或曰牛心形似之也

帽畢沅曰此俗字也說文作冃云小兒及蠻夷頭衣也冒也先謙曰漢書雋不疑傳注冒所以覆冒其首

巾謹也二十成人士冠庶人巾當自謹修四教也畢沅曰今本四教上有於字據御覽引刪

簪畢沅曰本作先則音反說文俗先从竹簪兟也畢沅曰兟子林反御覽引作連非也以兟連冠於髮也又枝也因形名之也葉德炯曰文選招隱詩注引蒼頡篇云簪笄也所以持冠也

揥畢沅曰說文無揥字以音求之當从手商聲字作摘摘也所以摘髮也畢沅曰詩君子偕老云象之揥也毛傳揥所以摘髮也釋文摘本又作擿又作謫竝非案說文擿搔也然則作擿良是此條兩摘字皆當作擿詩釋文反以爲非陸德明不知遵說文也

導所以導櫟鬢髮使入巾幘之裏也或曰櫟鬢以事名之也成蓉鏡曰文選餞呂僧珍詩注引通俗文曰幘道曰簪道御覽六百八十八引作導吳均續齊諧記蔣潛乃注看之見有犀導乃拔取諸葛恢集詔答恢曰今送一犀導小物耳竝見御覽

鏡景也言有光景也畢沅曰初學記御覽引皆無言字葉德炯曰說文鏡景也

梳言其齒疏也數言比畢沅曰此貧畀反俗所謂編箕也數密也所角反先謙曰吳校作數者曰比

比於梳其齒差數也畢沅曰此比字必履反下二比字皆貧畀反比言細相比也蘇輿曰御覽服用十六引云枇言其細相比也先謙曰吳校比言作亦言

㕞帥也帥髮長短皆令上從也亦言瑟也㕞髮令上瑟然也葉德

炯曰說文荔草根可作刷又御覽服用部二十引東宮舊事云太子納妃有七猪氂刷按此是二種一以草根一以豬毫又御覽引通俗文所以理髮謂之刷

鑷畢沅曰此俗字也依說文當作籋籋尼輒反攝也攝取髮也葉德炯曰御覽服飾部二十引通俗文云披減髮鬢謂之鑷

綃頭畢沅曰古樂府云行者見羅敷脫帽著綃頭方言作幧頭孫楷曰後漢書逸民傳周黨著穀布綃頭獨行傳向栩著絳綃頭綃鈔也鈔髮使上從也或謂之陌頭畢沅曰今本作或曰御覽引作或謂之據改孫楷曰方言絡頭帕頭也廣雅云帕頭絡頭幧頭也漢書周勃傳太后以冒絮提文帝應劭云帕額絮也帕與陌同言其從後橫陌而前也畢沅曰說文無陌字據橫陌之義字當作末漢書谷永傳曰末殺災異皮錫瑞曰禮問喪雞斯注雞斯當為笄纚聲之誤也今時始喪者邪巾貊頭笄纚之存象也集韻邪巾袹頭始喪之服類篇帕邪巾也陌貊帕袹義同齊人謂之幧畢沅曰方言幧頭趙魏之間或謂之幧言斂髮使上從也畢沅曰今本言下有幧字係誤衍刪之

王后畢沅曰後漢書烏桓傳注引作皇后譌首飾曰副副覆也以覆首亦言副貳也兼用衆物成其飾也步搖上有垂珠步則搖動也畢沅曰今本步搖云云云列於剔刑人之髮爲之也之後提行別起御覽引曰后首飾曰副副覆也以覆於首上有垂珠步則搖也無亦言至步搖十五字案鄭注周禮追師云副之言覆所以覆首爲之飾其遺象若今步繇矣然則副與步搖異名同類當使相從故移於此亦言副貳云云當依今本存之動字據一切經音義引增孫楷曰續漢志以簪假結步搖簪珥步搖以黃金爲山題貫白珠爲桂枝相繆一爵九華熊虎赤羆天鹿辟邪南山豐大特六獸詩所謂副笄六珈者鄭君詩箋云珈之言加也副既笄而加飾如今步搖上飾又注明堂位副禕云首飾也今之步搖是也蓋兼用衆物成其飾衆物卽步搖上諸爵獸此乃飾之最盛者漢世唯皇后服之及長公主見會衣服亦加焉蘇輿曰御覽服用十七引宋玉風賦主人之女垂珠步搖又引晉令云步搖蔽髻皆爲禁物然則步搖漢世貴賤通用迄晉而廢也編編髮爲之也畢沅曰今本脫也字從例增鄭注追師云編編列髮爲之其遺象若今假紒矣次畢沅曰今本脫此字據周禮注增次第髮也畢沅曰鄭注追師云次次第髮長短爲之所謂髲髢髲畢沅曰今本譌作髢髲據義改被也髲少者得以被助其髮也髲

剔也剔刑人之髮爲之也畢沅曰刑人有當髠者取其髮以爲髢哀十七年左傳云衛莊公登城見己氏之妻髮美使髠之以爲呂姜髢是非刑人而髠之故結仇怨卒爲所殺

鬠畢沅曰說文無鬠字依說文當作槶孫楷曰鬠又作蔮續漢志云太皇太后皇太后以條翦氂蔮擿長一尺左右一橫簪之以安蔮公卿及二千石夫人紺繒蔮此即蔮之制恢也恢廓覆髮上也魯人曰頍畢沅曰鄭注士冠禮云滕薛名蔮爲頍案滕薛國皆近魯故其稱名同說文亦無蔮字頍傾也著之傾近前也齊人曰帨畢沅曰今本譌作幌案廣雅鬠謂之帨玉篇廣韻皆云帨鬠也莫教反據改然說文亦無帨字當止作皃皃卽形貌字也飾形貌也

華勝畢沅曰今本脫此二字據御覽引增華象草木華也勝言人形容正等一人著之則勝王啟原曰呂本則勝下有也字蘇輿曰玉燭寶典一引云花象草木花也言人形容政等著之則勝御覽服用二十一引亦云花勝草花也言人形容正等著之則勝蔽髮前爲飾也成蓉鏡曰續漢書輿服志簪以瑇瑁爲擿長一尺端爲華勝孫楷曰司馬相如大人賦覩西王母暠然白首戴勝而穴處兮師古注勝新婦首飾也漢代謂之

華勝荊楚歲時記云正月七日鏤金箔爲人勝以貼屏風亦戴之頭鬢又造華勝以相遺

釵叉也象叉之形因名之也畢沅曰今本脫此十一字據御覽引補藝文類聚引作叉枝也因形名之也

爵釵釵頭施爵也畢沅曰今本釵頭下有及上二字據御覽引刪葉德炯曰文選二十七曹子建樂府注引頭上有上字又二十八日出東南隅注引有及上二字畢據御覽引刪非是蘇輿曰爵與雀同曹植美女篇頭插金爵釵腰佩翠琅玕晉令六品以下得服爵釵以蔽髻三品以上服金釵是爵釵男女得通服之矣

瑱鎭也皮錫瑞曰周禮天府注故書鎭作瑱先鄭云瑱讀爲鎭典瑞云王執鎭圭注故書鎭作瑱先鄭云瑱讀爲鎭縣當耳傍不欲使人妄聽自鎭重也畢沅曰毛詩君子偕老傳云瑱塞耳也或曰充耳充塞也畢沅曰鄭箋旄丘詩云充耳塞耳也塞耳亦所以止聽也故里語曰不瘖不聾不成姑公成蓉鏡曰困學紀聞諸子諺云不瞽不聾不能爲公見愼子萬氏集證在亡篇中引見御覽三百九十六今考宋書庾炳之傳不癡不聾不成姑公隋書張孫平傳鄙語不癡不聾未堪作大家翁趙璘因話錄郭汾陽子曖尙昇平公主琴瑟不調汾陽拘曖詣朝堂待罪上召而慰之曰諺云不癡不聾不作阿家阿翁資治通鑑作阿家翁皆漢諺之

遺今江淮間猶有此諺云不癡不聾作不得阿家翁

穿耳施珠曰璫葉德炯曰御覽服用部二十引風俗通文耳珠曰璫此本出於蠻夷所爲也蘇輿曰御覽服用二十引此句在上條自鎭壐也下合爲一條蠻夷婦女輕浮好走畢沅曰今本浮誤作淫據御覽引改故以此璫鍾之也畢沅曰今本璫上有頊字據一切經音義引刪今中國人效之耳蘇輿曰御覽服用二十引作今中國用耳璫傚之也

脂砥也著面柔滑如砥石也成蓉鏡曰御覽七百十九引郭義恭廣志曰面脂魏興以來始有之今考史游急就章芬薰脂粉膏澤筩是西漢時已尚之廣志非

粉分也研米使分散也胡粉胡餬也脂合以塗面也䞓粉䞓赤也染粉使赤以著頰上也畢沅曰䞓粉以下云云今本列於篇末第錄也之後別爲一條茲據御覽引移以并合於此䞓赬同御覽音勑貞切成蓉鏡曰說文粉傅面者也小徐曰古傅面亦用米粉故齊民要術有傅面英粉段氏難之曰傅人面者胡粉也今案據本書云研米使分散而繫之釋首飾篇則小徐是也故急就章顏注云粉謂鉛粉及米粉

皆以傳面取光潔也韻會亦云古傳面亦用米粉又案抱朴子民不信黃丹及胡粉是化鉛所作御覽七百十九引漢官儀曰省中以胡粉塗壁又引續漢書云李固奏免百餘人誣固曰大行在殯固獨胡粉飾貌

黛畢沅曰說文黱畫眉也从黑朕聲後來皆作黛字不能復矣葉德炯曰御覽服用部二十引通俗文染青石謂之點黛又引後漢書曰明德馬后眉不施黛獨左眉角小缺傳之如粟**代也滅眉毛去之以此畫代其處也**畢沅曰戴侗曾見唐本說文黱字下注云或作代案唐本今不可見疑是或從代聲蘇輿曰御覽服用二十一引作滅去眉毛以此代其處也

脣脂以丹作之象脣赤也畢沅曰唐人謂之口脂

香澤者蘇輿曰御覽服用二十一引無香字者字併在脣脂條上是宋時所見本此條在脣脂前**人髮恆枯顇以此濡澤之也**葉德炯曰御覽服用二十一引蔡邕女誡曰傳脂則思其心之和澤髮則思其心之潤

彊其性凝强以制服亂髮也畢沅曰此似後世之所謂網巾今優人猶用之先謙曰此物與香澤諸物爲類又舉其性爲言則非網巾明矣蓋若今婦女所用刷髮之美人膠俗稱鉋花者

以丹注面曰旳畢沅曰今本作勺北堂書鈔御覽皆引作旳據改下同蘇輿曰王粲神女賦施華旳結羽釵傅元鏡賦珥明璫之迢迢點雙的以發姿則旳本婦人飾容之具旳灼也蘇輿曰說文日部旳明也从日勺聲火部灼炙也焯明也此灼訓明字當作焯經傳多叚灼爲焯如屬書焯見今本作灼見之顯而二字遂通用無別矣此本天子諸侯羣妾當以次進御畢沅曰周禮九嬪鄭注說羣妃御見之法卑者宜先尊者宜後女御八十一人當九夕世婦二十七人當三夕九嬪九人當一夕三夫人當一夕后當一夕十五日而徧自望後反之御覽羣妾作有羣妾者其有月事者止而不御畢沅曰月事漢律所謂姅變重以口說重難也畢沅曰故注此丹於面灼然爲識女史見之畢沅曰周禮天官女史八人鄭注女史女奴曉書者王啟原曰呂本此下無丹字則不書其名於第錄也畢沅曰毛詩靜女傳云古者后夫人必有女史彤管之法史不記過其罪殺之后妃羣妾以禮御於君所女史書其日月授之以環以進退之生子月辰則以金環退之當御者以銀環進之著於左手既御著於右手事無大小記以成法

釋名疏證補卷第四

釋名疏證補卷第五

長沙王先謙譔集

釋衣服第十六

凡服上曰衣衣依也人所依以芘寒暑也下曰裳裳障也所以自障蔽也畢沅曰說文衣依也上曰衣下曰裳象覆二人之形也又曰常下帬也从巾尚聲又或从衣白虎通曰衣者隱也裳者障也所以隱形自障閉也說文有庇無芘案莊子人間世篇用芘字與庇同玉篇芘爲古文比字

領頸也王先慎曰詩碩人桑扈毛傳並云領頸也以壅頸也亦言總領衣體爲端首也先謙曰荀子勸學篇若挈裘領詘五指而頓之順者不可勝數也領爲衣之端首引伸之爲總領事務之稱此成國以引伸之義釋本字也漢書魏相傳總領眾職楊惲傳總領從官總領二字漢世恒言

襟禁也交於前畢沅曰襟說文作裣云裣交衽也从衣金聲蘇輿曰經傳襟衿通用方言衿謂之交文選陸士衡贈從兄車騎詩注衿猶前也卽此交於前之義顏氏家訓書證篇云詩言靑靑子衿傳曰靑衿靑領也學子之服案古者斜

領下連於衿故謂領爲衿孫炎郭璞注爾雅曹大家注列女傳竝云衿交領也案衿卽領之下施而交於前者顏所引並以衿領爲一成國則分釋其字義耳**所以禁禦風寒也**

袂，掣也。掣，開也。畢沅曰說文無掣字易睽六三爻辭見輿曳其牛掣爾雅釋訓甹夆掣曳也郭注謂牽挽釋文掣本或作㨖說文引縱曰㨖是有開之義玉篇亦云掣同㨖**開張之以受臂屈伸也**畢沅曰禮記玉藻云袂可以回肘先謙曰袂掣疊韻左僖五年傳疏袂屬於幅長於手反屈至肘則從幅盡於袖口總名爲袂禮深衣注袂屬幅於衣詘而至肘當臂中爲節故云開張之以受臂屈伸

袪，虛也。畢沅曰玉藻袪尺二寸鄭注袪袂口也先謙曰案舊說不同說文袪衣袂也袖袂也袂袖也此渾言之禮儒行注袂二尺二寸袪尺二寸詩羔裘釋文袪袂末也遵大路疏玉藻疏同喪服記注袪袖口也案袂末之訓較袖口爲安末兼肘下言之不專指袖口也左僖五年傳披斬其袪明是斬袖之一段不專袖口故疏爲調停之詞云其袂近口又別名爲袪也此一義也說文袪下又云一曰袪褱也褱者袌也袌下云褱也褱下云俠也俠挾字通國語韋注在掖曰挾證以子生三年然後免於父母之懷是袪正在肘上掖下切近胸前可褱袌人物之處與成國袪虛也之訓相合此又一義也自懷抱字行而褱袌

二字殘廢卽說文袪訓褻褎之義亦莫能明矣

袖由也畢沅曰說文褎袂也从衣釆聲袖俗褎从由**手所由出入也亦言受也以受手也**畢沅曰以上三條類也不應分列當云袂掣也云云亦曰袖袖由也云云袂口曰袪袪虛也

紟亦禁也禁使不得解散也畢沅曰說文紟衣系也蘇輿曰紟字亦作衿本書釋喪制亦云衿禁也禁繫之也禮內則衿纓綦屨鄭注衿猶紟也玉篇衿結衣也結亦有禁義

帶蔕也著於衣畢沅曰衣御覽引作身**如物之繫蔕也**葉德炯曰說文帶紳也男子鞶革婦人鞶絲象繫佩之形佩必有巾从巾又蔕瓜當也从艸帶聲按詩有狐之子無帶毛傳帶所以申束衣禮少儀葛經而麻帶鄭注帶所以結束衣蔕瓜當繫蔕猶衣繫帶蔕字又从帶得聲故成國取以為訓蘇輿曰御覽服章十三引作如物蔕也

系繫也相聯繫也畢沅曰說文系繫也从系丿聲

衽襜也在旁襜襜然也畢沅曰玉藻衽當旁葉德炯曰玉藻注云衽謂裳幅所交接者也深衣續衽鉤邊注云衽在裳旁者也楚詞逢紛裳襜襜而含風注襜襜搖貌

裾倨也倨倨然直蘇輿曰方言四袿謂之裾郭注裾衣後裾也荀子宥坐篇楊注裾與倨同又子道篇注裾裾衣服盛貌裾裾卽倨倨先謙曰吳校直下補也字亦言在後常見踞也畢沅曰人坐則裾常在身下爲人蹲踞也

玄端其袖下正直端方與要接也畢沅曰端說文作褍衣部云褍衣正幅从衣耑聲先謙曰吳校玄端下補玄衣也三字袖作幅案玄端見司服士昏禮端卽玄衣也樂記云端冕論語云端章甫

素積素裳也辟積其要中使踧因以名之也畢沅曰儀禮士冠禮皮弁服素積鄭君注積猶辟也以素爲裳辟蹙其要中說與此同踧字說文云行平易也與此義不合論語踧踖如也則有蹙縮之義蹙字乃說文新附字徐鉉謂李善文選注通蹴字皆當讀子六反

王后之上服曰褘衣先謙曰吳校作王后之六服有褘衣畫翬雉之文於衣也伊洛而南雉素質五色皆備成章曰翬畢沅曰素今本與下青字互譌據爾雅及周禮內司服注改正本又脫皆字成章字案下文有之此亦當有亦據二書補之

搖翟畢沅曰周禮作揄狄鄭康成注作搖翟聲

近字通也諸本竝從爾雅搖字作鷂俗書也**畫搖雉之文於衣也江淮而南青質五色皆備成章曰搖**畢沅曰五色諸本作五采雖本爾雅然不應與上互異今據周禮注改**闕翟**畢沅曰周禮作闕狄禮記玉藻及喪大記皆作屈狄鄭仲師注周禮引喪大記文而云屈者音聲與闕相似**翦闕繒爲翟雉形以綴衣也鞠衣黃如鞠華色也襢衣**畢沅曰今周禮作展衣案本字當作𧝓**襢坦也坦然正白無文采也**畢沅曰鄭仲師注周禮云展衣白衣也襢音聲與展相似此即用鄭說案說文𧝓丹縠衣與此異**褖衣**畢沅曰周禮本作緣鄭康成改作褖此書從之說文無褖字緣亦以彖爲聲似不必改**褖然黑色也**畢沅曰周禮內司服掌王后之六服褘衣揄狄闕狄鞠衣展衣緣衣素沙鄭康成曰狄當爲翟翟雉名伊雒而南素質五色皆備成章曰翬江淮而南青質五色皆備成章曰搖王后之服刻繒爲之形而采畫之綴於衣以爲文章褘衣畫翬者揄翟畫搖者闕翟刻而不畫此三者皆祭服鞠衣黃桑服也色如鞠塵象桑葉始生月令三月薦鞠衣於先帝告桑事展衣以禮見王及賓客之服字當爲襢襢之言亶亶誠也雜記曰夫人復稅衣揄狄又喪大記曰士妻以褖衣言褖者甚衆字或作稅此緣衣者實作褖衣也褖衣御於王之服亦以燕居男子之褖衣黑則是亦黑也六服備於此矣素

沙者今之白縳也六服皆袍制以白縳爲裏使之張顯沅案此康成之說善矣而猶有未是者何以言之說文有䙖無襢蓋襢字起於漢世非古字也䙖字从衣㠭聲展字从尸䙖省聲今仍作展者以便讀耳爾雅釋詁展亶同詁誠然則展亦有誠義奚必改爲襢而取亶誠之義乎據周禮緣衣則可知褖字非古故說文不收緣从糸彖聲固自有土段反之音不必改从衣也然則當改禮記之褖爲䙖褖稅皆爲緣乃反據禮記以改周禮之字則改是从非矣甚不可也然則茲猶錄鄭注何也以其說與此書說合錄以疏證此書耳

韍韠也韠蔽膝也所以蔽膝前也 畢沅曰今本作韠蔽也所以以蔽前也案說文市韠也上古衣蔽前而已市以象之韍篆文市从韋从犮聲然則此當云韍韠也韠蔽膝也所以蔽膝前也蓋本名蔽膝急言之則兩音合一遂名韠矣蔽膝乃爲韠之反語矣蘇輿曰禮玉藻鄭注韠之言蔽也凡韠以韋爲之又云韍之言亦蔽也是韍韠同有蔽義韍又與紱通白虎通紼者蔽也行以蔽前者爾有事因以別尊卑彰有德也韍韠蔽从疊韻爲訓御覽章服八引五經異義云韍者大帶之飾非韠也與此異

婦人蔽膝亦如之 蘇輿曰漢書東方朔傳館陶公主迎武帝蔽膝登階又王莽傳母病公卿列侯遣夫人問疾莽妻迎之衣不曳地布蔽膝見之者以爲僮使問知爲夫人

皆驚卽此齊人謂之巨巾田家婦女出至田野畢沅曰至今本作自據御覽引改以覆其頭故因以爲名也王先愼曰禮玉藻韠下廣二尺上廣一尺長三寸其頸五寸肩革帶博二寸故婦女以覆其頭方言蔽厀江淮之間謂之褘或謂之袚魏宋南楚之間謂之大巾自關東西謂之蔽厀齊魯之郊謂之袡方言隨時變易故揚劉所說不同巨巾大巾其義一也又曰跪襜跪先謙曰小爾雅大巾謂之冪正謂覆頭之物也

時襜襜然張也畢沅曰案爾雅衣蔽前謂之襜郭景純云今蔽膝也

佩倍也言其非一物有倍貳也有珠有玉畢沅曰毛詩女曰雞鳴傳云雜佩者珩璜琚瑀衝牙之類鄭注周禮玉府引詩傳曰佩玉上有蔥珩下有雙璜衝牙蠙珠以內其間有容刀畢沅曰芄蘭詩云容兮遂兮垂帶悸兮鄭箋容容刀也遂瑞也言惠公佩容刀與瑞及垂紳帶三尺則悸悸然行止有節度有帨巾畢沅曰禮記內則左佩紛帨鄭注紛帨拭物之巾也今齊人有言紛者有觿畢沅曰毛詩芄蘭傳云觿所以解結成人之佩也之屬也

襦煗也言温煗也畢沅曰說文襦字後一解曰㬮衣㬮亦温煗之義

絝，跨也，兩股各跨別也。先謙曰：說文：絝，脛衣也。故云兩股跨別也。疑若今俗之套褲。

褶，襲也，畢沅曰：說文：褺，重衣也。从衣，執聲。此褶字乃俗作。皮錫瑞曰：周禮賈師注：故書襲爲習。杜子春云：當爲襲。儀禮士喪禮：襚者以褶，則必有裳。注：古文褶爲襲。左傳哀十年：卜不襲吉。東晉古文尚書作習。玉篇：戳，古襲字。**覆上之言也。**先謙曰：覆疑當作複。複亦重也。

襌衣，言無裏也。畢沅曰：說文：襌，衣不重也。葉德炯曰：方言四：灼襢謂之襌。郭注：今又呼爲涼衣也。案玉篇衣部袀：襌衣。襢下云：約襢謂之襌。約襢卽袀襢之異文，則方言之襌是襌之誤矣。

襡，畢沅曰：此俗字也。衣裳上下聯屬，卽謂其衣爲屬。世俗以其是衣名，輒加衣旁，類如此者不一而足。今雖仍之，亦必加以舉正，使古文不盡泯云。葉德炯曰：此禮經續衽之類也。深衣：續衽。注：續，猶屬也。衽，在裳旁者也。屬，連之不殊裳前後也。據注云云，其制略與襡合。葢禮經有衽名，無襡名，成國分疏，就當時語作釋。其實襡字不見於說文，亦不見於經典，畢說以爲俗字是也。蘇輿曰：廣雅釋器：襡，長襦也。王氏念孫疏證云：或作襡。案御覽章服八引亦作襡。晉書夏統傳：服袿襡。音義引字林云：襡，連要衣也。**屬也，衣裳上下相聯屬也。**畢沅曰：一本裳作服，非。

荊州謂襌衣曰布

襡亦曰襜褕畢沅曰亦曰今本誤作亦是據義改褕今本作襦據顏師古急就篇注引改先謙曰吳校亦曰作亦是也以襜褕字下屬別爲一條當從之言其襜襜宏裕也吳翊寅曰說文直裾謂之襜褕玉篇襜褕直裾也急就篇顏注襜褕直裾襌衣也謂之襜褕者取其襜襜而寬裕也玉篇襜襜搖動貌襜褕爲直裾衣襡爲連腰衣漢書襜褕屢見注皆不云卽襡也畢連上爲條誤

褠畢沅曰亦俗字也本韋旁作說文韝射臂決也儀禮鄉射袒決遂鄭注遂射韝也所以斂衣然則韝者著於左臂韜袖使直者也因而謂直袖之衣爲韝言若著韝然也先謙曰漢書東方朔傳董君綠幘傅韝注韝卽今之臂韝也後漢馬皇后紀注褠臂衣今之臂韝以縛左右手於事便也集韻亦從巾作幯襌衣之無胡者也言袖夾直形如溝也先謙曰說文胡牛顄垂也漢書郊祀志有龍垂胡顏注胡謂頸下垂肉也本書釋形體胡互也在咽下垂能斂互物也禮深衣袂圜以應規注謂胡下也釋文下垂曰胡蓋胡是頸咽皮肉下垂之義因引伸爲衣物下垂者之稱古人衣袖廣大其臂肘以下袖之下垂者亦謂之胡今袖緊而直無垂下者故云無胡也

中衣言在小衣之外大衣之中也先謙曰晉繁欽定情詩何以結愁悲白絹雙中衣

裲襠畢沅曰據下云一當胸一當背此兩當之義也亦不當有衣旁其一當胸其一當背也畢沅曰一切經音義引也上有因以名之四字皮錫瑞曰儀禮鄉射禮韋當注直心背之衣曰當以丹韋爲之聶氏引舊圖楅長二尺有足置韋當於背韋當長二尺廣一尺置楅之背上以藉前據此則裲襠字古作兩當先謙曰案即唐宋時之半背今俗謂之背心當背當心亦兩當之義也

帕腹橫帕其腹也畢沅曰說文有帛無帕蓋後人移帛上之白置於旁爾說文新附有帊字云帛二幅也今人謂與帕同莫駕反先謙曰晉書齊王冏傳時謡曰著布袙腹爲齊持服梁王筠詩裲襠雙心共一袜袙腹兩邊作八襵合成國此釋猶可揣其遺製南史周迪傳作袜腹

抱腹上下有帶抱裹其腹上無襠者也畢沅曰襠本字應作當

膺畢沅曰今本脫此字案楚詞悲回風云糺思心以爲纕兮編愁苦以爲膺王逸注膺絡胸者也則知此必當有下乃爲之釋心衣抱腹而施鉤肩鉤肩之間施一襠以奄心也先謙曰奄掩同案此製蓋即今俗之兜肚

衫畢沅曰此俗字說文新附字乃有之**芟也芟末無袖端也**畢沅曰蓋短袖無袪之衣故曰芟末無袖端初學記引作衣無袖端也茲不從葉德炯曰衫亦名偏禪方言四偏禪謂之禪襦郭注即衫也

有裏曰複無裏曰禪葉德炯曰說文複重衣也禪衣不重也吳翊寅曰此二句當在前禪衣條下衣襦皆有禪複不專言衫也畢依元本各爲條非

反閉襦之小者也卻向著之領含於項畢沅曰今本脫含於項三字據御覽引補王啟原曰漢書萬石君傳石建取親中裙廁牏身自浣洒注晉灼曰今世謂反閉小袖衫爲侯牏**反於背後閉其襟也**

婦人上服曰袿畢沅曰上服上等之服也鄭注周禮內司服云今世有圭衣者蓋三翟之遺俗案三翟王后六服之上也故圭衣爲婦人之上服今本圭字加衣旁俗也孫楷曰漢書元后傳衣絳緣諸于師古注諸于大掖衣即袿衣之類又續漢志云自皇后以下皆不得服諸古麗圭襂閨緣加上之服此蓋袿衣之制**其下垂者上廣下狹如刀圭也**皮錫瑞曰方言袿謂之裾郭注衣後裾也文選思元賦揚雜錯之袿徽漢書江充傳曲裾後垂交輸如湻

曰交輸割正幅使一頭狹若燕尾垂之兩旁見於後是禮深衣續衽鉤邊賈逵謂之衣圭蘇林曰交輸如今新婦袍上挂全幅繒角割名曰交輸裁也此言下垂者上廣下狹其制益同先謙曰釋器注釋文袿重繒爲飾刀泉刀也銳上方下曰圭言割繒飾袿其下垂者或如泉刀形或如圭形也

襈畢沅曰此亦俗字說文所無**緣也**畢沅曰今本作撰也與下句無涉廣韻云襈緣也義正符今據改**青絳爲之緣也**

裙下裳也裙羣也聯接羣幅也畢沅曰今本作裙下羣也連接裙幅也文有脫誤據御覽及廣韻參訂補正之裙亦本作帬**緝下橫縫緝其下也**畢沅曰今本緝下云云提行別起據御覽引併入裙下御覽所引此下猶有緝裙之施緣也句似申說緝下之義疑下緣裙一條有誤字意欲據引以改之而併合於此然以緣襹一條例緣裙則緣裙又似不誤姑仍今本不敢遽改孫詒讓曰畢校緝下併入裙下是也方言云繞袊謂之帬郭注俗人呼接下江東通言下裳緝下即接下漢晉俗語同也

緣裙裙施緣也

緣襹襹施緣也

帔披也披之肩背不及下也葉德炯曰潛確類書引二儀實錄云三代無帔說秦有披帛以縑帛爲之漢卽以羅晉永嘉中制絳暈帔子是披帛始於秦帔始於晉也愚按說文帔宏農謂帬帔也非此物此云披之肩背則是今之披肩矣然則帔實始於漢末不得云始於晉

直領邪直而交下亦如丈夫服袍方也

交領就形名之也皮錫瑞曰案深衣曲袷如矩以應方注袷交領也古者方領如今小兒衣領正義曰古者方領似今擁咽後漢書馬援傳朱勃衣方領能矩步注引前書音義頸下施衿領正方學者之服也儒林傳曰服方領習矩步者委蛇乎其中注方領則直領也故成國分別言之

曲領在內所以禁中衣領上橫壅頸其狀曲也畢沅曰禁中衣今本作中襟誤也顏師古注急就篇曲領者所以禁中衣之領恐其上壅頸也葢本諸此玆據以改正

禪襦如襦而無絮也畢沅曰禪則無裏安得有絮不必言無絮矣禪當爲袷說文袷衣無絮也

要襦蘇輿曰要襦卽腰襦御覽章服十二引晉令云旄頭羽林著韋腰襦又舊唐書倭國傳婦人衣純色帬長腰襦白居易詩妾有繡腰襦葳蕤自生光卽此要正字形如襦其要上翹下齊要也

半袖其袂半襦而施袖也蘇輿曰晉書五行志魏武帝著繡帽披縹紈半袖常以見直臣楊阜諫曰此禮何法服也唐書車服志半袖裙襦者東宮女史常供奉之服也卽此又酉陽雜俎載楚國寺內有楚哀王等身金銅像哀王繡襖半袖猶在則半袖其來已久

留幕冀州所名大褶畢沅曰此褶亦當作褻下至膝者也留牢也幕絡也言牢絡在衣表也先謙曰留牢雙聲淮南本經訓注楚人讀牢爲霤霤从留聲士喪禮注牢讀爲樓樓留聲近皆其證也絡幕疊韻

袍丈夫著下至跗者也袍苞也苞內衣也先謙曰淮南子楚莊王裾衣博袍續漢志或曰周公抱成王宴居故施袍婦人以絳作衣裳上下連四起施緣亦曰袍義亦然也畢沅曰鄭注周禮內司服云婦人尚專一連衣裳不異其色先謙曰後漢馬后紀朔望諸姬朝請望見后袍衣

疏麤續志公主貴人妃以上重綠袍又不僅以絳作

齊人謂如衫而小袖曰侯頭侯頭猶言解瀆臂直通之言也畢沅曰解奚買反侯與解頭與瀆皆聲之轉王啟原曰靈帝初嗣封解瀆亭侯北堂書鈔百四十五引續漢書靈帝好胡服胡飯侯頭之制小袖則胡服也民間效之詭名侯頭

被被也所以被覆人也畢沅曰今本脫所以二字據北堂書鈔御覽引增

衾广也其下廣大畢沅曰說文衾大被**如广受人也**畢沅曰說文广因广爲屋象對刺高屋之形讀若儼然之儼御覽如广下有之字

汗衣近身受汗垢之衣也詩謂之澤受汗澤也畢沅曰詩秦風無衣與子同澤鄭箋澤褻衣近汗垢皮錫瑞曰周禮玉府注燕衣服者巾絮寢衣袍襗之屬賈疏引詩與子同襗說文襗絝也廣雅襗袍長襦也廣韻十六鐸襗褻衣曲禮疏引崔靈恩三禮義宗云凡衣近體有袍襗之屬**或曰鄙袒或曰羞袒作之用六尺裁足覆胸背言羞鄙於袒而衣此耳**畢沅曰說文袒衣縫解也从衣

曰聲

褌貫也貫兩腳上繫要中也畢沅曰說文幝从巾軍聲重文作褌从衣葉德炯曰史記司馬相如傳相如自著犢鼻褌集解引韋昭曰今三尺布作形如犢鼻矣

幅所以自偪束畢沅曰偪今本作偪譌案詩采菽邪幅在下毛傳幅偪也以自偪束也據此改先謙曰吳校句末有也字今謂之行滕先謙曰以本書例推之上文幅下當有偪也二字此處亦當有滕騰也三字言以裹腳可以跳騰輕便也畢沅曰鄭箋采菽詩邪幅如今行滕也偪束其脛自足至膝葉德炯曰吳志呂蒙傳爲兵作絳衣行滕此軍容取其輕便古樂府有雙行纏詞雙行纏郎行滕是古女子亦用之蓋歌舞時必跳騰裹此則輕便耳

韈末也在腳末也畢沅曰說文韤足衣也从韋蔑聲一切經音義引作袜案玉篇云袜腳衣故後人亦以袜代韈也

履禮也畢沅曰周易序卦物畜然後有禮故受之以履是履之義禮也飾足所以爲禮也畢沅曰初

學記引無以字

亦曰屨屨拘也所以拘足也畢沅曰今本無亦曰屨三字御覽引作亦曰抱也所以抱足也合此此校則其抱字乃拘字之譌卽可知亦曰抱也亦曰下脫兩屨字爾因據以增之又今本舄在履後屨在舄後各提行別起御覽引亦曰云云承爲禮也之下複其下云云承抱足也之下案鄭注周禮屨人複下曰舄禪下曰屨然則舄是屨之複者此複其下曰舄謂複屨之下也自當承所以拘足也之下遂據以更正之王先愼曰屨人靑句注句當爲絇聲之誤也絇謂之拘著舄屨之頭以爲行戒士冠禮黑絇注絇之爲言拘也以爲行戒正成國所本明此當爲拘字御覽作抱誤畢說是

複其下曰舄舄腊也行禮久立地或泥溼蘇輿曰二句御覽服章十四引作久立地溼**故複其下使乾腊也**畢沅曰今本作故複其末下據御覽引刪末字古今注云舄以木置履下乾腊不畏泥溼也說與此同

齊人謂草屨曰扉畢沅曰今本草作韋初學記引作草從之方言扉粗屨也絲作之曰履麻作之曰扉左僖四年杜注扉草屨則作草是今本齊人以下提行別起案說文扉履屬則屨舄扉同類不應分異據御覽引此上下文皆合爲一遂從之併焉又案同方同物不合有異名下有齊人云摶腊此齊人謂三字蓋衍也不敢擅刪識疑可也

扉皮也以皮作之或曰不借畢沅曰扉皮也三字文有誤當云或以皮作之又今

本無下或曰字無則上下文不屬故以意增之孫楷曰儀禮喪服傳繩菲注今時不借也孟子猶棄敝蹝也趙岐注蹝草履敝喻不惜齊民要術引四民月令云十月作白履不借惜借古音同方言菲履麻作之者謂之不借急就章云裳韋不借爲牧人又漢文帝履不借視朝第諸說或云草履或云麻作之惟潛夫論云以皮作之與此同 **或言賤易有宜各自蓄之不假借人也** 畢沅曰古今注不借者草履也以其輕賤易得故人人自有不假借於人故名不借也葉德炯曰不借屨之合聲也此如爾雅不聿謂之筆之例下云齊薄腊則不借之輕讀此皆方音轉變之故成國就文求義耳 **齊人云搏腊** 畢沅曰今本齊人又提行別起亦據御覽引併合孫楷曰周禮弁師玉璂鄭讀如薄借綦之綦綦古文作綼說文綼不借綼許所言不借綼猶鄭所云薄借綦文異實同薄借卽搏腊之轉音鄭君成國皆籍北海古齊地也 **搏腊猶把作麤皃也** 畢沅曰搏腊猶言不借聲少異爾恐非把作之義一本作把鮓當亦音之轉 **荆州人曰麤** 畢沅曰今本作麤不從艸說文麤艸履也从艸麤聲 **絲麻韋草皆同名也** 畢沅曰今本脫絲字據御覽引增 **麤措也言所以安措足也** 葉德炯曰方言扉屨麤履也徐兗之郊謂之扉自關而西謂之屨中有木者謂之複舄絲作者謂之履麻作者謂之不借南楚江沔之間總謂之麤成國諸義皆本此但方言舉齊兗闕

西南楚江沔此則兩舉齊人以雄所采者絕國之離詞劉所錄者近鄉之古音也

屩草屨也先謙曰吳校無此句屩蹻也出行著之蹻蹻輕便畢沅曰說文蹻舉足行高也故曰輕便因以爲名也畢沅曰御覽引作屩草屨也出行著之云云今本作屩蹻也出行著之云云兩者一釋其物一釋其名義當備存之乃無歎葉德炯曰戰國策蘇秦贏滕履蹻蹻卽屩也古字本通滕蹻皆輕便之物

屐楮也爲雨足楮以踐泥也畢沅曰今本雨作兩誤也據御覽引改案楮者柱砥所以承柱使不陷入地中屐以楮足使可踐泥雖雨甚泥濫不陷入泥中也故曰屐楮也爲雨足楮以踐泥也楮从木不从手諸本輒作手旁者非也

鞾跨也畢沅曰說文無鞾字新附有之云鞮屬兩足各以一跨騎也本胡服趙武靈王服之畢沅曰下九字今本脫北堂書鈔廣韻御覽引皆有今據補蘇輿曰御覽服章部作鞾本胡名也趙武靈王始服之

鞾韡畢沅曰兩字皆說文所無鞾之缺前壅者胡中所名也鞾韡猶速獨畢沅

曰音亦**足直前之言也**孫詒讓曰說文無䩭韡二字皇象碑本相似急就篇作索擇較爲近古疑漢人本如此作也逸周書太子晉篇云師曠束躅其足孔注束躅踏也疎本誤束據北堂書鈔御覽人事部校正政此速獨當卽束躅足踏向前故云足直前之言

鞵解也著時縮其上如履然解其上則舒解也葉德炯曰說文革部鞵革生鞮也淮南齊俗訓不亟於爲文句疏短之鞵作鞵與此同先謙曰吳校鞵作鞋

帛屐以帛作之如屩也畢沅曰說文屩屐也屐屩也王啟原曰如屩也呂本作如屩者**不曰帛屩者屩不可踐泥也屐可以踐泥也**畢沅曰今本作屐踐泥者也據御覽引改**此亦可以步泥而浣之故謂之屐也**蘇輿曰御覽服章十二引云帛屐以帛作屐如屩者也不曰帛屩而曰帛屐者屩不可以踐泥屐可以踐泥也故謂之屐

晚下畢沅曰當作鞔下方言云自關而東謂之複履其下單者謂之鞔下**如舄其下晚晚而危**畢沅曰晚晚當作宛宛**婦人短者著之可以拜也**

靸韋履深頭者之名也靸襲也以其深襲覆足也畢沅曰說文靸小兒履也義與此異

仰角畢沅曰仰說文作𩊚云𩊚角鞮屬也从革卬聲方言大麤謂之𩊚角郭注今漆履有齒者屐上施履之名也行不得蹶當仰履角舉足乃行也王啟原曰方言已云𩊚角說文引楊雄說故亦云𩊚角史游急就章靸鞮卬角褐襪巾假卬爲仰是有仰角之名如成國所言則今湘中之屐卽其遺制

釋宮室第十七

宮穹也屋見於垣上穹隆然也畢沅曰御覽引作屋見垣上穹隆也初學記爾雅疏引作言屋見於垣上穹崇然也王啟原曰按爾雅大山宮小山霍宮固環繞之謂然山大自穹隆亦自有穹義曲禮疏論其四面穹隆則謂之宮

室實也人物實滿其中也畢沅曰御覽引脫人字爾雅疏引作言人物實滿於其中也王先慎曰說文室實也廣雅同曲禮正義因其財物充實曰室室之言實也

室中西南隅曰奧不見戶明所在祕奧也畢沅曰爾雅西南隅謂之奧孫炎注室中隱奧之處也西北隅曰屋漏禮每有親死者輒徹屋之西北隅薪以爨竈煮沐供諸喪用畢沅曰喪用沐尸之用也禮喪大記說沐尸之事云管人受沐乃煮之甸人取所徹廟之西北厞薪用爨之時若直雨則漏遂以名之也畢沅曰爾雅西北隅謂之屋漏孫注屋漏者當室之白日光所漏入說與此異必取是隅者禮既祭改設饌于西北隅畢沅曰儀禮特牲篇尸謖之後佐食徹尸薦俎敦設於西北隅几在南厞用筵納一尊佐食闔牖戶降今徹毀之示不復用也東南隅曰窔窔幽也亦取幽冥也畢沅曰東南隅乃室中出入所由其南即堂也明爽之處不得云幽冥說文官戶樞聲室之東南隅也則當作官爾雅東南隅謂之宎郭注宎亦隱闇蓋今之爾雅出於郭璞頗多紕繆此襲釋名之謬而又譌窔爲宎也釋文宎本或作官官乃官字之誤爾據此可知古之爾雅實作官說文之所本也東北隅曰宧宧養也東北陽氣始出布養物也畢沅曰爾雅東北隅謂之宧李巡注東北者陽氣始起育養萬物故曰宧宧養也說文宧養也室之東北隅食所居也中央曰中霤古

者寑穴後室之霤當今之棟下直室之中古者霤下之處也畢沅曰寑穴今本作寑穴訛案鄭注禮記月令中霤猶中室也土主中央而神在室古者複穴是以名室爲霤今據改

宅擇也擇吉處而營之也畢沅曰初學記御覽引擇吉上有言字

舍於中舍息也葉德炯曰公羊襄七年傳未至乎舍而卒也注舍昨日所舍止處也

宇羽也如鳥羽翼自覆蔽也葉德炯曰詩斯干如鳥斯革如翬斯飛正以鳥羽比興屋宇爾雅釋樂羽謂之柳釋文引劉歆注羽宇也物聚藏宇覆之也是羽宇古又轉注均取覆蔽之義

屋奧也畢沅曰今本奧上衍亦字據御覽引刪其中溫奧也葉德炯曰易曰上棟下宇以待風雨葢取諸大壯案大壯卦上乾下震均陽卦也陽有溫奧之義屋奧本雙聲於字母同屬影字紐

宗廟宗尊也廟貌也先祖形貌所在也畢沅曰今本無首五字據北堂書鈔藝文類聚初學記引增宗尊也三字則兼釋宗廟二字矣此書之中凡兼釋兩字者必先總目兩字乃後析其字而分釋之釋姿容篇正多此例茲依仿之增宗廟二字

寢寢也所寢息也葉德炯曰說文寢臥也臥休也均寢息之義爾雅釋宮室有東西箱曰廟無東西箱有室曰寢公羊宣十六年傳注義同此與上廟貌也爲對文如宅舍屋宇之例畢於廟貌上增宗廟宗尊也五字非是

城盛也盛受國都也王先慎曰說文城以盛民也从土从成成亦聲古今注城者盛也所以盛受民物也

郭廓也廓落在城外也畢沅曰郭說文以爲𩫏之郭氏其城郭字作𩫏从回象城𩫏之重兩亭相對也今則通用郭矣廓字亦不見說文

城上垣曰睥睨畢沅曰當作俾倪**言於其孔中睥睨非常也**畢沅曰一切經音義引作城上小垣曰睥睨言於孔中睥睨非常事也**亦曰陴**畢沅曰說文陴城上女牆俾倪也从𨸏卑聲籒文作𩫮从𩫏左昭十八年傳子產授兵登陴**陴裨也言裨助城之高也亦曰女牆言其卑小比之於城若女子之於丈夫也或名堞**畢沅曰說文作堞云城上女垣也从土枼聲今則省去艸矣**取其重疊之義也**畢沅曰今本脫或名堞以下據一切經音義引增

寺嗣也治事者相嗣續於其內也畢沅曰今本脫相字據一切經音義廣韻引增葉德炯曰

後漢和帝紀注引風俗通云寺者嗣也理事之吏嗣續於其中也此義所本又光武紀注引風俗通云寺者司也諸官府所止皆曰寺別一義

廷停也人所停集之處也畢沅曰今本脫下停字據廣韻引增停當即用亭說見前葉德炯曰後漢書郭太傳注引風俗通云廷正也言縣廷郡廷朝廷皆取平均正直也與此義異

獄确也畢沅曰說文同王啟原曰詩行露傳獄埆也正義引鄭駁異義獄者埆也因證於角核之處釋文引盧植說獄相質觳爭訟者也埆觳與确同言實确人情僞也畢沅曰今本無言字人下有之字據初學記引增刪又謂之牢畢沅曰牢本所以閑牛馬者其獄亦謂之牢史記天官書斗魁中有貴人之牢杓有賤人之牢言所在堅牢也又謂之圜土畢沅曰周禮大司寇云以圜土聚教罷民鄭注圜土獄城也言築土表牆畢沅曰今本作築其表牆據初學記御覽引增改其形圜也畢沅曰鄭注周禮比長云獄必圜者規主仁以仁心求其情古之治獄閔於出之又謂之囹圄畢沅曰明堂月令仲春省囹圄鄭注囹圄所以禁守繫者若今別獄矣囹領也圄禦也領錄囚徒禁禦之也蘇輿曰月令正義引蔡邕云囹牢也圄止

也所以止出入皆罪人所舍也又引崇精問曰獄周曰圜土殷曰羑里夏曰均臺囹圄何代之獄焦氏答曰月令秦書則秦獄名也漢曰若盧魏曰司空是也案蔡邕獨斷及廣雅竝云周曰囹圄據成國以圜土囹圄竝釋是囹圄卽圜土別稱一以形言一以義言周獄有二名也焦說非

亭停也亦人所停集也畢沅曰御覽引無亦字葉德炯曰說文亭民所安定也亭有樓从高省丁聲亭定亦疊韻字

傳傳也蘇輿曰傳傳也當作傳轉也傳轉形近而亂下轉轉卽釋轉字之義本書釋書契篇傳轉也轉移所在執以爲信也正與此同**人所止息而去後人復來轉轉相傳無常主也**畢沅曰今本轉字不重據廣韻引增主廣韻御覽皆引作人不從葉德炯曰程敦泰漢瓦當文字有櫻桃轉舍瓦是古傳舍字直作轉舍

瓦踝也踝确堅貌也葉德炯曰古瓦有當向外瓦與當連如人足之與踝近世所傳漢瓦晉瓦整者尚多亦其質之堅确故也說文瓦土器已燒之總名以瓦釋瓦器與此義別**亦言腂也在外腂見也**畢沅曰腂字說文所無據外見之義字當作裸袒之裸

梁彊梁也先謙曰吳校彊上有言字釋宮朵廇謂之梁注梁屋大梁也莊子山木篇釋文彊梁多力也詩蕩疏彊梁任威使氣之貌梁在屋上有居高負重之象故以彊梁訓之說文彊弓有力也屋梁橋梁皆以勁直負重爲能合之可得彊梁二字之誼

柱住也畢沅曰說文無住字當作𨒛先謙曰文選東征賦注引蒼頡篇云駐住也是漢世有住字說文未收住駐柱皆取止而不動之義本書釋姿容駐株也如株木不動也彼以株訓駐與此以住訓柱同意

檼隱也所以隱桷也畢沅曰隱之言安也**或謂之望言高可望也**畢沅曰望與甍音亦相近此下又別出甍先謙曰望與甍音似不近此義它書不見**或謂之棟**畢沅曰說文檼棼也棼複屋棟也

棟中也居屋之中也王啟原曰鄭注鄉射禮記序則物當棟云正中曰棟

桷确也其形細而疏确也吳翊寅曰說文觕角長貌疑此當云桷觕也其形細而疏觕也與獄确也之确異**或謂之椽椽傳也相傳次而布列也或謂之榱在檼旁下列衰衰然垂也**畢沅曰說文榱秦名爲屋椽周謂之榱齊魯謂之桷案易漸釋文引作秦曰榱周謂之椽

梠，旅也。連旅旅也。蘇輿曰：御覽居處十六引作連旅之。或謂之櫋，畢沅曰：櫋今本作槾，誤也。據御覽引改。說文：梠，楣也。楣，秦名屋櫋聯也。齊謂之檐，楚謂之梠。櫋，緜也，緜連榱頭使齊平也。畢沅曰：說文：櫋，屋櫋聯也。緜連猶櫋聯也。上入曰爵頭，形似爵頭也。孫詒讓曰：淮南子本經訓緜聯房植，高注：緜聯，聯受雀頭著桷者。今本緜誤緜，此從王氏念孫校正。方言：屋梠謂之櫺，郭注：雀梠，郎屋檐也，亦呼爲連緜。連緜郎緜連之倒文，雀梠亦郎雀頭也。爵雀字通。

楣，眉也，近前各兩，若面之有眉也。畢沅曰：今本脫各兩二字，據廣韻引增。蘇輿曰：本書釋水：湄，眉也，臨水如眉臨目也。湄、楣並依聲取義。說文：梠，楣也。廣雅釋宮：楣，梠也。士喪禮鄭注：宇，梠也。室曰楣，宇人曰眉，宇竝取雙列下垂之義，故得互稱矣。

棳儒，吳翊寅曰：吳校作棳檽，是也。檽與楓同。廣韻：楓，梁上柱。梁或作檽。論語：藻棁。皇疏：梁上楹，郎是檽。此及下棳儒，誤。梁上短柱也。棳儒猶侏儒，短，故以名之也。畢沅曰：爾雅：梁上楹謂之棁。孫炎注：梁上侏儒柱也。漢書東方朔云：侏儒長三尺餘，則侏儒，短人之偁，遂以名短柱也。葉德炯曰：武梁祠石室畫像弟三層有殿閣一所，旁有

兩柱刻短人承屋梠左柱直立以二手承之右柱倒立以一足承之殆亦因侏儒而取象

梧在梁上兩頭相觸啎也畢沅曰梧下當有啎也二字今本梧啎皆从牛旁譌也文選長門賦離樓梧而相樘李善注引漢書音義臣瓚曰邪柱爲梧又景福殿賦桁梧複疊李善注梧柱也音悟

欒攣也其體上曲攣拳然也畢沅曰文選張平子西京賦薛綜注欒柱上曲木兩頭受櫨者引此作欒柱上曲拳也

櫨在柱端如都盧負屋之重也畢沅曰說文櫨柱上柎也都盧善緣高者見漢書故以相況先謙曰淮南本經訓注櫨柱上柎即梁上短柱也都盧見西域傳亦見文選西京賦

斗在欒兩頭如斗也斗負上員檼也先謙曰斗負上員檼也吳校作亦言斗上負檼也

笮迮也編竹相連迫迮也畢沅曰說文笮迫也在瓦之下棼上从竹乍聲葉德炯曰釋宮屋上薄謂之筄郭注屋笮又漢武梁祠畫像顏淑握火題字蒸盡擿笮續之笮即笮也事詳詩巷伯傳先謙曰屋笮迫近瓦下故取迫迮爲義笮有迮義故笮迮互通詩雨無正箋其急笮且危急釋文笮本作迮是也急用竹器多以笮名本書釋兵受矢之器織竹

曰笮相迫笮之名也矢是迫急所用故箙亦受笮名又作筰本書釋船引舟者曰筰筰作也作起也起舟使動行也起舟迫急之事故引舟者亦名笮也又編竹爲橋以索貫之亦曰笮唐杜甫詩連笮動嬝娜征衣颯飄颻余曾過之急起直行不容駐足數事皆與迫迮義證合

屋脊曰甍甍蒙也在上覆蒙屋也畢沅曰說文甍屋棟也从瓦夢省聲蘇輿曰程氏易疇通藝錄云甍者蒙也凡屋通以瓦蒙之曰甍故其字從瓦與此訓合但此專主屋脊言耳

壁辟也所以辟禦風寒也畢沅曰今本脫所以二字據御覽引增蘇輿曰御覽居處十五引禦作斷

牆障也所以自障蔽也畢沅曰說文牆垣蔽也从嗇爿聲蘇輿曰左昭元年傳人之有牆以蔽惡也

垣援也人所依阻以爲援衞也蘇輿曰御覽居處十五引無依字

墉容也所以蔽隱形容也畢沅曰容之義爲容受非取形容也說見前

籬畢沅曰離上加竹俗字說文所無離也以柴竹作之疏離離然也畢沅曰今本無然字據一切經音義引增青徐曰椐椐居也居於中也蘇輿曰椐椐與據同廣雅釋宮椐杝也杝即今籬

字樣玉篇音渠

栅蹟也以木作之上平蹟然也先謙曰本書釋書契冊蹟也敕使整蹟不犯之也以蹟訓冊與以蹟訓栅聲例相同平蹟猶整蹟意又謂之徹徹緊也畢沅曰今本徹從手旁俗也古通用徹先謙曰士冠禮注徹斂也素問氣交變大論其化緊斂注緊縮也凡物緊密則似縮斂故名爲徹而釋以緊詵詵然緊也先謙曰詩螽斯傳詵詵眾多也

殿有殿鄂也畢沅曰殿本作殿御覽引作殿典也或非劉熙書先謙曰殿鄂蓋不平之貌亦見釋形體釋言語篇鄂作遻

陛卑也有高卑也天子殿謂之納陛言所以納人言之階陛也畢沅曰漢書王莽傳注孟康云納內也謂鑿殿基際爲陛不使露也師古曰孟說是也尊者不欲露而升陛故內之於霤下也諸家之釋義皆不了案此書之說蓋亦顏所不取

階梯也如梯之有等差也葉德炯曰周語夫婚姻禍福之階也注階梯也越語以爲亂梯注梯階也

是階梯古本轉注說文亦云梯木階也成國注孟子揖階云階梯也與此合

陳，堂塗也。畢沅曰爾雅堂塗謂之陳今本作途字俗據毛詩陳風傳作堂塗說文但作涂**言賓主相迎陳列之處也。**畢沅曰儀禮鄉飲酒禮云主人與賓三揖鄭注三揖者將進揖當陳揖當碑揖故曰賓主相迎陳列之處

屏，自障屏也。畢沅曰爾雅屏謂之樹論語邦君樹塞門是自障屏也葉德炯曰淮南主術天子外屏所以自障高誘注屏樹垣也蘇輿曰御覽居處十三引風俗通云屏卿大夫以帷士以簾稍有第以自障蔽也示臣臨見自整屏氣處也

蕭廧在門內。蕭，肅也。臣將入於此，自肅敬之處也。畢沅曰今本肅也譌作蕭也又脫臣字據御覽引增改又敬字彼作警葉德炯曰論語季氏而在蕭牆之內也集解引鄭注蕭之言肅也蕭牆謂屏也君臣相見之禮至屏而加肅敬焉是以謂之蕭牆

宁，佇也。將見君所佇立定氣之處也。畢沅曰兩佇字人旁亦後人所增爾雅門屏之間謂之宁郭注人君視朝所宁立處尙不作人旁葉德炯曰爾雅正義引孫炎注門內屏外人君視朝所宁立處也

序，次序也。 畢沅曰：爾雅「東西牆謂之序」。蘇輿曰：御覽居處十三引爾雅犍爲舍人注云「殿東西堂序尊卑處」，與此次序義合。郭注云「所以序別內外也」，別一誼。

夾室在堂兩頭，故曰夾也。 葉德炯曰：書洛誥「王入太室祼」，釋文引馬注「太室，廟中之夾室」，即此。其前堂曰廂，爾雅釋宮「室有東西廂曰廟」，疏引孫炎云「夾室前堂」。儀禮覲禮注「東廂，東夾之前，相翔待事之處也」。禮注但云東夾，其西夾可推而知。蓋廟制中爲太室，東西序外爲夾室，夾室之前小堂爲東西廂。此云在堂兩頭，正當左右个之地，亦如世說新語所云「士龍住東頭，士衡住西頭」也。

堂猶堂堂，高顯貌也。 畢沅曰：藝文類聚、御覽引皆不異，初學記引作「堂謂堂堂，高明貌也」，中宗諱顯，故改之。

房，旁也，室之兩旁也。 畢沅曰：今本作「在堂兩旁也」。案古者宮室之制，前堂後室，堂之兩旁曰夾室，室之兩旁乃謂之房，房不在堂兩旁也。御覽引作「室之兩旁也」，據改。

楹，亭也，亭亭然孤立，旁無所依也。齊魯讀曰輕， 吳翊寅曰：吳校作「齊魯謂楹曰

輕案此與齊魯謂光爲桄齊人謂涼爲惠齊魯謂庫曰舍同例當從之

輕勝也孤立獨處能勝任上重也王先愼曰廣韻楹輕在十四清亭在十五靑靑清同部勝在十六蒸與靑清部不通段氏音韻表盈聲丁聲巠聲之字在十一部朕聲之字在六部蓋成國鄉音輕字重讀如勝故分別釋之

檐接也接屋前後也畢沅曰今本作簷檐也接檐屋前後也據御覽引改吳翊寅曰吳校依原本是也本書以檐爲儋何字故簷訓爲檐謂相接儋何屋前後也簷檐並从詹聲畢改非是

霤流也水從屋上流下也畢沅曰說文霤屋水流也从雨畱聲葉德炯曰卽今之筧也漢以銅爲之漢書宣帝紀金芝九莖產於函德殿銅池中注引如淳曰銅池承霤也是也筧字說文所無玉篇有之云以竹通水也葢卽此物

闕闕也在門兩旁中央闕然爲道也畢沅曰今本脫闕也二字據藝文類聚引增葉德炯曰說文闕門觀也水經穀水注引風俗通云門必有闕者所以飾門別尊卑也

罘罳在門外罘復也罳思也畢沅曰說文無罳字御覽引無罳思也三字蘇輿曰廣雅釋宮罘罳

謂之屏水經穀水注及御覽引並作復思則罘罳有直作復思者或作桴思見明堂位疏或作浮思見考工記匠人注或作罦思見宋玉大言賦或作罘思見漢書文帝紀顏注其實一也古今注云罘罳屏之遺象漢西京罘罳合版爲之亦築土爲之每門殿舍前皆有焉於今郡國廳前亦樹之**臣將入請事於此復重思之也**畢沅曰漢書王莽傳遣使壞渭陵延陵園門罘罳曰毋使民復思也皮錫瑞曰明堂位疏屏注今桴思也刻之爲雲氣蟲獸如今闕上爲之矣正義人臣至屏俯伏思念其事桴思小樓也城隅闕上皆有之

觀觀也於上觀望也畢沅曰御覽引脫觀也二字葉德炯曰釋宮觀謂之闕詩子衿正義引孫炎注宮門雙闕舊章懸焉使民觀之因謂之觀

樓言牖戶諸射孔婁婁然也畢沅曰今本作樓謂牖戶之間有射孔樓樓然也御覽引作樓有戶牖諸孔婁婁然也茲從初學記所引初學記婁字加心旁譌也不可從說文婁空也作婁爲是

臺持也築土堅高能自勝持也畢沅曰初學記御覽引築土上有言字爾雅四方而高曰臺葉德炯曰淮南俶眞訓臺簡以游太清高誘注臺猶持也按說文握搤持也下重文列古文作臺與臺形近疑古握臺爲一字故

均有持訓也握从手屋聲屋从尸从至臺从㞢从至从高省說文凡二从字其一多兼聲屋臺疑均从至得聲至持一韻故聲義相通假也又屋下古文作臺亦與臺臺形相近

櫓露也露上無屋覆也畢沅曰一切經音義引作櫓者露也謂城上守禦露上無覆屋也

門捫也在外爲人所捫摸也畢沅曰初學記引在外上有言字

障衛也吳翊寅曰吳校作闌衛也在內以自障衛也案障列此不類障衛聲亦不近闌與門對文當從之

戶護也所以謹護閉塞也王啟原曰說文戶護也呂氏春秋君守篇中欲不出謂之扃外欲不出謂之閉言閉者專主止言小爾雅云戶止也

窻聰也於內窺外爲聰明也畢沅曰窺御覽引作視廣韻引作見爲廣韻引作之案大戴盛德篇一室而有四戶八聰是窻亦可作聰皮錫瑞曰風俗通十反篇蓋人君者闢門開窻號咷博求左文十八年傳杜預注闢四門達四窻以賓禮眾賢蓋今文尚書四聰有作四窻者

屋以草蓋曰茨茨次也次比草爲之也畢沅曰說文茨以茅葦蓋屋从艸次聲

寄止曰廬畢沅曰止今本譌作上據一切經音義引改說文廬寄也秋冬去春夏居从广盧聲廬慮也取

自覆慮也畢沅曰一切經音義引作取其止息覆慮也蘇輿曰晉語先主覆露子此覆慮猶云覆露慮露古同聲本書釋天露慮也覆慮物也

草圓屋曰蒲蒲敷也總其上而敷下也又謂之庵畢沅曰此俗字也又或奄上加艸玉篇以葊爲古文菴皆不見於說文鄭注禮記喪服四制云闇謂廬也又注尙書無逸亦云闇廬也則此義當作闇

庵奄也所以自覆奄也畢沅曰或曰說文有盦字云覆蓋也義亦可通於庵蘇輿曰御覽居處九引云圜屋曰庵庵掩也自覆掩也

大屋曰廡畢沅曰說文廡堂下周屋从广無聲廡幠也幠覆也并冀人謂之庌畢沅曰并冀一切經音義引作幽冀玉篇同說文庌廡也从广牙聲庌正也屋之正大者也蘇輿曰御覽居處九引風俗通云客堂曰庌先謙曰庌正也吳校作庌雅也雅正也是

井清也泉之清潔者也井一有水一無水曰瀱汋畢沅曰名義本之爾雅

濶竭也畢沅曰說文立部云竭負舉也義與此別水部云涸渴也渴盡也茲似當作渴音其薛反然詩召旻池之竭矣不云自頻泉之竭矣不云自中相仍作竭已久故不改蘇輿曰爾雅郭注以爲山海經天井之類中山經云視山其上多韭有井焉名曰天井夏有水冬竭此訓濶爲竭是其義也**汋有水聲汋汋也**畢沅曰說文汋激水聲也

竈造也創造食物也畢沅曰創造今本作造創藝文類聚引作創造茲據以更之創字義與此異當作刱俗以音同而誤通也周禮膳夫卒食以樂徹於造造謂造作食物之處

爨銓也銓度甘辛調和之處也畢沅曰說文盉調味也从皿禾聲味相譍也从口禾聲今人率通用和字

倉藏也藏穀物也畢沅曰藏古但作臧才郎反俗書乃加艸說文倉穀臧也倉黃取而臧之故謂之倉从食省口象倉形

庫舍也物所在之舍也畢沅曰初學記引物上有言字**故齊魯謂庫曰舍也**畢沅曰庫讀爲舍方言之異非有兩字也後漢時有庫鈞其先世爲守庫大夫以官爲氏者也庫字从广姓苑乃改广从厂是因有

異音而變文以別異之謞舛甚矣廣韻遂於禡部舍下附一厂下著車之字音則是而文則非矣

庛匇也匇聚也畢沅曰說文匇聚也从勹九聲讀若鳩**牛馬之所聚也**王啟原曰說文庛馬舍也䆎古文从九故云匇也牛舍古書無云庛者牛當作生顏師古注急就篇云庛生馬所聚也全用本書文是其證

廩矜也寶物可矜惜者投之於其中也畢沅曰顏師古注急就篇云京方倉也一曰京之言矜也寶貴之物可矜惜者藏於其中也案師古注書好竊前人之說掩爲已有凡所稱引輒没其由來所稱一曰云云大略與此文同其正引此書與意此條之廩當爲京也

囷綣也藏物繾綣束縛之也葉德炯曰說文囷廩之圜者从禾在口中圜謂之囷方謂之京案禾在口中亦是束縛之義

庾裕也言盈裕也露積之言也畢沅曰說文庾字後一義云倉無屋者故曰露積**盈裕不可勝受所以露積之也**王啟原曰不可勝受呂本作不可稱受

囤屯也屯聚之也畢沅曰說文笹篅也从竹屯聲此囤乃俗字

圌以草作之團團然也畢沅曰說文篅以判竹圜以盛穀也从竹耑聲此作圌亦俗字王啟原曰本書言以草作之與說文異故蒼頡篇亦作圌云圌倉也漢人則多从竹淮南子精神篇急就章俱言篅笣齊民要術種稻法淨淘種子漬經三宿漉出內草篅裛明言草作而字作篅

廁雜也畢沅曰今本脫雜也二字據廣韻引增**言人雜廁在上非一也**畢沅曰今本脫廁字據一切經音義御覽引增廣韻引作言人雜廁其上也**或曰溷**畢沅曰一切經音義引作圂**言溷濁也**

或曰圊畢沅曰圊亦俗字據一切經音義御覽引皆作清說文廁清也清夕青反下同蘇輿曰急就章云屏廁清溷糞土壤字亦作清注云廁之言側也亦謂僻側也別一義**言至穢之處宜常修治使潔清也**

或曰軒前有伏似殿軒也孫詒讓曰後漢書李膺傳羊元羣罷北海郡贓罪狼籍郡舍溷軒有奇巧載之以歸李注溷軒廁屋也論衡幸偶篇云均之土也或基殿屋或塗軒戶皆稱溷爲軒之證

泥邇也邇近也葉德炯曰泥邇古聲同易姤繫于金柅釋文引子夏易作繫于金鑈泥又與尼通漢夏堪碑仲泥何侘即仲尼也說文尼从後近之與邇近也同訓成國此釋足見漢末音之近古**以水沃土使相黏近**

也葉德炯曰易震震遂泥李鼎祚集解引虞注云坤土得雨爲泥

塗杜也杜塞孔穴也蘇輿曰塗在說文新附字中當作涂塗杜雙聲小爾雅廣詁杜塞也

堊亞也次也先泥之次以白灰飾之也畢沅曰說文云堊白涂也从土亞聲先謙曰吳校次也上有亞字是

墍猶熠熠細澤貌也畢沅曰說文墍仰涂也从土旣聲無熠字詩小雅斯干云噦噦其冥箋云噦噦猶熠也寬明之貌書梓材云旣勤垣墉惟其塗墍茨蓋加塗墍之功斯細澤而光明也

釋名疏證補卷第五

釋名疏證補卷第六

長沙王先謙譔集

釋牀帳第十八

人所坐臥曰牀牀裝也所以自裝載也長狹而卑曰榻畢沅曰舁字加木旁俗言其榻然近地也畢沅曰今本其下衍鶴字據北堂書鈔引刪小者曰獨坐主人無二獨所坐也王啟原曰一切經音義四引埤蒼枰榻也謂獨坐板牀也服虔通俗文則云牀三尺五曰榻板獨坐曰枰八尺曰牀榻枰異實以榻釋枰對文異散則通也水經注湘水篇云賈誼宅有一腳石牀纔容一人坐云誼宿所坐牀是卽枰也

枰平也畢沅曰說文枰平也从木从平平亦聲以板作之其體平正也畢沅曰今本脫之字據一切經音義引增王啟原曰枰有二義一曰碁枰方言所以投簿謂之枰是也一卽謂獨坐牀此與牀相次當指小牀上當

有亦曰二字連上爲一條

几㡯也所以㡯物也畢沅曰㡯九委反㡯之言閣也今本作展因形近而譌御覽引作庋㡯與庋皆說文所無鄭注攷工記玉人曰祈沈以馬釋文引小爾雅祭山川曰祈沈又引爾雅祭山曰㡯縣祭川曰浮沈而音祈爲九委反然則古當借祈爲㡯字與

筵衍也舒而平之衍衍然也葉德炯曰周禮春官序司几筵注鋪陳曰筵說文筵竹席也从竹延聲周禮云度堂以筵筵一丈案許所引即考工記堂上度以筵文其云筵一丈或本師說

席釋也可卷可釋也畢沅曰說文席籍也案鄭注周禮春官敘官云鋪陳曰筵藉之曰席則籍之義優於釋王啟原曰釋亦藉也說文藉祭藉也儀禮聘禮記出祖釋軷禮記月令習舞釋菜皆祭藉之義楚辭惜誦欲釋階而登天兮言藉階登天也王逸訓釋爲置非

簟覃也布之覃覃然平正也葉德炯曰說文衍長行也覃長味也簟之訓覃與筵之訓衍皆取長義

薦所以自薦藉也蘇輿曰薦葢草席之名卽釋器所云蓐謂之茲也一切經音義引三蒼及華嚴經音義引聲類竝云蓐薦也史記周本紀集解引徐廣云茲者藉席之名此以薦爲薦藉卽所云藉席也說文薦獸之所食艸从廌从艸薦以草爲之故取名焉其有著者則謂之茵少儀鄭注所云茵著席是也

蒲平畢沅曰今本作蒲草也誤據御覽引改說文蒻蒲子可以爲平席鄭注禮記間傳云苄今之蒲苹也鄭又注周禮車僕云故書苹作平則平苹古今字此作蒲平極是以蒲作之其體平也

氈旃也王先愼曰說文氈从毛亶聲旃或从亶作旜二字均從亶得聲老子王注必知氈裘釋文氈本作旃是氈旃通用毛相著旃旃然也

褥辱也人所坐褻辱也畢沅曰衣旁作褥俗字也於文當作蓐

裘溲猶婁數毛相離之言也畢沅曰一切經音義裘溲作氍毹乃說文新附字成蓉鏡曰卽氍毹之聲轉蘇輿曰成說是御覽七百八引通俗文云織毛褥謂之氍毹聲類氍毹毛席也

榻登施之承大牀前小榻上登以上牀也畢沅曰今本作榻登施大牀之前小榻之

上所以登牀也據後漢書注引改一切經音義引作㲪毲施之大牀前小榻上所以登上牀者因以名焉案㲪毲亦說文新附字成蓉鏡曰御覽七百八引通俗文氍毹細者謂之㲪毲名㲪毲者施大牀之前小榻之上所以登而上牀也王啟原曰榻登之物緣榻以登而名故說文無㲪毲字然成國之前已有作㲪毲者如成所引服虔通俗文是也東觀漢記景丹率衆至廣阿光武出城外下馬坐㲪毲上設酒肉班固與弟書月支㲪毲大小相雜但細好而已皆在成國前㲪毲以毛爲之故制字从毛也

貂席連貂皮以爲席也 葉德炯曰西京雜記云昭陽殿設綠熊皮席毛皆長一尺餘此亦貂席之屬御覽獸部二十四引東觀漢記云建武二十五年烏桓國詣闕朝賀獻貂皮

枕檢也所以檢項也 蘇輿曰說文枕臥所薦者也易坎六三險且枕釋文云古文及鄭向本險作檢虞翻云檢止也項承於枕止其所而不遷故云所以檢項

帷圍也所以自障圍也 畢沅曰說文在旁曰帷在旁故曰障圍也此當作障囗說文囗象回帀之形圍訓守也兩義不同今人多通用

幕幕絡也在表之偁也葉德炯曰說文幕帷在上曰幕覆食案亦曰幕案漢朱鮪墓石室畫象二十五幅凡下有杯勺尊盤人物上皆有幕懸空此正覆食案之幕

小幕曰帟張在人上葉德炯曰北堂書鈔儀飾部二引無人字帟帟然也畢沅曰鄭注禮記檀弓上君於士有賜帟云帟幕之小者所以承塵又注周禮幕人云帟主在幕若幄中坐上承塵說文新附有帟字

幔漫也漫漫相連綴之言也畢沅曰漫字當從說文作曼曼引也據云相連綴自當用曼引之曼今加水旁俗

帳張也張施於牀上也王啟原曰史記高帝紀復留止張飲三日注張幃帳也漢書龔遂傳水衡與上林禁苑共張官館注師古云共音居用反張音知亮反後漢書班固傳供張置乎雲龍之庭注供張供設帷帳也則言張即為帳故說文亦云帳張也

小帳曰斗帳形如覆斗也畢沅曰今本脫斗下帳字據廣韻引增王啟原曰玉臺新詠古詩為焦仲卿妻作紅羅複斗帳四角垂香囊

㡘廉也自障蔽為廉恥也畢沅曰說文㡘帷也从巾兼聲葉德炯曰㡘即簾也北人以帛為之南人

以竹爲之故其字从巾从竹兩相通用御覽服用部二引西京雜記云漢諸陵寢皆以竹爲簾也又引晉東宮故事云簾箔皆以青布緣純此以帛爲簾也說文簾堂簾也與嗛異訓御覽又引通俗文戶帷爲簾亦以簾當嗛簾爲蔽障之物故御覽引夢書云夢簾屏風蔽匿一身也

幢容幢童也 畢沅曰今本作幢容也案童容加巾旁俗字也章懷注後漢書班超傳引幢童也其貌童童然則此也字上本有幢童二字今據補鄭仲師注周禮巾車云容謂襜車山東謂之常帷或曰童容鄭康成箋氓詩云帷裳童容也

施之車蓋童童然以隱蔽形容也 畢沅曰當云童童然容隱也若形容字本作頌王啟原曰蜀志先主傳舍東南角籬上有桑樹生高五丈餘遙望見童童如小車蓋或其枝葉童容可隱若魏文帝雜詩西北有浮雲亭亭如車蓋雲高非可隱故云亭亭不云童童也

戶嗛施之於戶外也 先謙曰此則今之門簾但言嗛蓋形製差小專施於隱闇之處以自障蔽故云爲廉恥也

牀前帷曰帖言帖帖而垂也 畢沅曰三帖字御覽引皆作襜葉德炯曰說文無襜字故借帖爲之

御覽引作幨从俗也又引通俗文云幬牀曰幨字亦作襜先謙曰此今之牀襜亦曰牀幔

幄屋也以帛衣板施之形如屋也 畢沅曰說文楃木帳也从木屋聲無幄字後人以帛衣板乃始易木从巾王啟原曰周禮幕人掌帷幄帟綬之事注幄四合象宮室此正以屋訓幄漢書陸賈傳去黃屋稱制注黃屋謂車上之蓋也獨斷云黃屋者以黃爲裏也是乘輿之黃屋卽黃幄幄之制必先立板而後帛有所傅自有幄已然周禮已作幄不得謂後人易木从巾以帛衣板故經典从巾作幄說文从木作楃各有所當不容偏主

承塵施於上以承塵土也 畢沅曰今本無以字據御覽引增成蓉鏡曰周禮幕人注帟主在幕若幄中坐上承塵禮記檀弓君於士有賜帟注帟幕之小者所以承塵後漢書雷義傳金主伺義不在猒投金於承塵上抱朴子見獮猴走上承塵上御覽七百一引語林云傅信取雞鴨去毛置承塵上太平廣記二百九十二引列異傳漢中有鬼神欒侯常在承塵上今江淮閒謂之仰塵蘇輿曰承塵亦有單言塵者楚辭招魂經堂入奧朱塵筵些王逸注塵承塵也

搏壁以席搏著壁也 畢沅曰楚詞薜荔拍兮蕙綢王逸注拍搏壁也拍一作柏竝音博

扆倚也在後所依倚也 畢沅曰扆古通作依儀禮覲禮曰天子衮冕負斧依周禮司几筵王位設黼依

依前南鄉鄭注依之制如屏風然皮錫瑞曰魏書李謐明堂制度論引鄭康成三禮圖云扆從廣八尺畫斧文於其上今之屏風也

屏風言可以屏障風也 王啟原曰經典或言屏或言樹無言屏風者鄭注禮則屢舉若今屏風屏風始見燕丹子八尺屏風可度而越葢秦蔑古法不合古制名之屏風言其用耳蘇輿曰御覽服用三引云屏風以屏障風也扆在後所依倚也據此則宋人所見本屏風在扆前

釋書契第十九

筆述也述事而書之也 葉德炯曰禮曲禮史載筆鄭注筆書具之屬藝文類聚引韓詩外傳趙簡子有臣曰周舍墨筆執牘從君之後則筆始於周世以為蒙恬造筆非也說文筆秦謂之不聿以秦託始似亦泥於蒙恬所造之說蘇輿曰御覽文部二十一引崔豹古今注云牛亨問曰古有書契已來便應有筆也世稱蒙恬造筆何也答曰自蒙恬始作秦筆耳以柘木為管以鹿毛為柱羊毛為被所謂鹿毫非兔毫竹管也非謂古筆也

硯 葉德炯曰說文硯石滑也藝文類聚雜文部四引太公金匱曰硯之書曰石墨相著邪心讒言毋得汙白據此則硯始於

太公研也研墨使和濡也畢沅曰今人即以研爲硯失之初學記引研墨上有可字
時矣

墨晦也言似物晦黑也畢沅曰今本晦作詩悠悠我里亦孔之痗之痗字譌據初學記御覽引改又言字今本無亦據增案說文黴中久雨青黑从黑微省聲斯乃黴黑之義疑當用黴字

紙砥也謂平滑如砥石也畢沅曰御覽引無謂字成蓉鏡曰東觀漢記黃門蔡倫作紙紙所謂蔡侯紙也或據此謂紙始剏於蔡倫今攷御覽六百五引王隱晉書云魏太和六年博士河間張揖上古今字詁其巾部云紙今帋也其字從巾古以縑白依書長短隨事截絹數重沓即名幡紙字從糸此形聲也後和帝元興中中常侍蔡倫以故布擣剉作紙故字從巾是其聲雖同糸巾爲殊不得以古之紙爲今紙據此則東觀漢記所云蔡倫作紙乃擣布爲之非謂縑紙亦倫所剏

板昄也昄昄平廣也畢沅曰板說文止作版从片昄今本皆譌作般據御覽引作昄音半旱切今改正說文昄大也與平廣義亦相合蘇輿曰御覽文部二十二引下句作上平廣也春秋演孔圖孔子曰某作春秋天授演孔圖中有大玉刻一板曰璇璣一低一昂又蜀志載譙周板示文立曰典午忽兮月西沒兮即此是已其上平廣故可書字後世簡召官員亦用板其體製無定御覽載有相板經是也又臣下笏簿亦稱手板

奏鄒也鄒狹小之言也畢沅曰段云鄒卽史記漢書之所云鯫生鯫者淺鯫卽狹小也成蓉鏡曰漢書雜事云奏初之制改書爲奏又云羣臣奏事上書皆爲兩通一詣后一詣帝凡羣臣之書通於天子者四品一曰章二曰奏三曰表四曰駮議見御覽五百九十四

札櫛也編之如櫛齒相比也畢沅曰說文冊象其札一長一短中有二編之形故曰編之如櫛齒相比

簡間也編之篇篇有間也王先愼曰間謂間斷也漢書藝文志劉向以中古文校歐陽大小夏侯三家經文酒誥脫簡一召誥脫簡二率簡二十五字者脫亦二十五字簡二十二字者脫亦二十二字左傳服虔注古文篆書一簡八字正義簡之所容一行字耳每簡僅容字一行故編之篇篇有間也蘇輿曰御覽文部三引作簡書編也爲言間也

笏畢沅曰笏說文作𦣞籒文𦣞一曰佩也象形今儀禮禮記中俱作笏字忽也君有教命及所啟白則書其上備忽忘也畢沅曰禮記玉藻史進象笏書思對命鄭注思所思念將以告君者也對所以對君者也命所受君命也書之於笏爲失忘也玉藻又云造受命於君前則書於笏或曰簿言可以簿疏

物也畢沅曰簿俗字也據漢夏承碑爲主薄督郵韓勑碑主薄魯薛陶武榮碑郡曹史主薄古簿字皆从艸明矣然諸史書竝从竹如籍藉之類亦互相通今本脫或曰二字而以簿列於前笏次其後分爲二條據左氏桓二年正義及御覽引更正合并之物今本作密亦據改案古用笏漢魏以來謂之簿卽手板也蜀志稱秦宓以簿擊頰卽此是已

槧板之長三尺者也槧漸也言其漸漸然長也畢沅曰案廣韻御覽引無板下之字言下其字葉德炯曰西京雜記楊雄懷鉛提槧从諸計吏訪殊方絕俗之語作方言

牘睦也手執之以進見所以爲恭睦也葉德炯曰說文牘書版也漢書昌邑王傳持牘趨謁又東方朔傳上三千奏牘卽此

籍籍也所以籍疏人名戶口也畢沅曰人名疑誤當作人民周禮均人云均人民牛馬車輦之力政又司民云掌登萬民之數自生齒以上皆書於版異其男女歲登下其死生鄭注版今戶籍也是籍所以籍疏人民戶口也葉德炯曰人名字不誤史記貨殖傳程鄭卓氏曹邴氏刁間橋姚田嗇田蘭雍樂成游俠傳魯朱家楚田仲濟南瞷氏雒陽劇孟符離王孟長安樊仲子西河郭公仲太原鹵公孺臨淮兒長卿皆鄉里細民其名字箸於版籍故史公得知其詳後世考

試之冊亦然如宋紹興題名錄寶祐登科記諸書尚可得其梗概也蘇輿曰古今注牛亨問籍者何云答曰籍者一尺二寸竹牒記人之年名字物色懸之宮門案省相應乃得入也又御覽六百六引晉令云郡國諸戶口黃籍籍皆用一尺二寸札已在官役者載名此亦籍書人名之證畢說非

檄激也下官所以激迎其上之書文也畢沅曰御覽引無文字說文檄二尺書从木敫聲案戰國以來始有檄名或以諭下或以辟吏或以徵召或以威敵未有如此所云者文心雕龍云檄者皦也亦似得之王啟原曰案畢所舉數義證之史傳皆合然致疑於此謂為未有則過後漢書陳寔傳懷檄請見范冉傳少為縣小吏奉檄迎督郵吳祐傳注引謝承書上司無牋檄之敬三國志呂蒙傳孫權與陸遜論周瑜魯肅及蒙曰孟德因獲劉琮之勢張言方率數十萬衆水步俱下孤普請諮問所宜無適先對至子布文表俱言宜遣使修檄迎之此皆下官迎上書文之明證激迎之說未可非也

檢禁也禁閉諸物使不得開露也畢沅曰說文檢書署也王啟原曰後漢書公孫述傳輒皁囊施檢文稱詔書注書署也蓋取檢制之義今人所云題簽也通俗文記識曰籤則漢時亦謂之籤皮錫瑞曰周禮司市以璽

節出入之注璽節印章如今斗檢封矣疏案漢法斗檢封其形方上有封檢其內有書後漢書公孫瓚傳袁紹矯刻金玉以爲印璽每有所下輒阜囊施檢章懷注檢今俗謂之排排如今言標籤耳說文檢書署也續漢書祭祀志尙書令奉玉牒檢皇帝以二分璽親封之

璽徙也封物使可轉徙而不可發也畢沅曰說文璽王者印也所以主土从土爾聲籀文作璽从玉今本作璽从籀文也案秦漢以來唯天子之印稱璽其下則否故云王者印周以前則璽印通稱周禮掌節貨賄用璽節鄭注璽節者今之印章也左襄二十九年傳璽書追而與之

印信也畢沅曰說文印執政所持信也从爪从卩**所以封物爲信驗也**畢沅曰北堂書鈔初學記皆引作所以封物以爲驗也**亦言因也封物相因付也**

謁詣也詣告也書其姓名於上以告所至詣者也成蓉鏡曰御覽七百十引李尤書案銘通達謁刺王啟原曰後漢書孔融傳河南尹何進當遷爲大將軍楊賜遣融奉謁賀進不時通融即奪謁還府又文苑傳言羊陟大從車騎奉謁造壹謁即今造往之名刺羊陟列卿於計吏亦奉謁則上下通用如孔融爲楊賜奉謁則似今

之差帖者也張超著賦頌雜文十九篇傳列其目有謁則亦有爲文者葢非通例

符付也書所勑命於上付使傳行之也畢沅曰漢制徵郡守以竹使符發兵以銅虎符皆必書𣪠命以付使者蘇輿曰文心雕龍符者孚也徵召防僞事資中孚三代玉瑞漢世金竹末代從省代以書翰矣此云書所勑命於上亦謂用書翰者也**亦言赴也執以赴君命也**畢沅曰亦言赴也今本作節赴也提行別起案節無赴訓赴音又不近節此書本文必不如此且節別見於釋兵篇不應重出此赴也實訓釋符義符赴音相近也故改作亦言赴也以承符下如上條亦言因也之例

傳轉也轉移所在執以爲信也亦曰過所句**過所至關津以示之也**畢沅曰漢書文帝紀十二年三月除關無用傳張晏曰傳信也若今過所也鄭注周禮司關云傳如今移過所文書然則漢時謂傳爲過所此條過所至關津以示之也九字今本誤脫在後示示也之下御覽引作過所至關津以示或曰傳轉也移轉所在識爲信也亦未是葢御覽以過所爲目故改其文以遷就之耳今移過所之文附於傳增亦曰過所四字庶文義允愜矣蘇輿曰中華古今注程雅問傳者何云答曰傳者以木爲之長一尺五寸書符信於其上又一板封以御史印章所以

爲期信卽如今之過所也言經過所在爲證也

劵綣也相約束繾綣以爲限也畢沅曰說文券契也从刀𢍏聲券別之書以刀判契其旁故曰契券葉德炯曰宋人古文苑載王襃買奴券御覽載石崇奴券均詳載役使事卽此所云約束爲限也蘇輿曰文心雕龍券者束也明白約束以備情僞字形半分故周稱判書古有鐵券以堅信誓王襃書奴則券之楷也其義本此

莂別也大書中央中破別之也畢沅曰御覽引云券綣也相約束繾綣以爲限也大書中央中破別之是以此條合於上條并爲一矣案鄭注周禮小宰云傅別謂爲大手書於一札中字別之質劑謂兩書一札同而別之傅別質劑皆今之券書也事異異其名耳然則券書固有二也兩書一札同而別之者所謂相約束繾綣以爲限也一札中字別之者此所謂莂別也大書中央破別之自當分爲二條莂字俗玉篇始載之古別字與北字形近故虞書分北三苗當本是分八三苗古別字作八也孫詒讓曰莂卽別之變體从艸無義攷廣雅十七薛有箣字注一云分契蓋符契古多用竹莂亦本从竹變爲廾隸書从艸从竹葉德炯曰晉太康五年楊紹買冢地莂云大男楊紹从土公買冢地一丘東極闞澤西極黃滕南極山背北極於湖直錢四百萬卽日交畢日月爲證四時爲任太康五年九月二十九日對共破莂民有私約如律令此古莂文之

僅存者其石刻在浙江山陰、

契刻也刻識其數也畢沅曰說文大部云契大約也从大㓞聲㓞部云栔刻也从㓞从木據說文則此當云契栔也栔刻也增一轉訓乃合而此即以契爲刻者釋詁契絕也郭注今江東呼刻斷物爲契斷呂氏春秋察今篇契舟求劒淮南齊俗訓越人契臂皆以契爲刻與栔鍥皆同義故今仍本文

策書教令於上所以驅策諸下也畢沅曰說文策馬箠也故曰驅策成蓉鏡曰漢制度云帝之下書有四一曰策書策書者編簡也其制長二尺短者半之篆書起年月日稱皇帝以命諸侯王三公以罪免亦賜策而以隸書用尺一寸兩行惟此爲異也見後漢書光武紀注文心雕龍亦云漢初定儀則有四品一曰策書**漢制約敕封矦曰冊**畢沅曰說文冊符命也諸矦進受于王也象其札一長一短中有二編之形漢書武五子傳齊王閎與燕王旦廣陵王胥同日皆賜策字作策則古字策與冊通也**冊賾也敕使整賾不犯之也**畢沅曰御覽引作敕使整賾不犯法也今本漢制以下提行別分作二條據御覽引并合之案策冊字通固當并合

示示也畢沅曰上過所至關津以示之也諸本文皆在此不知示之爲用廣矣焉得以過所一事盡之由不學者不**知**

過所之爲傳名但見亦有示字遂繫之此條下耳今旣移上遂於此削去之

啟詣也以啟語官司所至詣也畢沅曰今本作詣啟也係誤到又下啟字誤作君今竝據文義改正又疑啟當作棨說文棨傳信也漢書文帝紀注李奇曰傳棨也則當與符傳相連俟攷先謙曰吳校啟詣也作啟亦詣也下啟字作告

書庶也紀庶物也亦言著也畢沅曰說文書箸也从聿者聲說文敘云箸於竹帛謂之書書者如也葉德炯曰唐釋湛然止觀輔行傳宏決四之三引此下有箸萬物三字**著之簡紙永不滅也**畢沅曰今本脫著也二字據廣韻引增尚書正義引作書者庶也以紀庶物又爲著言事得彰著御覽引與此同唯簡紙作簡編爲異

畫繪也以五色繪物象也畢沅曰今本作畫挂也以五色挂物上也據御覽引改挂爲繪據廣韻引改上作象攷工記曰畫繪之事雜五色

書稱刺書以筆刺紙簡之上也王啟原曰高誘淮南序言典農弁揖借取刺之謂寫之也是漢末有此語蘇輿曰文心雕龍刺者達也詩人諷刺周禮三刺事敘相達若針之通結矣卽此刺字之義先謙曰吳校書稱刺書

作書書稱刺又曰到寫寫此文也畢沅曰今本到字加人旁說文新附字也到寫猶以此器之物傳寫於他器也鄭注周禮鄉大夫云內史副寫其書又注御史云爲書寫其治之法令畫姓名於奏上曰畫刺畢沅曰畫今本皆作書據御覽引改又名今本作字據廣韻引改上廣韻引作白不從作再拜起居字皆達其體使書盡邊徐引筆書之如畫者也王啟原曰齊書符瑞志建元元年有司奏掘得泉中得銀木簡長一尺廣二寸隱起文曰盧山道人張陵再拜謁詣起居又引宋均注云張陵佐封禪一云陵仙人也宋均魏博士此或其緯注文若陵爲仙人則卽道家之張道陵皆漢人也此漢人之式僅存者六朝時道人謂僧漢時葢爲道釋通稱先謙曰吳校删使下書字下官刺曰長刺長書中央一行而下也又曰爵里刺書其官爵及郡縣鄉里也畢沅曰御覽引又曰作又有成蓉鏡曰御覽六百六引魏名臣奏云黃門侍郎荀侯奏云今吏初除有三通爵里刺條疏行狀又引夏侯榮傳云賓客百餘人一奏刺悉書其鄉邑姓名世所謂爵里刺書稱題題諦也審諦其名號也畢沅曰周禮司常官府各象其事州里各象其名家各象其號

鄭注事名號者徽識所以題別衆臣士喪禮爲銘各以其物亡則以緇長半幅赬末長終幅廣三寸書名於末此蓋其制也徽識之書則云某某之事某某之名某某之號是題所以審諦名號也但書之稱題不止此也先謙曰吳校書下有牘字

亦言第因其第次也 畢沅曰古書標題每篇之首必題弟一弟二等目以迄於終此次弟之弟本不必加竹說文弟章束之次弟也與兄弟之弟同一字先謙曰吳校亦言第下有也字

書文書檢曰署 畢沅曰說文檢書署也

署予也題所予者官號也 畢沅曰漢書蘇武傳上思股肱之美乃圖畫其人於麒麟閣法其形貌署其官爵姓名唯霍光不名凡十一人王啟原曰書文書檢者題文書封面也二書字異義文書公文之名謂公文既封而題署所予之人檢猶今之緘封題所予者官號若漢世祖與公孫述書署曰公孫皇帝是也畢引與本書義別

上敕下曰告告覺也使覺悟知己意也 畢沅曰漢書司馬相如傳上遣相如諭告巴蜀民其檄首言告巴蜀太守末言檄到亟下縣道咸諭陛下意是使覺悟知己意也蘇輿曰告覺疊韻字本書釋姿容覺告也互相釋

下言於上曰表畢沅曰今本無於字據廣韻引增思之於內表施於外也畢沅曰御覽引作下言章上言表思之於內施之於外也蔡邕獨斷云凡羣臣上書於天子者有四名一曰章二曰奏三曰表四曰駮議又曰上示之於上也畢沅曰史記李斯傳斯上書諫逐客漢書武五子傳壺關三老上書訟太子冤文選三十七卷注云六國及秦漢兼謂之上書至漢魏以來都曰表又曰言言其意也畢沅曰表體輒有首稱臣某言者

約約束之也畢沅曰上約字一肖反下約字一虐反周禮秋官有司約鄭注約言語之約束

敕飭也使自警飭不敢廢慢也畢沅曰呂氏春秋孟春紀田事既飭高注飭讀作敕則敕飭音義同也今本飭作飾誤據義改之葉德炯曰漢舊儀有漢丞相遣郡國計吏勅及御史大夫遣郡國計吏勅二篇是漢時勅行之臣下且不恆用故文選無此門類唐以來凡人主敕下之詞曰敕如大唐詔令所載諸敕文是也

謂猶謂也猶得敕不自安謂謂然也畢沅曰廣韻怫憒不安也此猶謂也謂謂然似當皆作憒然說文無憒字釋詁謂勤也勤則有不敢自安之義然此條究不甚明曉先謙曰吳校謂猶謂也作謂猶喟喟謂謂作喟

喟

釋典藝第二十

三墳墳分也論三才分天地人之始其體有三也畢沅曰今本三才下衍之字始又譌爲治據北堂書鈔藝文類聚引刪改王啟原曰爾雅墳大防又墳莫大於河墳字本作坋說文坋塵也从土分聲一曰大防也坋以埒土使水土各有其限是有分義故廣雅亦云墳分也家語正論王注三墳三皇之書也古今注董仲舒曰三皇三才也

五典典鎮也制教法所以鎮定上下差等有五也畢沅曰今本脫教字差作其據藝文類聚引增改王啟原曰左昭十二年傳正義引延篤言張平子說五典五帝之常道又引賈逵曰五典五帝之典說文典五帝之書也蓋用其師說月令以五帝分主五行漢書藝文志五行者五常之形氣也古今注董仲舒曰五帝五常也典古義或爲常或爲法無訓鎮者楚策吳與楚戰於柏舉蒙穀舍鬭奔郢入太宮負雞次之典以浮於江逃於雲夢之中昭王反郢五官失法百姓昏亂蒙穀獻典五官得法而百姓大治亦訓典爲法然失典而亂得典而治是典爲國之鎮亦有鎮義蘇輿

曰御覽學部二引制下有作字差等作其等說文鎮從眞聲詩維清以典均禋知典與鎮古音本近漢時猶然故成國依聲釋之段氏音均表鎮在十二部典在十三部

八索索素也著素王之法若孔子者聖而不王制此法者有八也 皮錫瑞曰史記殷本紀或曰伊尹處士湯使人聘迎之五反然後肯往從湯言素王及九主之事是古有素王之法非始於孔子蘇輿曰書僞孔序八索左昭十二年傳八索釋文索本作素是索素字同賈逵左傳注八索素王之法與此義同又賈氏春秋序云孔子覽史記就是非之說立素王之法漢書董仲舒傳孔子作春秋先正王而繫萬事見素王之文焉竝成國所本

九丘丘區也區別九州之土氣 畢沅曰今本脫之字據北堂書鈔引增王先慎曰之字不增亦通藝文類聚五十五引作區別九州土氣是唐人所見釋名亦有無之字之本 **敎化所宜施者也此皆三王以前上古羲皇時書也** 畢沅曰昭十二年左傳是能讀三墳五典八索九丘賈逵注三墳三皇之書五典五帝之典八索八王之法九丘九州亡國之戒馬融說三墳三氣陰陽始生天地人之氣也五典五行也八索八

卦九丘九州之數也案三墳當從馬說五典則賈說是八索九丘未審孰得之蘇輿曰藝文類聚御覽上古作上至**今皆亡惟堯典存也**畢沅曰孔氏逸書有舜典逸書未列於學官遂陵夷以至於亡故惟堯典存蘇輿曰御覽亡下有失字

經徑也常典也畢沅曰今本脫此三字據御覽引補北堂書鈔初學記引作典常也非**如徑路無所不通可常用也**王先慎曰初學記二十一引如上有言字

緯圍也反覆圍繞以成經也葉德炯曰大戴禮本命凡地東西爲緯南北爲經淮南地形訓注子午爲經卯酉爲緯案古言經緯皆對文地球以南北極爲樞紐有經緯度日月繞地球東西而行是緯度也此云反覆圍繞正是此義蘇輿曰緯之爲書比傅於經輾轉牽合以成其誼今所傳易緯詩緯諸書可得其大概故云反覆圍繞以成經

圖度也畫其品度也畢沅曰畫今本作盡訛釋言猷圖也郭注周官以猷鬼神祇謂圖畫蘇輿曰此圖謂圖讖之圖故與緯讖連文河圖挺佐輔黃帝至於翠嬀之川鱸魚折溜而至蘭葉朱文以授黃帝名曰綠圖則圖本讖之屬書顧命僞孔傳河圖八卦伏羲王天下龍馬出河遂則其文以畫八卦謂之河圖正圖爲畫其品度之恉隋書經籍志載漢末郎

中郗萌集圖緯讖雜占爲五十卷卽此類也畢但以圖畫爲證非是圖度聲近義同

讖纖也 注 葉德炯曰世言讖緯始於漢之哀平非也文選思元賦序引孔子曰我欲載之空言不如見之行事之深切著明也此春秋緯文又易曰失之豪釐差之千里徐廣注今易無此語易緯有之宋洪适隸釋載小黃門譙敏碑云其先故國師譙贛深明典奧讖錄圖緯能精微天意傳道與京君明云云譙京馬遷均哀平以前人是讖緯之學盛於西漢矣 **其義纖微而有效驗也** 畢沅曰今本無而有效驗四字據一切經音義引增葉德炯曰如秦語盧生奏籙圖曰亡秦者胡也史記秦本紀有人遮使者曰今年祖龍死漢書高帝紀嫗曰吾子白帝子也今者赤帝子斬之後漢光武紀宛人李通說光武云劉氏復起李氏爲輔及貨泉字文爲白水眞人之類皆有效驗

易易也言變易也 畢沅曰鄭康成易贊曰易之爲名也一言而含三義易簡一也變易二也不易三也此止言變易其義未備

禮體也得其事體也 畢沅曰已見釋言語篇葉德炯曰此禮經之禮與前言語篇同訓異實漢書藝文志

禮古經五十六卷經七十篇卽此禮記疏引鄭元禮序云禮者體也與此義合明此是釋六經之禮蘇輿曰御覽學部四引作言得事之體也初學記引同御覽又引春秋說題辭云禮者體也人情有哀樂五行有興滅故立鄉飲之禮始終之哀婚姻之宜朝聘之表尊卑有序上下有體是以禮經之禮爲體其說已舊

儀畢沅曰此威儀字古但作義詳見釋言語篇**宜也得事宜也**畢沅曰此謂今所傳十七篇之儀禮也

傳傳也以傳示後人也葉德炯曰此禮傳之傳漢書藝文志有周官傳四篇隋書經籍志有馬融注喪服經傳鄭元注喪服經傳皆此傳也漢儒最重師傳漢書藝文志後漢儒林傳序述六經傳授最詳故云傳示後人此傳不該左氏公穀者以後述春秋不及三家故也

記紀也紀識之也葉德炯曰此禮記之記與前言語篇紀記也有別後漢橋元傳七世祖仁著禮記章句四十九篇號曰橋君學此禮序正義引鄭元六藝論之戴聖傳禮四十九篇也漢書藝文志記百三十一篇下班自注七十子後學者所記也此成國所本

詩之也志之所之也畢沅曰詩敘云詩者志之所之也在心爲志發言爲詩**興物而作謂**

之興敷布其義謂之賦畢沅曰案北堂書鈔藝文類聚御覽引此句上有賦敷也三字句法不與上下文相類彼自就文士之賦言此處可不增事類相似謂之比言王政事謂之雅畢沅曰詩敘云雅者正也言王政之所由廢興也政有小大故有小雅焉有大雅焉雅本作疋說見言語篇稱頌成功謂之頌畢沅曰詩敘云頌者美盛德之形容以其成功告於神明者也隨作者之志而別名之也畢沅曰詩敘云詩有六義焉一曰風二曰賦三曰比四曰興五曰雅六曰頌此不言風六義闕其一葢有脫逸矣周禮大師云教六詩曰風曰賦曰比曰興曰雅曰頌鄭注風言賢聖治道之遺化也賦之言鋪直鋪陳今之政教善惡比見今之失不敢斥言取比類以言之興見今之美嫌於媚諛取善事以諭勸之雅正也言今之正者以爲後世法頌之言誦也容也誦今之德廣以美之此說詩之六義頗詳備

尚書尚上也畢沅曰鄭康成書贊云尚者上也以堯爲上始而書其時事也畢沅曰堯典敘云昔在帝堯鄭注書以堯爲始獨云昔在使若無先之典然也王啟原曰書正義引尚書璇璣鈐云尚書篇題號尚者上也此鄭書贊所本蘇輿曰春秋說題辭亦云尚者上也上世帝王之書也又論衡須頌篇或說尚書曰尚者上也上所爲

下所書也下者誰也曰臣子也誼微別

春秋言春秋冬夏終而成歲舉春秋則冬夏可知也畢沅曰今本脫言字及舉以下九字據初學記御覽引補春秋書人事卒歲而究備春秋溫涼中象政和也故舉以爲名也葉德炯曰春秋大題疏引賈逵序云取法陰陽之中春爲陽中萬物以生秋爲陰中萬物以成欲使人君動作不失中也

國語記諸國君臣相與言語謀議之得失也又曰外傳畢沅曰說文引國語文輒稱春秋國語以國語爲春秋外傳故也王啟原曰說文及風俗通竝稱春秋國語至釋名則言又曰外傳蓋漢時二名竝稱隋志春秋外傳國語二十卷賈逵注是外傳之名已舊不得以漢志無外傳之名而疑之惟其爲春秋外傳故蜀志陳震傳震卽以國語爲春秋也蘇輿曰漢書律歷志引國語少昊之衰九黎亂德等語稱春秋外傳此舊以國語爲外傳之證又論衡云國語左氏之外傳也內傳詞語有詳亦有略故復選錄國語之辭以補之春秋以魯爲內以諸國爲外外國所傳之事也畢沅曰公羊成十五年傳春秋內其國而外諸夏案以此言春秋可也外

傳亦有魯語則此語爲不可通韋昭云其文不主於經故謂之外傳斯言得之

爾雅爾昵也昵近也雅義也義正也畢沅曰義音近俄故與雅爲聲之轉**五方之言不同皆以近正爲主也**葉德炯曰爾雅者近古也雅本兼古正二義白虎通禮樂雅者古正也禮記樂記吾端冕而聽古樂注云古樂先王之正樂也此正樂即雅樂之譌說文古故也从十口識前言也此云雅義即是雅故以義與誼同誼爲詁訓字故也大戴禮本命爾雅以觀於古漢書藝文志讀應爾雅故解古今語而可知也王充論衡是應篇爾雅之書五經之訓故曰觀於古曰解古今語曰訓故皆取近古之義又史記高帝紀雅不欲屬沛公集解引服虔云雅故也張耳陳餘傳張耳雅游索隱引鄭氏曰雅故也此雖非釋雅訓足爲雅有古義之證下云五方之言不同皆以近正爲主謂五方言語變遷必以古訓爲主耳世儒不案本文義正之爲誼古只以近正訓爾雅不知不近古何以近正此理易明不煩申說也爾雅近古如弟一篇釋詁始君大三字出於詩書故訓者爲多則其近古可知矣

論語記孔子與諸弟子所語之言也畢沅曰記一本作紀葉德炯曰漢書藝文志云論語者孔子應答弟子時人及弟子相與言而接聞於夫子之語也當時弟子各有所記夫子既卒門人相與輯而論篹故謂之論

語

法逼也畢沅曰逼乃說文新附字以音義求之似應作䛖下文言逼正亦不如䛖正之言爲安但御覽已引作逼如孟子言驅而之善亦不以文害辭姑仍之**人莫不欲從其志**畢沅曰今本脫人字據御覽引增**逼正使有所限也**葉德炯曰漢書藝文志法家者流蓋出於理官信賞必罰以輔禮制易曰先王以明罰飭法此其所長也按此卽䛖教明刑之義畢謂偪字應作䛖字似爲得之

律累也累人心使不得放肆也畢沅曰御覽引作律篥也篥人心音累說文但有畾字無累篥字一切經音義引累作縲又人心上有四字案四乃网字之譌類篇篥魯水切法也一曰法可以篥网人心李舟說或作篥葉德炯曰唐六典注李悝集諸國刑書造法經六篇一盜法二賊法三囚法四捕法五襍法六具法商鞅傳之改法爲律是律名始於戰國時矣漢律名有上計律見周禮典路注有尉律見說文敘有田律見周禮士師注有酎金律見丁孚漢儀又禮記內則注引漢律會稽獻藙說文引會稽獻鮚醬及齊人予妻婢姦曰姘見姘變不得侍祠之類不知屬何律名至何休公羊注時以漢律況經以春秋爲正人心之書故比例尤爲切近也

令領也理領之使不得相犯也畢沅曰本或脫得字宋臨安陳道人本有葉德炯曰漢令有甲令見宣帝紀蕭望之傳後漢歷志有乙令見張釋之傳注江充傳注有丙令見章帝紀此三章之總目也其名則有秩祿令見史記呂后紀注文帝紀注有宮衞令見張釋之傳注有金布令見後漢禮儀志注有品令見百官志注有祠令見文帝紀注有祀令見後漢祭祀志注有功令見儒林傳序有廷尉挈令見張湯傳有光祿挈令見燕王旦傳注有樂浪挈令見說文有田令見後漢書黃香傳有水令見前漢兒寬傳此律中之細目也其令文有諸侯在國名田他縣罰金二兩見哀紀注女子犯罪作如徒六月遣歸見平帝紀注蹕先至而犯者罰金四兩見張釋之傳注此即理領使不相犯之意也

科課也課其不如法者罪責之也葉德炯曰科程品也說文科程也程品也漢書藝文志太史試學童能諷書九千字以上乃得爲吏又以六體試之課最者以爲尚書御史史書令吏吏民上書字或不正輒舉劾說文敘云尉律學僮十七已上始試諷籒書九千字乃得爲吏又以八體試之郡移太史并課最者爲尚書史書或不正輒舉劾之此漢課試之法之可攷者此云不如法者罪責之即舉劾也

詔書詔照也畢沅曰說文元書無詔字徐鼎臣增益十九字乃有之但倉頡篇有幼子承詔之文見於說文敘又

秦刻石嶧山文云臣請具刻詔書則古實有詔字可用也成蓉鏡曰蔡邕獨斷制詔詔猶告也告教也三代無其文秦漢有也東觀漢記第五倫每見光武詔書常歎曰此聖主也後漢書光武紀注引漢制度曰帝之下書有四三曰詔書詔書者詔告也其文曰告某官云如故事文心雕龍漢初定儀則四品三曰詔書蘇輿曰御覽文部九引無詔書二字

人暗不見事宜則有所犯以此照示之使昭然知所由也畢沅曰今本照也作昭也又脫照示之之照據北堂書鈔一切經音義御覽引改增

論倫也有倫理也畢沅曰倫說文侖部作侖云侖理也葉德炯曰此篇讚敘銘與前言語篇重見而義各別言語篇釋其名此篇則釋其實如前禮儀傳記四字例此論如桓寬鹽鐵論王充潛夫論桓譚新論之論古人著書皆有體例故云有倫理

稱人之美曰讚畢沅曰贊字古不從言後人加之**讚纂也纂集其美而敘之也**畢沅曰纂當爲籑葉德炯曰此如前後漢書紀傳贊曰之贊故云纂集其美而敘之讚纂同聲說文贊讀若纂也

敘杼也杼泄其實宣見之也畢沅曰班固兩都賦敘云或以杼下情而通諷諭郭注方言杼音杼

渫字皆从木說文从手泄今本作洩唐人避諱後所改葉德炯曰太史公史記後有自序班固漢書有敘傳皆抴抒其書之實也

銘名也畢沅曰已見釋言語篇**述其功美使可稱名也**畢沅曰禮記祭統曰銘之義稱美而不稱惡葉德炯曰此如碑銘墓志銘之銘故次於誄謚之前與前言語篇之銘微別蘇輿曰御覽文部六引無使字

誄累也累列其事而稱之也畢沅曰說文誄謚也下別言謚則此誄當爲讄說文讄禱也纍功德以求福論語云讄曰禱爾于上下神祇从言畾聲是爲累列其事而稱之也今論語亦作誄後人通用無別矣蘇輿曰文心雕龍亦云誄者累也累其功德旌之不朽也其義本此

謚曳也物在後爲曳言名之於人亦然也畢沅曰御覽五百六十二卷此下有云古者諸侯薨天子論行以賜謚惟王者無上故於南郊稱天以謚之當春秋時周室卑微臣子謚其君父故諸侯之謚多不以實也共五十字案劉珍後漢人亦有釋名韋昭有辨釋名御覽所引間亦脫辨字故難即據以補此今說文謚作謚案五經文字出謚謚二字俱常利反上說文下字林字林以謚爲笑聲音呼益反今用上字據此則本無從兮從皿者今說文有之乃徐鉉

等所改也益與示聲亦相近今人以誄謚字從益者爲譌失之不攷

譜畢沅曰說文無譜字蓋古止用表也古讀表音如補漢書敘傳表與舉叶成蓉鏡曰畢說非也史通表歷篇云蓋譜之建名起於周代表之所作因譜象形故桓君山有云太史公三代世表旁行斜上竝效周譜則譜在表前至說文無譜字當是通用普北堂書鈔七十三引韋昭辨釋名主簿者主諸簿書簿普也關普諸事也是其證**布也布列見其事也亦曰緒也主緒人世類相繼如統緒也**畢沅曰今本亦曰緒也譌作統緒也又誤提行起竝改正先謙曰吳校主下緒作敘如作知

碑被也此本葬時所設也施鹿盧以繩被其上引以下棺也畢沅曰禮喪大記云凡封用綍去碑負引鄭注云封周禮作窆窆下棺也凡柩車及壙說載除飾而屬紼於柩之緘又樹碑於壙之前後以紼繞碑間之鹿盧輓棺而下之此時棺下窆使輓者皆繫紼而繞要負引舒縱之備失脫也用紼去碑者謂縱下之時也今本葬譌作莽又於上加王字謬甚又下作施其轆轤以繩被其上以引棺也俱據廣韻御覽類篇集韻引刪改皮錫瑞曰禮檀弓公室視豐碑注豐碑斲大木爲之形如后碑於槨前後四角樹穿中於間爲鹿盧下棺以繂繞天子六繂四碑前後各

重鹿盧也臣子追述君父之功美以書其上後人因焉無故建於道陌之頭畢沅曰無故卽物故一本到作故無誤也北堂書鈔引作乃字此必校書者疑無故二字爲誤妄改之耳陌字古止作百蘇輿曰後人因焉御覽文部九作後人因爲焉無無字顯見之處名其文就謂之碑也蘇輿曰御覽無顯見之處四字文下無就字

詞嗣也令撰善言相續嗣也畢沅曰撰說文作譔蘇輿曰漢世賦銘之類敘終輒綴以詞如班孟堅封燕然山銘及兩都賦敘末竝稱其詞曰是其例也葢本義在前復演其詞以嗣前指正此云撰善言相續嗣之誼碑志銘辭紀傳論贊亦詞之支流矣

釋名疏證補卷第六

釋名疏證補卷第七

長沙王先謙譔集

釋用器第二十一

斧甫也甫始也凡將制器始用斧伐木已乃制之也畢沅曰毛詩破斧傳隋銎曰斧蘇輿曰御覽器物八引始用作始以士冠禮記鄭注甫今文作斧斧甫字通

鎌王先慎曰說文作鎌从金兼聲今通作鐮廉也體廉薄也其所刈稍稍取之又似廉者也葉德炯曰方言刈鉤謂之鎌按說文兼并也从又持秝兼持二禾秉持一禾是鐮从兼从廉皆與稍稍取之義近

斨戕也所伐皆戕毀也畢沅曰說文斨方銎斧也然則斧斨同類唯銎稍異銎受柄之穿也

仇矛仇讐也所伐則平如討仇讎也畢沅曰當倂入釋兵篇此雜出譌成蓉鏡曰案詩小戎厹矛鋈錞毛傳厹矛三隅矛也說文作㕣矛此作仇矛者厹仇通用戰國策厹由高誘注或作仇酋呂覽注同史記作仇猶韓非長短經作仇由皆其證成國於釋用器云仇讎也所伐則平如討仇讎也於釋兵云言可以討仇敵之矛也竝望文生義失之

錐利也王先慎曰說文錐銳也廣雅銳利也

椎推也葉德炯曰考工記玉人注終葵椎也爲推於其杼上明無所屈也

鑿有所穿鑿也葉德炯曰說文鑿穿木也

鐫鐏也有所鐏入也王先慎曰說文鐫穿木鐫也本書矛下頭曰鐏鐏入地也曲禮進戈者前其鐏後其刃進矛戟者前其鐓注云銳底曰鐏平底曰鐓底銳故能穿入

耒來也亦推也畢沅曰今本作耒亦椎也以承椎推也之下御覽引作耒來也據改且區別別爲一條與耜相比近其亦推也三字亦當有攷工記車人爲耒庛長尺有一寸直庛則利推句庛則利發發謂杷土來推謂推土前進也

耜，畢沅曰說文作枱云臿也从木㠯聲葉德炯曰易繫辭斲木爲耜耜釋文引京房注耜耒下耓也又引虞注耜止所踰因名曰耜考工記匠人耜廣五寸注今之耜岐頭兩金象古之耦也據諸說所云則耒之有齒者也漢武梁祠石室畫像前第一石題字神農氏因宜教田辟土種穀其圖神農手持之器柄曲而下翹頭岐而二則此耜也今南人始耕時用之齒也畢沅曰今本作似也據御覽引改似齒斷物也畢沅曰今本齒下有之字御覽引亦然據莊子釋文引刪

犂利也利發土絕草根也畢沅曰犂說文作𥝮云耕也从牛黎聲今本發土上有則字衍也據齊民要術引刪

檀坦也摩之使坦然平也畢沅曰坦本或譌作垣據御覽引改檀之爲器未詳其用案說文櫌摩田器據云摩之使坦然平竊疑檀卽櫌也

鋤助也去穢助苗長也畢沅曰說文鉏立薅所用也从金且聲史記齊悼惠王世家朱虛侯劉章耕田歌曰深耕穊種立苗欲疏非其種者鋤而去之齊人謂其柄曰橿橿然正直也畢沅曰說文橿枋也从木畺聲一曰鉏柄名案橿然當作畺然不必从木蘇輿曰本書釋姿容僵正直畺然也字正作畺管子輕重己篇鉊鉛

又櫑鹽鐵論論勇篇鉏耰棘櫑竝謂此也御覽引**頭曰鶴似鶴頭也**畢沅曰今世亦謂鋤頭曰鶴嘴葉德炯曰孟子公孫丑疏通俗文鑿柄曰檍檍櫑同物廣雅釋器櫑柄也引釋名鎡基大鋤也五字應在此條下畢附錄中亦未采引

枷加也加杖於柄頭以撾穗而出其穀也畢沅曰說文枷柫也又云柫擊禾連枷也**或曰羅枷三杖而用之也**畢沅曰未詳御覽引作三丈五用之丈卽杖之誤五疑是互蘇輿曰漢書王莽傳顏注柫所以擊治禾者也今謂之連枷連羅一聲之轉**或曰了了以杖轉於頭**畢沅曰了今本譌作丫案了了正言用時柄頭旋轉之形當作了了爲是又今本無以字御覽引作或曰以杖轉於頭無了了二字案俱當有今據增改葉德炯曰世說新語小時了了是了了古有此語但此作了了則非也此當作丫以或曰丫爲句丫以杖轉於頭爲句丫字說文所無本字作枒木部枒木也是也古丫叉字本作枒杈文選魯靈光賦枝牚杈枒而斜據卽此丫字枷加羅丫皆取疊均枒與羅皆象枷中枝格之形而取名也三杖必爲互杖之譌**故以名之也**

鍤畢沅曰當作臿加金旁別也葉德炯曰武梁祠石室畫象弟一石夏禹長於地脈泉理題字圖繪禹持之器似神農手持

之耜柄直而頭平頭亦兩岐郎此鍤也耜爲耒田之用故頭翘起鍤爲插地之用故頭宜平說文𠦆下从木乃會意上从乂是象岐頭之形

插也插地起土也或曰銷銷削也畢沅曰御覽引無銷銷二字及也字**能有所穿削也或曰鏵**畢沅曰鏵說文作𠦆云兩刃臿也从木𠦆象形宋魏曰𠦆也或作釪从金于案方言云宋魏之間謂之鏵江淮南楚之間謂之臿

鏵刳也刳地爲坎也蘇輿曰曲禮爲國君削瓜者華之鄭注華中裂之也華鏵同聲字其義相通淮南精神訓高注臿鏵也齊俗訓云故伊尹之興土功也脩脚者使之跐钁强脊者使之負土高注長脚者以蹋插使入深也御覽器物九引钁作鏵蹋插入深亦刳地爲坎之事

其板曰葉象木葉也

杷播也所以播除物也畢沅曰杷各本手旁作誤今改正葉德炯曰方言五杷宋魏之間謂之渠挐或謂之渠疏按渠挐渠疏皆杷之合聲說文杷收麥器也

柫撥也撥使聚也畢沅曰柫郎枷也各本亦誤从手今據說文方言廣雅改从木葢擊禾而出其穀使可收聚自當與農器爲類不徒釋拂之名詛而已蘇輿曰上已釋枷不應別出柫此當屬杷爲義文有脫誤吳本無柫字作亦言撥

也連上爲一條似是急就篇捃穫秉把插捌杷顏注捌把皆所以推刖聚禾穀也把杷同義又漢書貢禹傳捽屮杷土顏注杷手掊之也音蒲巴反掊亦聚也是杷有撥聚之義明矣杷撥雙聲

耨似鋤嫗薅禾也 畢沅曰今本作耨以鋤耨禾一本作耨以鋤嫗耨禾一切經音義兩引一引作以鋤薅耨禾一引作似鉏薅耨禾齊民要術引作似鋤以薅禾據左氏僖卅三年正義引作耨鋤嫗薅禾也亦有嫗字葢以耨去屮不容滅裂懼其傷禾也嫗有愛護苗根之誼諸本以義稍僻遂妄改之或徑刪去皆非是今參酌諸書從其善者說文木部云槈薅器也蓐部云薅拔田屮也蘇輿曰通鑑外紀御覽七十八藝文類聚十一竝引周書云神農之時天雨粟神農耕而種之作陶冶斤斧破木爲耜耝耨以墾草莽則耜耨之屬葢始於神農時矣世本又云垂作耨

鎛亦鋤田器也 畢沅曰鎛本皆作鑮非毛詩臣工庤乃錢鎛傳鎛鎒鎒槈同字或从金王啟原曰呂本作鑮亦鋤類 **鎛迫也迫地去草也** 畢沅曰今本脫此五字據御覽引補

⿰金冓 畢沅曰⿰金冓俗字齊民要術从耒旁作耩字玉篇云⿰耒燕也 **溝也既割去壟上草又辟其土以壅苗根使壟下爲溝受水潦也**

鏺，殺也，言殺草也。畢沅曰：說文鏺兩刃有木柄可以刈艸从金發聲讀若撥案發聲近殺可以刈艸正合殺草之言今本作金旁世偏檢字書皆無有故改作鏺葉德炯曰鈯即鈦字也世世大古字通左文十三年世室屋壞公羊作大室襄二十九年衛太叔儀十四年又作世叔禮曲禮不敢與世子同名注世或爲太此世大相通之證說文鈦鐵鉗也鉗以鐵有所劫束也二字蒙田器諸字是殺草亦用鉗矣殺當讀如帷裳必殺之殺與鈦疊均成國不必盡依六書畢改非是

銍，穫禾鐵也。畢沅曰：今本禾作黍據書禹貢正義詩臣工正義御覽引改下同說文銍穫禾短鐮也孫詒讓曰案急就篇顏注云銍刈黍短鐮似本此書疑所見本亦作黍

銍銍，斷禾穗聲也。畢沅曰：頁耜詩云穫之挃挃毛傳挃挃穫聲也說文挃穫禾聲也从手至聲詩曰穫之挃挃銍與挃音同字通初學記引禾穗作禾稷今不從蘇輿曰管子輕重乙篇一農之事必有一耜一銚一鐮一鎒一椎一銍然後成爲農廣雅釋器銍謂之刉刉亦割斷之名

斤下，畢沅曰：今本斤从金旁作釿別也一切經音義引作斤據改下竝同蘇輿曰此當作斤畢改是但以釿爲別字而并改下文則非說文斤斫木斧也釿劗斷也其誼本別下用此釿之及釿有高下之跡竝是劗斷之義作斤則不可通今本此斤字作釿乃緣下釿字而誤御覽器物九引此斤字作斤下二斤字竝作釿不誤

謹也，板廣不可得削。畢沅曰：今

本釗上有制字據一切經音義御覽引刪又有節則用此斤之所以詳謹令平滅斧跡也

鐁畢沅曰此當止作斯加金旁俗字也下二字同葉德炯曰集韻鐁相支切音斯平木器玉篇卽以爲鈹字云息容切平木器葢正本作斯後轉寫加金作鐁又通作鈹耳說文斯析也从斤其聲此爲平木之器亦取義於析鐁彌葢斯之合音

鐁彌也先謙曰吳校鐁鐁彌也作鐁斯也斤有高下之跡蘇輿曰御覽器物九引作釿有高下跡以此鐁彌其上而平之也王啟原曰按莊子至樂篇餘乾骨之沫爲斯彌釋文引李注斯彌蟲名又列子天瑞篇斯彌爲食醯殷敬順釋文亦本李爲說韓非書田常同時有隰斯彌葢有二義一爲小蟲一爲離析之義然字皆作斯彌無金旁

鋸倨也其體直所截應倨句之平也畢沅曰平御覽引作正蘇輿曰鋸倨竝从居聲攷工記冶氏已倨則不入已句則不決鄭注已倨謂胡微直而邪多也已句謂胡曲多也應倨句之平猶言應曲直之平

斸畢沅曰今本作钃案說文斸斫也此當从斤爲是改之誅也主以誅鉏根株也畢沅曰鉏今本

作除物二字御覽引亦
同據齊民要術引改

釋樂器第二十二

鍾空也內空受氣多故聲大也畢沅曰內空文選注引同初學記御覽引作空內

磬罄也其聲罄罄然堅緻也畢沅曰禮記樂記曰石聲磬論語憲問篇子擊磬於衛荷蕢曰鄙哉硜硜乎硜古文磬字蘇輿曰白虎通磬者夷則之氣也象萬物之成也其聲磬樂記注磬當爲罄史記樂書引樂記磬作硜是磬罄硜三字竝同論語子路憲問兩言硜硜竝用爲堅确之義與此云堅緻合說文罄器中空也又一義

鼓郭也張皮以冒之其中空也畢沅曰說文鼓郭也春分之音萬物郭皮甲而出故謂之鼓此申說郭義尤精確吳胡寅曰吳校郭作廓空下有廓字案說文無廓字皆借郭釋宮室云郭廓也是本書作郭矣

鞉導也所以導樂作也畢沅曰鞉月令正義引作鞀

鼙裨也裨助鼓節也畢沅曰說文鼙騎鼓也从鼓卑聲鼙在前曰朔朔始也在後曰應應大鼓也畢沅曰周禮小師下管擊應鼓鄭注應鼙也應與朄及朔皆小鼓也

所以懸鐘鼓者畢沅曰今本脫鐘字據北堂書鈔藝文類聚御覽引增橫曰筍畢沅曰今本作簨說文所無據攷工記梓人爲筍虡定作筍筍峻也在上高峻也從曰虡畢沅曰從初學記引作植說文虡鐘鼓之柎也飾爲猛獸从虍異象其下足虡舉也在旁舉筍也畢沅曰鄭注周禮典庸器引杜子春云筍讀爲博選之選橫者爲筍從者爲鐻案說文虡字重文作鐻鄭又注攷工梓人云樂器所縣橫曰筍從曰虡鄭司農云筍讀爲竹筍之筍筍上之板曰業刻爲牙捷業如鋸齒也畢沅曰說文業大版也所以飾縣鐘鼓捷業如鋸齒以白畫之象其鉏鋙相承也从丵从巾巾象版詩曰巨業維樅案巨假借字也毛詩作虡傳曰植者曰虡橫者曰筍業大版也樅崇牙也

瑟施弦張之瑟瑟然也葉德炯曰說文瑟庖犧所作弦樂也白虎通禮樂瑟嗇也閑也所以懲忿窒欲正人之德也

箏施弦高急箏箏然也葉德炯曰說文箏鼓弦竹聲樂器也郎此楚辭愍命挾人箏而彈緯注小琴也此別一物箏箏然猶錚錚然後漢書劉盆子傳光武曰卿所謂鐵中錚錚者說文錚金聲也金西方之聲故高急也

筑以竹鼓之巩柲之也畢沅曰說文筑以竹曲五弦之樂也从竹巩巩持之也竹亦聲北堂書鈔御覽引皆無巩柲之三字誤脫也今本巩亦作筑誤御覽引有如箏細項四字文不類各本皆無

箜篌師延所作靡靡之樂也畢沅曰今本師延上衍此字據北堂書鈔廣韻初學記急就篇注引刪蘇輿曰杜氏通典云箜篌古施郊廟雅樂近代專用於楚聲或謂師延靡靡樂非也說與此異

後出於桑間濮上之地蓋空國之侯所存也畢沅曰存初學記引作好段安節樂府雜錄云以其亡國之聲故號空國之矦成蓉鏡曰通鑑漢紀三十六胡三省注引世本作篇云空矦空國矦所造

師涓爲晉平公鼓焉鄭衛分其地而有之遂號鄭衛之音謂之淫樂也畢沅曰禮記樂記曰鄭衛之音亂世之音也比於慢矣桑間濮上之音亡國之音也鄭注濮水之上地有桑間者亡國之音於此之水出也昔殷紂使師延作靡靡之樂已而自沈於濮水後師涓過焉夜聞而寫之爲晉平公鼓之是之謂也案此注唯言鼓之不言所鼓之器史記樂書載此事尤詳言衛靈公舍其地夜半聞鼓琴聲召師涓寫之既至晉見平公及置酒令師涓坐師曠之旁援琴鼓之未終師曠止之據此言鼓琴非空矦也成國以空矦爲師延所作未知何本又案風俗通空矦亦名坎矦漢書孝武皇帝塞南

粵祠太一后土始用樂人矦調依琴作坎坎之樂言其坎坎應節奏也矦以姓冠章爾或說空矦取其空中據此則空矦非師延所作成國誤矣

枇杷畢沅曰說文珡部新附有琵琶二字解云琵琶樂器義當作枇杷**本出於胡中馬上所鼓也**蘇輿曰御覽樂部二十一引傅玄琵琶賦序云聞之故老云漢遣烏孫公主念其行道思慕使工知音者載琴箏筑箜篌之屬作馬上之樂觀其器盤圓柄直陰陽敘也四絃法四時也以方語目之故曰琵琶取易傳於外國也杜摯以爲嬴秦之末蓋苦長城之役百姓弦鼗而鼓之二者各有所據以意斷之烏孫近焉又引樂府雜錄云琵琶始自烏孫公主造馬上彈之據此云本出於胡中馬上所鼓則亦與烏孫說合蔡琰十八拍琵琶本自出胡中緣琴翻出音律同**推手前曰枇引手卻曰杷**蘇輿曰歐陽修明妃曲推手爲琵卻手琶語本此**象其鼓時**畢沅曰象廣韻引作取初學記引無此句**因以爲名也**畢沅曰風俗通琵琶近世樂家所作不知誰也以手批把因以爲名長三尺五寸法天地人五行四弦象四時

塤畢沅曰說文作壎云樂器也以土爲之六孔從土熏聲今作塤俗**喧也聲濁喧喧然也**蘇輿曰御

覽樂部十九引樂書亦云壎者喧也爾雅大塤謂之嘂嘂喧同義白虎通壎之爲言熏也陽氣於黃泉之下熏蒸而萌義稍別壎喧取雙聲壎熏取疊韻小爾注壎燒土爲之大如雁卵

篪嗁也聲從孔出如嬰兒嗁聲也 葉德炯曰釋樂大篪謂之沂御覽樂部十八引篪爲舍人注大篪其聲悲沂鏘然也釋文引李巡孫炎曰篪聲悲沂悲也此云小兒啼聲卽悲聲也

簫肅也其聲肅肅然淸也 畢沅曰然今本作而據文選洞簫賦注引改葉德炯曰北堂書鈔樂部十亦引作肅肅而淸古而然字通蘇輿曰白虎通簫者中呂之氣也萬物生於無聲見於無形戮也肅也又公羊疏引宋均云簫之言肅

笙生也 畢沅曰說文笙正月之音物生故謂之笙蘇輿曰白虎通笙者大蔟之氣象萬物之生風俗通聲音亦云世本隨作笙長四寸十三簧象鳳之聲正月之音也物生故謂之笙 **竹之貫匏象物貫地而生也** 畢沅曰今本竹之貫匏在而生也之下據詛易置之藝文類聚初學記御覽引皆無竹之貫匏句蘇輿曰白虎通匏之爲言施也牙也在十二月萬物始施而牙 **以匏爲之故曰匏也竽亦是也其中汙空以受**

簧也畢沅曰說文笙十三簧竽三十六簧吳翊寅曰吳校其中上補竽汙也三字案汙謂窪也見釋丘其上汙下**簧橫也於管頭橫施於中也以竹鐵作**畢沅曰風俗通案世本女媧作簧**於口橫鼓之亦是也**

搏拊畢沅曰今本下有也字衍今删**以韋盛穅形如鼓以手拊拍之也**畢沅曰鄭注尚書皋陶謨云搏拊以韋為之裝之以穅形如小鼓所以節樂又注周禮大師云拊形如鼓以韋為之著之以穅

柷敔柷狀如桼桶敔狀如伏虎畢沅曰今本作柷狀如伏虎是有脫誤也尚書皋陶謨合止柷敔鄭注合樂用柷柷狀如漆桶中有椎合之者投椎其中而撞之所以節樂敔狀如伏虎背有刻以物擽之所以止樂今據以補正此文**柷如物始見柷柷然也**畢沅曰今本作如見柷柷然也據北堂書鈔御覽引補正**柷始也故訓柷為始以作樂也**畢沅曰今本無柷始也及柷字據北堂書鈔引補案韋昭注國語亦云柷始也吳翊寅曰依誼當云柷祝也祝始也柷與敔對文敔用轉訓柷當與同例**敔衙也衙止也所以止樂也**王啟原曰說文衙行皃从行吾聲續漢書百官志執金吾本注吾猶禦也周禮田僕設驅逆之車注驅驅禽使前趨

獲逆衙還之使不出圍釋文衙本又作御同五稼反是衙自有禦義故得爲止葉德炯曰白虎通禮樂柷敔者終始之聲萬物之所生也祝始也敔止也

舂牘畢沅曰今本脫此二字據下義增舂撞也牘築也以舂築地爲節也畢沅曰周禮笙師云舂牘應雅以教祴樂鄭康成云牘應雅敎其舂者謂以築地賓醉而出奏祴夏以此三器築地爲之行節明不失禮鄭司農云舂牘以竹大五六寸長七尺短者一二尺其端有兩空髤畫以兩手築地先謙曰吳校以舂之舂作撞

籥畢沅曰說文不从竹云龠樂之竹管三孔以龢眾聲也从品侖侖理也其从竹者說文以爲書僮竹笘非樂器躍也氣躍出也

篴滌也其聲滌滌然也畢沅曰說文笛七孔箭也周禮有篴字玉篇篴同笛風俗通笛者滌也所以蕩滌邪穢內之於雅正也長二尺四寸七孔其後又有羌笛說文羌笛三孔

鐃聲鐃鐃也畢沅曰御覽引此下有宮縣用之飾以流蘇八字周禮鼓人以金鐃止鼓鄭注鐃如鈴無舌有秉執而鳴之以止擊鼓御覽引說文漢有鼓吹曲有鐃歌孫詒讓曰案通典樂部四引作聲譊譊也是當據正

人聲曰歌歌柯也所歌之言是其質也以聲吟詠有上下畢沅曰禮記樂記歌者上如抗下如隊如草木之有柯葉也故兖冀言歌聲如柯也葉德烱曰古音歌在見紐柯在溪紐同爲牙音而有全清次清之別故成國分別言之禮記樂記故歌之爲言也長言之也此歌之正音讀柯則短言矣北音高燥故兖冀讀歌如柯成國青州人亦取其與鄉音之近者爲訓也

竹曰吹畢沅曰本作籥今省作吹蘇輿曰文選邱希範侍宴樂遊苑詩注引月令章句云吹者所以通氣也管簫竽笙塤篪皆以吹鳴者也吹推也以氣推發其聲也

吟嚴也其聲本出於憂愁畢沅曰憂本作恖今通作憂故其聲嚴肅使人聽之悽歎也葉德烱曰此吟歎之吟非吟咏之吟郭茂倩樂府二十九引古今樂錄曰張永元嘉技錄有吟歎四曲一曰大雅吟二曰王明君三曰楚妃歎四曰王子喬大雅吟王明君楚妃歎並石崇辭王子喬古辭云云

釋兵第二十三

弓穹也張之穹隆然也葉德烱曰老子天之道其猶張弓乎爾雅春爲蒼天正義李巡注云古時人質

仰視天形穹隆而高其色蒼蒼然故曰穹蒼

其末曰簫言簫梢也畢沅曰鄭注儀禮鄉射云簫弓末也先謙曰言字當在梢上

又謂之弭以骨爲之滑弭弭也畢沅曰毛詩采薇象弭魚服傳象弭弓反末也箋云弭弓反末彆者以象骨爲之以助御者解轡紒宜滑也

中央曰弣弣撫也人所撫持也畢沅曰中央人手所握處也弣字說文所無禮記曲禮上右手執簫左手承弣己作弣字今從之撫持各本皆到據藝文類聚初學記引改正葉德炯曰弣卽柎也考工記弓人於挺臂中有柎焉故剽鄭注柎側骨按挺臂弓之正中正義所云弓把處蓋人所撫持物也

簫弣之間曰淵淵宛也言宛曲也畢沅曰宛曲本皆作曲宛亦據二書引改廣韻引作言曲宛然也攷工記夫角之中恒當弓之畏畏也者必橈故書畏作威杜子春云當爲威威謂弓淵角之中央與淵相當鄭康成讀畏如秦師入隈之隈則畏亦言隈曲皮錫瑞曰考工記弓人長其畏而薄其敝宛之無已應注宛謂引之也引之不休止常應弦言不罷需也儀禮大射儀公親揉之注揉宛之觀其安危也

弩怒也有埶怒也畢沅曰埶式制反成蓉鏡曰案御覽三百四十八引太白陰經發弩圖篇曰弩者怒也言其聲勢威響如怒故以名其弩也

其柄曰臂似人臂也畢沅曰說文弩弓有臂者也从弓奴聲周禮四

弩夾弩庾弩唐弩大弩鉤弦者曰牙似齒牙也牙外曰郭爲牙之規郭也畢沅曰藝文類聚引無之規二字下曰縣刀其形然也含括之口曰機畢沅曰今本作合名之曰機據藝文類聚引改蘇輿曰御覽兵部七十九引亦作合名之曰機言如機之巧也亦言如門戶之樞機開闔有節也畢沅曰禮記緇衣引逸書大甲曰若虞機張往省括于厥度則釋鄭注機弩牙也度謂所擬射也虞人之射禽弩以張從機閒視括與所射參相得乃後釋弦發矢

矢指也言其有所指向迅疾也葉德炯曰御覽兵部八十引趙氏兵書曰矢一名信往按古字信訊迅俱通信往當取迅往之義又謂之箭畢沅曰說文箭矢也从竹前聲箭進也畢沅曰今本作前進也初學記同皆誤據藝文類聚御覽引改其本曰足矢形似木畢沅曰初學記引木作言其形似木以下爲本畢沅曰今本重一本字衍也據初學記藝文類聚引刪以根爲足也畢沅曰成十七年左傳云葵猶能衞其足又謂之鏑畢沅曰說文鏑矢鏠也从金啇聲鏑敵也言可以禦敵也畢沅曰今本無言字據初學記引增齊人謂之鏃畢沅曰說文鏃利也族矢鏠也則此當作族然爾雅方言已皆

有鏃字賈誼書秦無亡矢遺鏃之費康成注攷工記矢人云矢稾長三尺殺其前一尺以趣鏃也趙岐注孟子云叩輪去鏃此明漢人皆作鏃也葢以矢鏠有利誼得相通且與宗族之字不混故不定從說文

鏃族也言其所中皆族滅也畢沅曰此誼似鑿不如說文束之族族之解爲允

關西曰釭釭鉸也言有交刃也畢沅曰此段文有譌說文釭車轂中鐵也此書釋車亦云釭空也其中空也不聞謂矢爲釭初學記引亦有此文唯曰作謂之二字交刃作鉸刃則其來相傳已久昔人未嘗致疑然鉸之與釭聲亦不協刪之又懼貽專輒之譏姑仍之以待後人之能好學深思者竊以爲或是關西曰鉸鉸交也言有交刃也葢箭有三鐮四鐮者有鉤刃射人不能出者此交刃之謂與但無明文可證耳孫詒讓曰案矢鏃不可爲交刃畢說究難通方言說箭鏃胡合嬴者有四鐮三鐮之制郭璞訓鐮爲棱則雖有多棱亦止一刃不得云交刃也竊謂此矢鏃名釭當即豐本而別爲骹以冒稾者與古矢鏃爲薄匕不同此云釭鉸也鉸當爲骹之誤交刃初學記作鉸刃亦當爲骹刃言刃之本爲骹別於薄匕之本爲鋌也骹中空以納稾猶車釭之含軸故謂之釭與釋車釭空之義正同李林甫唐六典注引通俗文云鳴矢曰骹彼骹爲髇骹之借字與此異

其體曰幹言梃幹也畢沅曰鄭仲師注周禮敘官稾人云箭幹謂之稾說文梃一枚也从木廷聲

其旁曰羽畢沅曰攷工記矢人五分其長而羽其一謂五分稾

之長也槀長三尺羽者六寸又云夾其比以設其羽如鳥羽也鳥須羽而飛矢須羽而前也齊人曰衛畢沅曰矢人夾而搖之以眡其豐殺之節也鄭注今人以指夾矢舞衛是也所以導衛矢也其末曰栝畢沅曰說文栝字後一解云矢栝築弦處然則栝从木不从手本或作括非栝會也與弦會也畢沅曰藝文類聚作與弦相會也皮錫瑞曰詩曷其有佸傳佸會也德音來括傳括會也儀禮士喪禮鬠用組注古文鬠皆爲括佸括栝古字葢通故栝亦訓會栝旁曰叉形似叉也畢沅曰栝之有叉所以築弦也

其受矢之器畢沅曰今本無矢字據初學記引增御覽引句上有箭筒二字與受矢之器辭近乎複今不從但據所引分析之不承上文之下以皮曰服畢沅曰此當作箙說文箙弩矢箙也从竹服聲周禮司弓矢仲秋獻矢箙亦作服采薇詩云象弭魚服毛傳魚服魚皮也箋服矢服也柔服之義也畢沅曰今本作謂柔服用之也據初學記引改織竹曰笮相迫笮之名也畢沅曰說文笮迫也步叉畢沅曰當云亦曰步叉通俗文箭箙謂之步叉王啟原曰文選七發注服今之步叉也晉書載記石虎破劉曜獲馬二百疋金銀步叉弓韉三十具蘇輿曰步

又卽鞴靫廣雅釋器鞴靫矢藏也集韻引埤蒼鞴靫箭室也步鞴一聲之轉靫卽叉之俗體人所帶以箭叉於其中也畢沅曰今本無此於字及下於字竝據初學記引增馬上曰鞬鞬建也畢沅曰說文鞬所以戢弓矢从革建聲禮記樂記名之曰建櫜鄭注建讀曰鞬弓矢竝建立於其中也畢沅曰初學記引句上有言字史記信陵君傳平原君負韊矢案說文籣所以盛弩矢人所負也从竹闌聲茲備舉盛矢器之名而不言籣豈其有闕逸與

刀到也以斬伐到其所乃擊之也畢沅曰乃今本譌作刀據初學記引改其末曰鋒言若蠭刺之毒利也畢沅曰蠭刺今本譌作鋒刺葢俗蠭作蜂故又轉相譌也蘇輿曰荀子議兵篇宛鉅鐵釶慘如蠭蠆卽此義其本曰環形似環也其室曰削畢沅曰說文削鞞也鞞刀室也削陗也其形陗殺裹刀體也畢沅曰今本陗俱作峭俗從說文改室口之飾曰琫畢沅曰說文琫佩刀上飾天子以玉諸矦以金从玉奉聲琫捧也捧束口也畢沅曰捧俗字本作奉方勇反下末之飾曰琕琕卑也在下之言也畢沅曰說文琕作珌云佩刀下飾从玉必聲本毛詩

瞻彼洛矣傳也然篤公劉傳又云下曰鞞上曰琫同出毛公而語有異毛詩名物疏據釋名以規小雅傳爲誤陳氏長發則扶毛傳以駁釋名戴氏震以公劉傳爲是云有珌與有奭一例猶言奭然珌然傳珌下飾當作鞞下飾下數珌字皆當作鞞說文所見已是誤本有釋名可以正之數說不同今案祇當各仍本文且詩釋文云鞞字又作琕則此之琕與鞞實一字又琕字从卑與卑下之誼正相比附故不依毛氏前一解作珌字

短刀曰拍髀帶時拍髀旁也又曰露拍言露見也 蘇輿曰御覽三百四十六載張協露陌刀銘曰露陌在服威靈遠振遵養時晦曜德崇信又魏文帝露陌刀銘曰於鑠良刀胡練亶時譬諸鱗角靡所任茲不逢不若永世寶持卽此物也陌拍同

佩刀在佩旁之刀也或曰容刀 畢沅曰公劉詩云何以舟之維玉及瑤鞞琫容刀毛傳舟帶也鄭箋民愛公劉之如是故進玉瑤容刀之佩 **有刀形而無刃** 蘇輿曰御覽兵部七十六有刀形作爲刀形 **備儀容而已** 畢沅曰儀容之容字本作頌說見前王先愼曰容刀刀室也刀有室乃可佩非佩刀之旁另有刀也成國所釋殊誤

翦刀翦進也所翦稍進前也 畢沅曰今本翦作剪案一切經音義云鉸刀今亦謂之翦刀作剪字

與詩勿剪勿伐合從之成蓉鏡曰釋言劑翦齊也郭注南人呼翦刀爲劑刀

書刀給書簡札有所刊削之刀也畢沅曰攷工記築氏爲削長尺博寸合六而成規鄭注今之書刀孫楷曰後漢劉盆子傳其中一人出刀筆書謁欲賀李注古者記事書於簡冊謬誤者以刀削而除之漢書音義晉灼曰舊時蜀郡工官作金馬書刀者似佩刀形金錯其拊蓋其遺制

封刀鉸刀削刀畢沅曰施本脫削刀二字各家本皆有然削刀卽書刀已見上此似複出蘇輿曰御覽兵部七十六引無削刀二字**皆隨時用作名也**畢沅曰今本作皆隨時名之也據一切經音義引改王啟原曰鉸刀本爲交刀世說爰綜於石下得翦刀主簿曰今得交刀當爲交州翦交竝言又初學記引東宮舊事太子納妃有龍頭金縷交刀四亦作交刀翦刀兩刀相交故名交刀耳隨時用作名自無妨重見畢前注旣知鉸刀之爲翦刀迺獨疑於削刀之複出何也

戟格也旁有枝格也畢沅曰說文戟有枝兵也从戈𠦝聲讀若棘格說文作挌云挌枝挌也从手各聲王啟原曰考工記戟廣寸有半注今三鋒戟也華嚴經音義引論語圖戟形旁出兩刃故鄭云三鋒而說文亦云戟有枝兵也三

國志呂布傳布言諸君觀布射戟小支

戈句孑戟也畢沅曰孑今本譌作矛據御覽引改鄭注周禮敘官司戈盾云戈今時句孑戟又注考工記冶氏云戈今句孑戟也或謂之雞鳴或謂之擁頸皮錫瑞曰方言九戟楚謂之孑凡戟而無刃秦晉之間謂之釬或謂之鏔吳揚之間謂之戈東齊秦晉之間謂其大者曰鏝胡其曲者謂之鉤釬鏝胡葉德炯曰方言矛有小枝刃者謂之鉤釬與此句孑戟同名

戈過也所刺擣則決過所鉤引則制之弗得過也蘇輿曰御覽兵部八十三擣則作則擣鉤作句引下無則字王氏念孫廣雅疏證云謂所刺擣所鉤引皆決過也考工記注以戈爲句兵句戈一聲之轉猶鎌謂之鉤亦謂之划也

車戟曰常長丈六尺車上所持也八尺曰尋倍尋曰常故稱常也畢沅曰攷工記曰車戟常言車戟長二尋也常乃車戟之度非車戟之名也曰字似衍王啟原曰車戟常以長而名曰字非衍以廬人文繹之自見詩無衣修我矛戟鄭箋亦云車戟常也鄭君非不知文義者

手戟手所持擿之戟也畢沅曰戟已見於上此又區分車戟手戟近贅成蓉鏡曰畢說非也手戟別一

物魏志董卓以呂布自衛嘗失意拔手戟擿布吳志太史慈劉繇使偵騎卒遇孫策刺慈馬而擥慈項上手戟御覽三百五十二引張勃吳錄曰嚴白虎使弟輿詣長沙桓王以手戟投之立死又引張協手戟銘曰鍛鍛雄戟清金鍊鋼又引孫盛異同雜語曰太祖嘗私入中常侍張讓室讓覺之乃舞手戟於庭前成國時有此物故釋之

矛冒也刃下冒矜也畢沅曰說文矜矛柄也**下頭曰鐏**畢沅曰說文鐏柲下銅也**鐏入地也松櫝長三尺**畢沅曰三尺太短似誤御覽引作三丈益非攷工記曰凡兵無過三其身故夷矛三尋爲長之極安有三丈之矛乎葉德烱曰御覽三丈葢二丈之譌詩無衣修我矛戟毛傳矛長二丈說文矛酋矛也建於兵車長二丈明此三字是二字之誤**其矜宜輕以松作之也櫝速櫝也**畢沅曰速櫝之誼未聞孫詒讓曰案速櫝吳校本改作速獨與上文鞾韈釋同是也彼爲足直前之言與此前刺之言義可兩通**前刺之言也**

矛長丈八尺曰矟畢沅曰說文無矟字案攷工記酋矛常有四尺夷矛三尋此丈八尺之矛則短矣葢所謂鉈矛說文鉈短矛也从金它聲**馬上所持言其矟矟便殺也**成蓉鏡曰一切經音義二引埤蒼曰矟長一丈八尺藝文類聚六十引通俗文曰矛長丈八者謂之矟御覽引晉書曰劉邁爲殷仲堪中兵參軍桓元於仲堪聽事

戲馬以矟擬仲堪邁曰馬矟有餘精理不足語林桓宣武與殷劉談上馬持矟亦見御覽又引三國典略曰羊侃執矟上馬是矟爲馬上所持也

又曰激矛激截也可以激截敵陳之矛也 蘇輿曰王氏念孫廣雅疏證云矟激皆長貌也爾雅釋木梢梢擢郭注謂木無枝柯梢擢長而殺者又無枝爲檄注云檄擢直上廣雅釋詁二云檄長也檄與激梢與矟義並相近

仇矛頭有三叉 畢沅曰小戎詩云厹矛鋈錞毛傳厹三隅矛也案厹乃假借字當以仇爲正 **言可以討仇敵之矛也**

夷矛夷常也 吳翊寅曰吳校刪夷常也案此三字當在不言常上不當刪 **其矜長丈六尺** 畢沅曰攷工記夷矛三尋茲云其矜長丈六尺則其援與鐏統計有八尺與 **不言常而曰夷者言其可夷滅敵亦車上所持也** 畢沅曰攷工記說車有六等之數不言夷矛則車上無夷矛也成蓉鏡曰周禮夏官司兵掌五兵司農云五兵者戈殳戟酋矛夷矛下文建車之五兵後鄭云車之五兵司農所云者是也步卒之五兵則無夷矛而有弓矢考工記廬人爲廬器戈柲六尺有六寸殳長尋有四尺車戟常酋矛常有四尺夷矛三尋下云六建既備車不

反覆注六建五兵與人也五兵卽上所云戈殳車戟酋矛夷矛也詩清人上云駟介下云二矛明是車兵非步兵故箋云二矛夷矛酋矛也皆車上有夷矛之證劉義未可駁

𥎞矛 畢沅曰今本上一字矛旁从廾从夕不成字案廣雅有𥎞字云矛也曹憲音呼覓切此下云𥎞霍也二字雙聲誼得相訓玉篇有𥎞字長矛也呼的切音亦相近集韻又作𥎞此皆說文所無而今亦不能刪者也蘇輿曰御覽兵部引作矝矝疑矜之省竝說文所無玉篇矜矛也廣韻矜矛也古或用𣫯字說文𣫯橦樓也徐鍇釋云字書又小矛也因變木從金作鍛集韻鍛金小矛省作鍛廣韻鍛小矛再從矛作殺集韻鍛小矛或从矛又作矜或作矝展轉譌誤至變爲𥎞矝務與務耳務見龍龕手鑑畢說未了詳見日本人著經籍訪古志二 **長九尺者也𥎞霍也所中霍然卽破裂也** 蘇輿曰莊子養生主砉然嚮然奏刀騞然釋文引司馬云砉皮骨相離聲崔云騞聲近獲大于砉也砉騞霍一聲之轉竝以其聲言之虲下云騞然破散亦卽霍然破裂之謂司馬相如大人賦霍然雲消亦取破裂爲義

殳矛 畢沅曰殳無刃不當稱矛御覽引無此二字當爲衍文葉德炯曰北堂書鈔武功部十二引亦無殳矛二字是唐人所見本卽如此畢以爲衍文良是 **殳殊也** 畢沅曰說文殳以杸殊人也 **長丈二尺而無刃** 畢沅曰攷工記殳長尋有四尺葉德炯曰詩衞風伯也執殳毛傳殳長丈二尺而無刃鄭注周禮所本周制八尺曰尋尋有四尺仍

是丈有二尺也有所撞挃於車上使殊離也盾遯也跪其後畢沅曰御覽引作跪其下避刃以隱遯也畢沅曰今本無刃字據北堂書鈔御覽引增說文盾瞂也所以扞身蔽目象形厂聲先謙曰吳校以作似大而平者曰吳魁本出於吳爲魁帥者所持也蘇輿曰廣雅吳魁盾也御覽引吳魁作吳科王氏念孫疏證云楚辭九歌操吳戈兮被犀甲王逸注或曰操吾科吾科盾之名也吾科與吳魁同科魁聲相近故後漢書謂科頭爲魁頭又云吳者大也魁亦盾名也吳魁猶言大盾不必出於吳亦不必爲魁帥所持也方言吳大也吳語奉文犀之渠韋注渠楯也渠與魁一聲之轉故盾謂之渠亦謂之魁帥謂之渠亦謂之魁芋根謂之芋渠亦謂之芋魁也隆者曰滇盾本出於蜀蜀滇所持也畢沅曰今本滇皆作須蜀字不重據御覽引增改蜀滇所持謂蜀滇人所用或曰羌盾言出於羌也成蓉鏡曰御覽三百五十七引張敞東宮舊事曰東列崇福門各羌楯十幡葉德炯曰吳魁滇盾蜀盾羌盾猶考工記鄭刀宋斤魯削吳越劍各以地著名也約脅而鄒者曰陷虜畢沅曰釋書契篇鄒狹小之言也言可以陷破虜敵也今謂之曰露見是也狹而長者曰步盾步兵

所持與刀相配者也葉德炯曰周禮地官旅賁氏執戈盾夾王車而趨此即步兵之盾狹而短者曰孑盾車上所持者也蘇輿曰御覽孑盾上有夾字孑小稱也以縫編版謂之木絡蘇輿曰御覽引縫作韼云音逢編版下有者字木絡下有盾字以犀皮作之曰犀盾以木作之曰木盾皆因所用爲名也成蓉鏡曰韓子趙簡子犀楯犀櫓

彭排彭旁也畢沅曰易大有九四匪其彭釋文彭子夏作旁姚信云彭旁則彭旁聲相近在旁排敵禦攻也成蓉鏡曰御覽三百五十七引諸葛亮軍令曰帳下及右陣各持彭排又引晉安帝紀劉裕大破孫恩於蒜山恩以彭排自載僅得還船又三百五十四引宋元嘉起居注曰謝靈運自理表云彭排馬槍玉篇樠彭排也急就章注盾即今旁排也後漢袁紹傳注楯今之旁排即彭排

甲畢沅曰鄭注周禮敘官司甲云甲今之鎧也似物有孚甲以自禦也畢沅曰說文甲从木戴孚甲之象亦曰介畢沅曰禮記曲禮介者不拜周禮旅賁氏軍旅則介而趨鄭注介被甲亦曰函畢沅曰攷工記曰燕無函鄭仲師注函鎧也亦曰鎧畢沅曰說文鎧甲也蘇輿曰夏官序官司甲賈疏云古用皮謂之甲今用

金謂之鎧从金爲字也**皆堅重之名也**畢沅曰今本及御覽引皆作鎧猶塏也塏堅重之言也或謂之甲似物孚甲以自禦也無亦曰介亦曰函六字據初學記引增改

劒檢也所以防檢非常也又斂也以其在身拱時斂在臂內也畢沅曰今本脫斂也以三字據藝文類聚御覽引增蘇輿曰御覽兵部七十三拱時作拱持**其旁鼻曰鐔鐔尋也帶所貫尋也**畢沅曰說文鐔劒鼻也蘇輿曰莊子說劒篇以周宋爲鐔釋文鐔三倉云劒口也徐云劒環也司馬云劒珥也程氏易疇通蓺錄云劒首者何戴於莖者也首也者劒鼻也劒鼻謂之鐔鐔謂之珥或謂之環或謂之劒口有孔曰口視其旁如耳然曰珥面之曰鼻對末言之曰首然則劒珥劒環劒首劒末劒鼻寔一義也**其末曰鋒鋒末之言也**畢沅曰說文作鏠云兵耑也

鋋畢沅曰說文鋋小矛也**延也達也**吳翊寅曰吳校達也上有延字案依轉訓例當有延字**去此至彼之言也**葉德炯曰方言矛吳揚江淮南楚五湖之間謂之鍦或謂之鋋則鋋是矛異名後漢馬融傳飛鋋電激曰飛鋋尤與去此達彼之義相切

鉤鑲葉德炯曰御覽兵部八十五引東觀漢記詔令賜鄧遵金蚩尤辟兵鉤一卽此物兩頭曰鉤中央曰鑲或推鑲孫詒讓曰案推鑲鑲當作攘急就篇注云鑲亦刀劍之類其刃卻偃而外利所以推攘而害人也卽本此或鉤引用之之宜也畢沅曰第二之字似當作皆葉德炯曰北堂書鈔武功部十二引亦作用之之宜也是唐人所見本如此不必爲皆之誤

九旗之名日月爲常畫日月於其端天子所建言常明也畢沅曰周禮司常日月爲常又云王建大常鄭注王畫日月象天明也葉德炯曰九旗與釋天旌旂文略有異同釋名依司常是周制爾雅太常用練旒是殷制經典說練皆純素之稱郭注依違釋練爲絳蓋誤以太常爲周制也惟自太常以下仍是周制其不言熊虎之旗者此文有脫佚之故文選西京賦薛綜注引爾雅熊虎爲旗是薛君所見爾雅有此一句交龍爲旂旂倚也畫作兩龍相依倚畢沅曰今本有也字據初學記引刪諸侯所建也畢沅曰司常交龍爲旂又云諸侯建旂鄭注諸侯畫交龍一象其升朝一象其下復也通帛爲旃旃戰也戰戰恭已而已通以赤色爲之畢沅曰色疑當作帛無文采三孤所建象無事也

畢沅曰司常通帛爲旃鄭注通帛謂大赤從周正色無飾又云孤卿建旃鄭注孤卿不畫言奉王之政教而已今本通以赤色爲之無文采九字在諸侯所建之上誤也據司常文更正之

熊虎爲旗旗期也言與衆期於下

畢沅曰周禮大司馬田之日司馬建旗于後表之中羣吏以旗物鼓鐸鐲鐃各帥其民而致此與衆期之事也王啟原曰史記仲尼弟子傳巫馬旗字子施名字相配是本名旗而論語呂氏春秋俱作巫馬期以旗義取諸期故假爲之周禮大司馬司馬以旗致民注以旗者立旗期民于其下也此亦可證旗期之義

軍將所建象其猛如熊虎也

畢沅曰今本脫旗期也三字又脫猛如熊虎之熊而于如虎下作與衆期其下也據初學記引改司常熊虎爲旗又云師都建旗鄭注師都六鄉六遂大夫也畫熊虎者鄉遂出軍賦象其守猛莫敢犯也此言軍將所建似不同何也案鄭注大司馬敍官云言軍將皆命卿則凡軍帥不特置選於六官六鄉之吏自卿以下德任者使兼官焉然則鄉遂大夫或有時爲軍將故建旗此文原不違周禮也又大司馬曰軍吏載旗鄭注以爲軍帥則固是軍將矣

鳥隼爲旟旟譽也軍吏所建急疾趨事則有稱譽也

畢沅曰司常鳥隼爲旟又曰州里建旟大司馬曰百官載旟此言軍吏所建蓋州長里宰及百官皆有時爲軍吏也爾雅錯革鳥曰旟孫炎注錯置也革急也畫急疾之鳥于縿也案急疾之鳥鳥

隼是也

雜帛爲物畢沅曰說文勿州里所建旗象其柄有三游雜帛幅半異所以趣民故遽稱勿勿或从㫃作𣃘司常雜帛爲物物假借字今本作雜帛爲旆初學記亦云一作旆則異本之誤也御覽兩引儀式部引作旆兵部引作物今當依說文作勿或𣃘爲正

以雜色綴其邊爲燕尾畢沅曰燕今本誤作翅據初學記引改鄭注司常曰雜帛者以帛素飾其側葉德炯曰公羊宣十二年傳莊王親自手旌何休注繼旐如燕尾曰旆

將帥所建畢沅曰司常大夫士建物大司馬鄉遂載物皆與此異

象物雜色也畢沅曰今本脫色字據御覽引補

龜蛇爲旐旐兆也龜知氣兆之吉凶先謙曰吳校龜下有蛇字**建之於後察度事宜之形兆也**畢沅曰司常龜蛇爲旐又曰縣鄙建旐大司馬郊野載旐此不言所建不備也鄭注司常曰龜蛇象其扞難辟害也說與此異

全羽爲𣄻畢沅曰初學記引作旞說文旞或从遺作𣄻**𣄻猶滑也順滑之貌也**

析羽爲旌旌精也有精光也畢沅曰司常全羽爲旞析羽爲旌又曰道車載旞斿車載旌鄭注道車象路也王以朝夕燕出入斿車木路也王以田以鄙全羽析羽五色象其文德也然則旞旌天子之車所載故此不言所建葉德炯曰說文旌游車載旌析羽注旄首所以精進士卒按旌精本疊韻但許言精進此言精光義訓微別

綏有虞氏之旌也注旄竿首其形燊燊然也畢沅曰禮記明堂位有虞氏之旂夏后氏之綏鄭注綏當爲緌讀如冠蕤之蕤有虞氏當言緌夏后氏當言旂此蓋錯誤也蕤謂注旄牛尾于杠首所謂大麾

緌夏后氏之旌也其形衰衰也畢沅曰明堂位夏后氏之綏鄭注辯其誤已見上先謙曰吳校綏上有或曰三字通上爲一條

白旆殷旌也以帛繼旐末也畢沅曰明堂位殷之大白周之大赤爾雅繼旐曰旆此當云大白殷旌也大赤周旌也帛旆以帛繼旐末也孫炎注爾雅引詩帛旆英英

翳陶也其貌陶陶下垂也畢沅曰鄭仲師注周禮鄉師云翳羽葆幢也葉德炯曰翳與翿古字通詩君子陽陽左執翿說文羽部引作左執翳蓋出三家也翿陶取疊韻爲訓

幢童也其貌童童然也畢沅曰今本脫然字據後漢書班超傳注廣韻御覽引補葉德炯曰方言二翿幢翳也關東關西曰幢下童童當讀詩采蘩被之僮僮之僮箋云僮僮竦敬也文選東京賦樹羽幢幢薛綜注幢幢羽皃與此有別蓋幢爲幢麾之幢手持之物當訓竦敬也上文陶陶亦當依詩君子陶陶傳陶陶訓和樂皃

旛幡也畢沅曰說文旛幡胡也**其貌幡幡然也**畢沅曰今本脫然字據御覽引補

校號也將帥號令之所在也畢沅曰未聞軍中有所謂校者疑校當爲旄尙書泰誓師尙父右把白旄以號坶誓武王右秉白旄以麾則旄者號令之所在也且旄號聲相近姑識所疑以俟後賢定焉王啟原曰中山策五校大夫注校軍營也漢書衛青傳常護軍傳校獲王注校者營壘之稱云傳校可證號令所在之說續漢書百官志大將軍營五部部有校則一壘有一校校尉故漢西京宿衛有中壘校尉校尉傳將軍之號令校爲軍壘故云校號而爲號令所在也

節者號令賞罰之節也畢沅曰者今本作爲據御覽引改案史記高祖紀索隱引此下有又節毛上下相重取象竹節十一字

鐸度也號令之限度也畢沅曰周禮大司馬振鐸則羣吏作旗車徒皆作摝鐸則羣吏獘旗車徒皆坐是鐸爲號令之限度也鄭注周禮小宰云文事奮木鐸武事奮金鐸

金鼓金禁也爲進退之禁也王啟原曰魏志太祖紀建安二十一年冬十月治兵注引魏書云王親執金鼓以令進退蘇輿曰本書釋天金禁也其氣剛嚴能禁制也

慼感也畢沅曰說文戚戉也从戉尗聲慽憂也从心戚聲蘇輿曰慼感字同詩公劉毛傳戚斧也論語述而小人長戚戚集解引鄭注長戚戚多憂懼皃也斧以斬斷見者皆感懼也

戉畢沅曰說文戉大斧也从戈𠃌聲今本作鉞案說文鉞訓車鑾聲也从金戉聲詩曰鑾聲鉞鉞則鉞字誼別豁也所向莫敢當前豁然破散也

釋車第二十四

車古者曰車畢沅曰書牧誓釋文引無曰車二字聲如居言行所以居人也畢沅曰書牧誓釋文詩召南釋文引皆無言行二字一切經音義引有之葉德炯曰禮曾子問天子以德爲車注車或作居釋草望乘居釋文居本作車莊子徐無鬼若乘日之車釋文元嘉本作居此皆車音如居之證今日車聲近舍畢沅曰今本脫此三字據書牧誓釋文引補說文舍字舍聲余字舍省聲則舍字之音古今不同舍之古音重讀則如庶輕讀則如舒詩何人斯第五章舍與車盱叶是明證也故車聲近舍互詳辯釋名車舍也行者所處若居舍也畢沅曰居今本誤作車據藝文類聚引改御覽引此下有黃帝造車故號軒轅氏九字說文車夏后時奚仲所作案左傳奚仲

爲車正之官爾非造車也堯典云車服以庸則車由來舊矣葢實始於黃帝

天子所乘曰路路亦車也謂之路者言行於道路也蘇輿曰白虎通車旂篇路者何謂也路大也道也正也君至尊制度大所以行道德之正也路者君車也文選東京賦龍路充庭薛注路天子之車也

金路玉路以金玉飾車也象路革路木路各隨所以爲飾名之也畢沅曰今本作天子所乘曰玉輅以玉飾車也在輅亦車也之上其金輅以次于象輅之下易去革路據御覽引改唯末句從今本諸路字今本除道路皆作輅御覽引亦然唯一切經音義引作路案說文輅車輪前橫木也則其誼別周禮王之五路字不从車今尚書顧命輅字乃衛包所改隸古定本實作路茲定從路周禮巾車王之五路玉路錫樊纓十有再就金路鉤樊纓九就象路朱樊纓七就革路龍勒條纓五就木路前樊鵠纓鄭注玉路以玉飾諸末金路以金飾諸末象路以象飾諸末革路鞔之以革而漆之木路不鞔以革漆之而已是各隨所以爲飾名之也葉德炯曰文選四子講德論注引白虎通名車爲輅者言所以步之於路也

鉤車以行爲陳鉤般曲直有正夏所制也畢沅曰禮記明堂位鉤車夏后氏之路也

毛詩六月傳夏后氏曰鉤車先正也葉德炯曰夏后爲車正則鉤車爲車制之祖矣鉤讀如句股之句制車必用測算攷工記所載厚博長短尺寸是也句般曲直當作句股曲直爾雅九河鉤盤釋文引李巡本作鉤股云水曲如鉤折如人股此鉤般爲句股之證攷工記輪人規之欲其圜也萬之欲其匡也以下皆所謂句股曲直也此鉤車必取鉤股之義無疑明堂位鄭注鉤有曲輿者也正義輿則車牀曲輿謂曲前闌也以鉤爲曲闌義實不憭夫車制多矣安有因一曲闌遂名全車爲鉤車之理鄭注自據所見曲闌者而言非鉤車最初之名義也御覽兵部六十五引司馬灋云夏后氏曰鉤車先正也宋衷注鉤設浦車遠近計車量也以立壘正者什伍之例也按量也爲量地之誤量地卽推步之法但宋注就用時立算與此有別然其取於句股義一也

胡奴車東胡以罪沒入官爲奴者引之殷所制也畢沅曰今本脫胡奴之奴東胡譌作車胡據誼增改鄭注周禮鄉師引司馬灋曰夏后氏謂輦曰余車殷曰胡奴車周曰輜輦案毛詩六月傳夏后氏曰鉤車殷曰寅車周曰元戎詩正義以爲司馬灋文而與周禮注所引異者據本書鉤車寅車元戎皆戎車乃駕馬之車余車胡奴車輜輦御覽引作輜車皆人輓行之輦本不同也皮錫瑞曰案古瑚璉字亦作胡輦夏后氏之四連殷之六瑚疑卽取義於

車先謙曰吳校官爲二字互乙

元戎車在軍前啟突敵陳周所制也畢沅曰毛詩六月傳周曰元戎先良也皮錫瑞曰史記集解引韓詩薛君章句曰元戎大戎謂兵車也車有大戎十乘謂車縵輪馬被甲衡軛之上盡有劍戟名曰陷陣之車所以冒突先啟敵家之行伍也鄭箋二者及元戎皆可以先前啟突敵陣之前行用韓說葉德炯曰孟子盡心下革車三百兩疏引牧誓作戎車三百兩御覽兵部六十五引書同然則戎車始於武王伐紂時矣故云周所制先謙曰吳校在上補元戎二字

輦車人所輦也畢沅曰說文輦輓車也从車扶在車前引之也鄭注周禮鄉師云輦人輓行

柏車柏伯也大也先謙曰吳校大上有伯字**丁夫服任之大車也**畢沅曰大車今本誤作小車案服任之車實是大車且釋柏爲大詎安得又云小車據改攷工記車人柏車轂長一柯其圍二柯其輻一柯其渠二柯者三五五分其輪崇以其一爲之牙圍鄭注輪高六尺牙圍尺二寸記又曰柏車二柯注云較六尺也葉德炯曰論語大車無輗小車無軏唐武后臣軌注引鄭注云大車柏車小車羊車集解引包咸注大車牛車小車駟馬車按考工記輈人是故大車平地既節軒摯之任及其登阤不伏其轅必縊其牛云云則大車是牛車矣車人爲車分柏車大車羊車則大車非柏車矣包

注論語葢本考工鄭及成國所云則漢制也

羊車皮錫瑞曰晉書輿服志羊車一名輦車其上如軺伏兔箱漆畫輪軛齊書輿服志隋書禮儀志同謂羊車金漆牽車漢時以人牽之梁高僧傳云天監八年敕給銅三千斤見羊車傳詔北史李諧傳賜斛律金羊車上殿隋書禮儀志隋馭童年十四五者二十人謂之羊車小史駕果下馬其大如羊唐志屬車七曰羊車此皆名羊而非駕羊之證與下文所云贏車羊車不同義**羊祥也**畢沅曰說文同王啟原曰春秋昭十一年盟于祲祥公羊作侵羊春秋說題辭羊者祥也漢碑每以吉羊爲吉祥**祥善也**畢沅曰爾雅文**善飾之車今犢車是也**畢沅曰攷工記車人羊車二柯有參分柯之一鄭注羊善也善車若今定張車較長七尺成蓉鏡曰御覽七百七十五引桓譚別傳曰薄其資惟有犢車一乘

墨車漆之正黑無文飾大夫所乘也畢沅曰周禮巾車大夫乘墨車鄭注墨車不畫也是無文飾也蘇輿曰儀禮覲禮侯氏乘墨車鄭注墨車大夫制也又士昏禮主人爵弁纁裳緇袘從者畢玄端乘墨車注墨車漆車士而乘墨車攝盛也先謙曰吳校墨下補如墨二字

重較其較重畢沅曰較說文作較**卿所乘也**畢沅曰鄭注攷工記輿人云較兩輢上出式者說文較車

輢上曲銅從車爻聲據李善注西京賦所引曲銅作曲鉤爲是毛詩淇澳傳重較卿士之車案周禮車無重較單較之文以鄭注攷之式低較高望之若兩重然古今注重較在車轓上重起如牛角故云重較皆指在車兩旁者

役車給役之車也棧車棧靖也麻靖物之車也皆庶人所乘也 畢沅曰今本棧車云云提行別起據云皆庶人所乘言皆則兼承役車棧車當合爲一周禮巾車士乘棧車庶人乘役車茲曰皆庶人所乘者說文竹木之車曰棧竹木之車微賤庶人亦得乘之也鄭注巾車棧車不革鞔而漆之役車方箱可載任器以供役

軘車戎者所乘也 畢沅曰說文軘兵車也从車屯聲杜注左傳亦云兵車名蘇輿曰軘車見左宣十二年傳疏引服虔云軘車屯守之車案服以字從屯取義其爲戎者所乘則一也

容車婦人所載小車也其蓋施帷所以隱蔽其形容也 畢沅曰周禮巾車王后之五路重翟厭翟安車三者皆有容蓋鄭仲師注容謂幨車山東謂之裳帷或曰潼容儀禮士昏禮婦車亦如之有裧康成注裧車裳帷周禮謂之容車有容則固有蓋毛詩氓傳帷裳婦人之車也鄭箋帷裳童容也

衣車前戶所以載衣服之車也成蓉鏡曰後漢梁冀傳注引倉頡篇云軿衣車也左定九年傳正義引何允禮記正義引說文輜軿衣車也禮曲禮不乘奇車正義引隱義云衣車如鼈而長也漢書霍光傳注孟康曰輼輬車如衣車有窗牖據成國云衣車前戶是他車皆後戶魏志孫賓碩乘犢車入市見趙岐開車後戶顧所將兩騎令下馬扶上之亦其證孫詒讓曰案衣車前戶者對輜車後戶也輜車後戶見轖帷車鄭注周說文車部云輜軿車前衣車後也漢時輜車軿車衣車三者制度蓋略相類故蒼頡篇云軿衣車也明其形大同惟以前後衣蔽及開戶微有區別蓋軿車四面有衣蔽故此下文云軿車軿屏也四面屏蔽婦人所乘牛車也衣車則後有衣蔽而前開戶可以啟閉輜車則前有衣蔽有後開戶故劉云衣車前戶而許君又以軿車前衣車後釋輜車也蘇輿曰定九年傳載蔥靈寢於其中而逃孔疏引賈逵云蔥靈衣車也有蔥有靈是衣車即蔥靈之本稱漢書霍光傳昌邑王略女子載之衣車則衣車亦婦人所乘故有蔥與靈蔥與窗同靈與櫺同亦為隱蔽形容之用又兼載衣服可臥息也故成國次於容車之後

獵車所乘以畋獵也畢沅曰此周禮所謂田路成蓉鏡曰續漢書輿服志獵車一曰闟猪車親校獵乘之禮曲禮不乘奇車注奇車獵衣之屬正義引隱義云獵車之形今之鉤車是也漢桓帝之時禁臣下乘之蘇輿曰晉書輿服志

獵車駕四車天子校獵所乘卽此

小車駕馬輕小之車也駕馬宜輕使之局小也畢沅曰包咸論語注小車駟馬車先謙曰吳校使上有故字

高車其蓋高立乘載之車也畢沅曰攷工記輪人爲蓋達常圍三寸桯圍倍之六寸部長二尺桯長倍之四尺者二鄭司農云達常蓋斗柄下入杠中也桯蓋杠也部蓋斗也又云杠長八尺謂達常以下也加達常二尺則蓋高一丈立乘也王啟原曰立乘載之車也呂本無乘字蘇輿曰晉志車坐乘者謂之安車倚乘者謂之立車亦謂之高車

安車蓋卑坐乘今吏所乘小車也畢沅曰鄭注禮記曲禮云安車坐乘若今小車也成蓉鏡曰漢書車千秋傳千秋年老上優之朝見得乘小車入宮殿中

羸車羊車畢沅曰羊今本作羔誤**各以所駕名之也**畢沅曰御覽引曰羊車以羊所駕名車也蓋節引此條非別有一條也前文雖已有羊車前文以祥善爲詁此則以駕羊爲稱名同而實不同也成蓉鏡曰蜀志後主劉禪乘騾車降鄧艾御覽七百七十五引晉書曰武帝平吳之後掖庭殆將萬人常乘羊車恣其所之又曰衞玠總角乘羊車入

市

檻車上施闌檻以格猛獸亦囚禁罪人之車也畢沅曰今本脫亦囚禁罪人五字據文選長楊賦注引補成蓉鏡曰漢書楊雄傳捕熊羆豪豬虎豹狖玃狐兔麋鹿載以檻車是檻車格猛獸之證史記張耳陳餘傳乃檻車膠致與王詣長安後漢鄧騭傳任尚坐斷盜軍糧檻車徵詣廷尉急就章攻擊劫奪檻車膠亦檻車囚禁罪人之證

軺車軺遙也遙遠也四向遠望之車也畢沅曰遙字俗當作繇說文𣪍繇擊也是卽𣪍鼠忌器之𣪍也則繇爲繇遠字明矣蘇輿曰說文軺小車也漢書平帝紀元始三年立軺併馬顏注引服虔云軺音謠立乘小車也御覽車部四引謝承後漢書許慶家貧爲督郵乘牛車鄉里號曰軺車督郵又引傅子漢世乘軺則貴人也李尤軺車銘曰輪以代步屏以蔽容茲此矣

輜車載輜重臥息其中之車也輜廁也所載衣物雜廁其中也

軿車軿屏也皮錫瑞曰周禮巾車翟車注如今軿車是也四面屏蔽婦人所乘牛車

也畢沅曰今本輜作駢牛車作牛馬據續漢書輿服志劉昭注引改輜軿之形同有邸曰輜無邸曰軿畢沅曰宋書禮志引字林曰軿車有衣蔽無後轅其有後轅者謂之輜孫詒讓曰案說文車部云輒大車後也邸卽輒之借字考工記輈人亦云不援其邸必緧其牛後邸卽所謂後轅凡輜車後開戶故有後轅軿車四面屏蔽則無後轅劉說與字林可互證也蘇輿曰說文輜下云輜軿衣車也軿下云車前衣也車後爲輜是輜軿渾言則同析言則別列女傳齊孟姬云立車無軿非敢受命可見軿爲屏蔽之用

輈句也轅上句也畢沅曰說文輈轅也毛詩小戎傳梁輈輈上句衡也

衡橫也橫馬頸上也王先愼曰說文衡牛觸橫大木其角是衡之本義爲橫木牛角引申爲凡物橫著之稱莊子馬蹄加之以衡阨釋文衡轅前橫木縛軛者也左宣十二年傳拔旆投衡疏衡是馬頸上橫木卽本此釋衡橫字通義同

游環在服馬背上驂馬之外轡貫之游移前御無定處也畢沅曰定今本作常據詩小戎正義引改小戎詩毛傳游環靷環也游在背上所以禦出也鄭箋游環在背上無常處貫驂之外轡以禁

其出先謙曰吳校在上有環字

脅驅在服馬外脅也 畢沅曰詩小戎正義引作當服馬脅也小戎傳脅驅愼駕具所以止入也箋脅驅者著服馬之外脅以止驂之入

陰蔭也橫側車前所以蔭笭也 畢沅曰今本脫所字蔭笭作陰笭誤也詩小戎正義引作所以蔭荃也荃字亦誤後文有云笭橫在車前織竹作之孔笭笭也然則陰笭同在一處而陰在笭上所以蔭之據是詛改小戎傳陰揜軓也箋揜軓在軾前垂輈上

靷所以引車也鋈沃也 畢沅曰今本沃也上衍金塗二字據詩小戎正義引刪 **治白金以沃灌靷環也續續靷端也** 畢沅曰小戎傳靷所以引也鋈白金也續續靷也箋鋈續白金飾續靷之環皮錫瑞曰詩正義引釋器曰白金謂之銀白金不名鋈言鋈白金者謂銷此白金以沃灌靷環蓋卽本此然廣雅云白銅謂之鋈白銅卽白金也王船山謂鋈乃白銅之名從無沃灌之義以鋈飾續環者卽今之嵌銅事件鏨鐵作竅以鍊成銅片嵌入之若以鋈爲沃灌則生熟不相霑洽其說似勝

文鞇車中所坐者也畢沅曰鞇一切經音義引作茵說文茵車重席从艸因聲鞇司馬相如說茵从革則鞇茵異文同字用虎皮爲之有文采畢沅曰今本脫爲之二字據一切經音義引補小戎傳文茵虎皮也

鞇因也畢沅曰今本無此三字據此書體例增因與下輿相聯著也

鞦伏也在前人所伏也畢沅曰鞦說文所無玉篇云亦作鞦說文云鞦車鞦也从糸伏聲則鞦乃本字案漢書酷吏周陽由傳汲黯爲忮司馬安之文惡俱在二千石列同車未嘗敢均茵馮顏注馮讀凭案亦可讀如字與鞦一聲之轉耳或說此條當在下一條軾之下句首當作亦曰鞦并爲一條其說似可從蘇輿曰鞦字亦作伏史記酷吏傳同車未嘗敢均茵伏徐廣音義伏漢書作馮伏者軾

軾畢沅曰攷工記止作式不从車式也所伏以式敬者也畢沅曰御覽引作式所敬者案當云伏以式所敬者也

靯鞲畢沅曰二字說文所無王啟原曰靯鞲呂本作靴鞲葉德炯曰說文作鞾鞲因說文鞾訓車鞁具鞲訓車下索與重薦義異故以此字當之急就章鞇鞦靯鞲鞌鑣錫正作靯鞲史游在許書前其說當有據矣車中重薦也畢沅

曰顏師古注急就篇卽用此語王氏補注靯䩬音杜薄重文龍反廣雅靯䩬謂之鞇廣韻靯䩬鞁別名一名靯䩬案鞝鞁乃盛弩箭室與鞇誼不合蘇輿曰王氏念孫廣雅疏證云靯䩬疊韻字廣韻䩣他胡切䩬䩣屧也屧屨中薦也䩬䩣亦疊均字屨中薦謂之䩬䩣猶車中薦謂之靯䩬矣

輕靯䩬小貂者也 畢沅曰今本作小貂也從段改廣雅貂短也

轂埆也體堅埆也 畢沅曰埆俗字依說文作塙云堅不可拔也从土高聲葉德炯曰攷工記輪人凡斬轂之道必矩其陰陽則轂雖敝不歁此制轂堅埆之證

轅援也車之大援也 畢沅曰說文援引也轅所以引車故曰車之大援皮錫瑞曰爰籀文以爲轅字古轅袁爰三字通轅固或作袁而袁盎亦作爰

桄橫也橫在前如臥牀之有桄也 畢沅曰今本桄橫也三字誤在下又雜出橫在下也四字案御覽引橫橫在前若臥牀之有桄無下語首定脫去兩字耳茲據移正下亦據刪方言曰軫謂之桄王啟原曰素問骨空論頭橫骨爲枕然則臥所薦首之枕亦取橫義車軫亦橫故亦云枕詩葛生以枕與衾韻是枕音近橫蘇輿曰枕當作桄王氏念孫廣雅艅謂之桄疏云此謂船前橫木也桄之言橫也集均桄舟前木也凡舟車前之橫木皆曰桄眾經音義卷十四云桄聲

類作軏車下橫木也今車牀及梯轝下橫木皆曰桄釋名釋車云桄橫在前如臥牀之有桄也桄橫也橫在下也義與聲類同今本釋名桄字譌作枕而校書者輒證以方言軫謂之枕且刪去橫在下也四字弗思甚矣輿案桄橫古同聲光與尤旁又易亂臥牀之有桄亦謂牀下橫木此例正合王說殆得之

薦版在上如薦席也齊人謂車枕以前曰縮言局縮也兗冀曰育御者坐中執御育育然也畢沅曰坐似當作在葉德炯曰此就車之大小名之齊人車小故曰局縮兗冀車大故曰育御成國多以當時語況喻此類是也孫詒讓曰案西京雜記下云月之旦爲朔車之轓亦謂之朔此云車枕以前卽當轓之處疑縮卽朔音近通稱車育他書亦未見玉篇車部有輍字云弋足切車枕前也廣韻三集韻三燭云車枕謂之輍或作⿰車育育輍音亦相近疑卽因兗冀語而增制輍⿰車育二字矣

較在箱上爲辜較也皮錫瑞曰攷工記輿人爲之較崇注故書較作榷杜子春云當爲較是較榷古通辜較卽辜榷漢書王莽傳辜而榷之後漢靈帝紀豪右辜榷

立人象人立也或曰陽門在前曰陽兩旁似門也畢沅曰鄭仲師注攷工記

車人云羊車謂車羊門也羊門卽陽門古字陽羊通廣雅陽門蔽簹也葉德炯曰此讀如前釋形體立人之立人

槅扼也所以扼牛頸也畢沅曰說文槅大車扼从木鬲聲攷工記車人云鬲長六尺鄭仲師注鬲謂轅端厭牛領者鬲卽槅字省木爾

馬曰烏啄畢沅曰大駕槅以駕牛小車衡以駕馬然則烏啄謂衡也蘇輿曰烏啄亦謂烏蠋古啄蠋通用詩韓奕金厄毛傳金厄烏蠋也卽此今本蠋作蠋疏又引爾雅蜺烏蠋以証之阮氏元校勘記曰駁其非茲從據釋文本厄扼軶竝同士喪禮鄭注今文軶爲厄是也小爾雅廣器衡扼也扼上者謂之烏啄

下向叉馬頸皮錫瑞曰左襄十四年傳射兩軥而還服虔解詁云車軶兩邊叉馬頸者杜云車軶卷者

似烏開口向下啄物時也

隆彊言體隆而彊也或曰車弓似弓曲也畢沅曰此攷工記所謂葢弓也記曰參分弓而揉其一揉則曲曲則其體穹隆故曰隆彊皮錫瑞曰方言車枸簍南楚之外謂之篷或謂之隆屈郭注卽車弓也今呼車子弓爲筱說文轒淮陽名車穹隆蘇輿曰廣雅釋器隆屈葦也隆彊卽隆屈屈彊見漢書屈亦彊也

其上竹曰郎

疏相遠晶晶然也畢沅曰說文晶精光也从三日曐从晶生聲攷工記葢弓二十有八以象星也故曰晶晶然先謙曰吳校郎作朗

棸複也重複非一之言也畢沅曰棸今本作轐說文無轐字且未聞車制有所謂轐者似非也御覽引作軸亦非小戎詩云五棸梁輈傳云五五束也棸歷錄也一輈五束束有歷錄據云重複非一之言則與五束誼合而棸與複音又相近遂改作棸　先謙曰吳校棸作轐

輞畢沅曰輞俗字也攷工記輪人云牙也者以爲固抱也鄭仲師注牙讀如跛者迓跛者之迓謂輪輮也世閒或謂之罔然則罔字不从車葉德炯曰輞亦謂之渠考工記車人渠三柯者三鄭注渠二丈七尺謂罔也又引鄭司農云渠謂車輮所謂牙牙謂牙圜也尚書大傳散宜生之江淮之浦取大貝如大車之渠鄭注渠車罔也鄭注二書均作罔字則罔爲正體說文無輞篆解字有之枒下云一曰車輞會也即此考工記牙圍之牙解字从隸故作輞枒即考工記牙圍之牙**罔也罔羅周輪之外也**蘇輿曰罔羅周輪之外也御覽車部五引作周輪其外**關西曰輮言曲輮也**皮錫瑞曰急就篇輻轂輨轄輮⿰車旁輮顏注輮車輞也關西謂之輮言其柔曲也**或曰⿰車民⿰車民縣也縣連其外也**畢沅曰說文無⿰車民字疑當假借屋櫋聯之櫋葉德炯曰⿰車民即⿰車旁也二字說文所無⿰車旁見急就章

輪綸也言彌綸也周帀之言也或曰⿰車悤言輻總入轂中也畢沅曰今

本分列爲二條脫或曰二字據御覽引增補并合之說文無𨏥字方言云關西輪謂之𨏥注音總但𨏥字亦說文所無據言輻總入轂中則字當作總老子道經三十輻共一轂是言輻總入轂中也先謙曰言彌綸也吳校無言字也字

輿舉也 蘇輿曰廣雅釋詁輿舉也本此曲禮正義輿車牀也車牀以舉眾物眾經音義引蒼頡篇轝舉也輿轝同

軸抽也入轂中可抽出也 畢沅曰軸在輿下貫兩轂而兩端皆出轂外者也

釭空也其中空也 畢沅曰說文釭車轂中鐵也釭中空以受軸也葉德炯曰方言九車釭齊燕海岱之間謂之鍋或謂之錕自關而西謂之釭蘇輿曰王氏念孫廣雅疏證云凡鐵之中空而受枘者謂之釭新序雜事篇湻于髡謂鄒忌曰方內而員釭是也內與枘同車釭空中故又謂之穿在內爲大穿在外爲小穿考工記輪人五分其轂之長去一以爲賢去三以爲軹鄭眾注賢大穿軹小穿是也說文銎斤斧穿也斤斧穿謂之銎猶車穿謂之釭釭銎之爲言皆空也

鐧間也間釭軸之間使不相摩也 畢沅曰說文鐧車軸鐵也蓋軸貫轂中轂轉則與軸相摩而轂中有釭恐栔其軸故以鐧裹軸使不受釭摩也

轄害也車之禁害也 畢沅曰轄貫軸頭之鐵也所以禁轂之突出故曰車之禁害說文轄鍵也蘇輿曰御

覽車部五
引禁作急

輠裹也裹軹頭也 畢沅曰輠案當作楇說文無輠字史記孫卿傳炙轂過髡裴注引別錄曰過字作輠輠者車之盛膏器也據此誼以求其字則當作楇說文楇盛膏器从木咼聲讀若過然則楇乃正字過者假借輠則俗字也泉水詩云載脂載牽脂謂以膏裹軹頭也軹者轂之小穿也有膏則滑澤而轂利轉故車有盛膏器字本作楇世俗因其在車輒作車旁果字葉德炯曰方言九盛膏者乃謂之鍋鍋字亦說文所無皆當時隸俗字也今南楚之閒以釜爲鍋蓋本此

軹指也如指而見於轂頭也 畢沅曰周禮大馭酌僕僕右祭兩軹注云故書軹爲軒杜子春云軒當作軹或讀軒爲簪笄之笄案或讀是杜說非也蓋車輢之從横木既名軹矣不應一車之上異材而同名轂末小穿釘實是軒也軒字唯一見于周禮故書大馭職而改爲軹攷工記去三以爲軹蓋亦改誤也禮記少儀云祭左右軌范則且謁爲軌矣先儒皆不辯其當爲軒故說文車部不收軒字當補之爲備上條軹頭及此軹字皆當作軒此當云軒笄也見於轂頭如人簪笄而見於冠弁之兩旁也

笭横在車前織竹作之孔笭笭也 畢沅曰說文笭車笭也从竹令聲御覽引孔作空音誼竝

同

蓋在上覆蓋人也畢沅曰攷工記輪人爲蓋蓋崇十尺

軬藩也蔽水雨也畢沅曰軬當作軓說文軓車耳反出也从車反聲車耳反出故可以藩蔽水雨蔽上疑脫一藩字葉德炯曰方言車枸簍其上約謂之筠郭注卽軬帶也音瓜瓝郭云軬上有帶是軬可樘可約其物蓋專爲蔽水雨而設

轑蓋叉也如屋構橑也畢沅曰御覽引作轑似弓曲也據說文轑蓋弓也則此云似弓曲當不誤蓋蓋弓與蓋叉相爲篝橑以張蓋皆得謂之轑顧前有隆彊一條旣言或曰車弓似弓曲也則此轑當專謂蓋叉蓋叉所以樘蓋弓者也皮錫瑞曰考工記桯圍倍之注鄭司農云桯蓋杠也弓鑿廣四枚注弓蓋橑也急就篇蓋轑俾倪扼縛棠顏注蓋車上蓋也橑蓋弓之施爪者也說文璏車蓋玉璏漢書王莽傳造華蓋九重高八丈一尺金璏師古曰璏讀曰爪謂蓋弓頭爲爪形蔡邕獨斷凡乘輿車皆羽蓋金華爪續漢書輿服志羽蓋華爪劉昭注金華施橑末二十有八枚卽蓋弓也五經文字橑音老車蓋之弓此云蓋叉叉卽蚤字作叉誤

杠，公也，衆叉所公共也。 畢沅曰：蓋弓二十有八，蓋叉之數當同。衆叉所建，當有木爲之圍，以韜達常而乘杠上，如是則抽出達常，可以弛蓋。今云衆叉所公共，則衆叉插于杠首，四圍不可脫者矣，豈蓋常張而不弛者與？攷工記輪人爲蓋，達常圍三寸，桯圍倍之，六寸，桯長四尺者二。鄭仲師云：達常，蓋斗柄，下入杠中也。桯，蓋杠也。鄭康成曰：杠長八尺。

轉輗猶祕齧也，在車軸上，正輪之祕齧前卻也。 畢沅曰：攷工記車人大車崇三柯，綆寸。鄭注：綆，輪箅。輪人云：六尺有六寸之輪，綆參分寸之二，謂之輪之固。鄭注：輪箅則車行不掉也。據云正輪之祕齧前卻，正合箅誼。今本車旁作卑，字譌，當作箅。但輪箅在輻牙之間，乃云在車軸上，軸蓋輪字之誤，軸與輪不相涉，旣曰正輪，則不得在軸矣。祕字似亦誤，說文：軷，車束也。作軷字庶幾得之。孫詒讓曰：慧苑華嚴經音義引聲類云：俾倪，持蓋杠者也。急就篇：蓋轑俾倪梔縛棠。顏注：俾倪，軾中環，持蓋之杠在軾中央，環爲之所以止蓋弓之前卻也。此轉輗卽急就篇及聲類之俾倪。此云在車軸上，軸當爲軾。正輪之祕齧前卻，輪當作轑，轑與橑同。考工記鄭注云：弓，蓋橑也。急就篇橑亦作轑，故此譌爲輪。畢氏不寤，乃謂轉卽考工注之輪箅，其誤甚矣。

展，似人展也。 蘇輿曰：御覽車部五引作：輾，似人履。注云：輾，音劇。

又曰伏兔，在軸上，似之

也又曰轐轐伏也伏於軸上也畢沅曰轐今本及易釋文引皆作輹說文輹車軸縛也从車复聲易曰輿脫輹轐車伏兔也从車業聲周禮曰加軫與轐焉然則輹非是也當爲轐說文引周禮者攷工記文也鄭仲師注攷工亦以轐爲伏兔

鉤心從輿心下鉤軸也畢沅曰攷工記車人參分轂之長二在前一在後以鑿其鉤鄭仲師注鉤鉤心葉德炯曰鉤亦作枸御覽車部五引通俗文軸限者謂之枸心蘇輿曰阮氏元考工記車制圖解云轐在輿底而銜於軸上其兩旁作半規形與軸相合而更有二長足少鍥其軸而夾鉤之所謂鉤心也

䡛縛也畢沅曰此三字今本止作一縛字案說文䡛車下索也从革專聲則此當作䡛縛乃其訓詁也此書之例每舉一字輒先訓釋之乃後申其訓詁據是例增改在車下與輿相連縛也

棠畢沅曰疑當作党孫詒讓曰案急就篇亦作棠則漢人多如此作不必改爲党也橖也畢沅曰橖今本作蹚俗譌字也說文橖衺柱也从木堂聲據誼改在車兩旁橖幰使不得進卻也畢沅曰一切經音義廣韻引倉頡篇布帛張車上爲幰幰在說文新附字中廣雅幨謂之幰劉熙與張揖時相近是當時有此幰字不得以其新附

疑之

⿰車憲憲也所以禦熱也畢沅曰今本脫所以二字據文選耤田賦注引增蘇輿曰文選⿰車憲作幰引云車幰所以御熱也晉書音義中引首句作幰車幔也以本書例推之非是御覽車部五引通俗文張布曰幰說文無⿰車憲字幰在新附中

紲制也牽制之也畢沅曰說文紲系也从糸世聲春秋傳曰臣負羈紲

紛放也防其放弛以拘之也畢沅曰說文紛馬尾韜也从糸分聲

轡拂也牽引拂戾以制馬也畢沅曰拂今本作咈據初學記引改御覽引作佛一切經音義引作紼詛皆通

勒絡也絡其頭而引之也畢沅曰說文勒馬頭絡銜也从革力聲

鑣苞也在旁苞斂其口也畢沅曰初學記引苞作包同今本在上有所以二字據初學記引刪說文鑣馬銜也从金麃聲王啟原曰吕本鑣苞也上有銜在口中之言也九字另作一行皮錫瑞曰儀禮既夕記注云古文鑣爲苞是鑣苞古通用爾雅鑣謂之钀

鞅嬰也喉下稱嬰言纓絡之也畢沅曰說文鞅頸靼也皮錫瑞曰儀禮既夕注纓今馬鞅文選引辟綜注云纓馬鞅服虔左傳解誼曰纓如索帬今乘輿大駕有之纓之爲言蘡也言蘡馬頸所以負軛纓懸於衡者也無纓則馬與衡不相附而車不可行故太子抽劍斷鞅也古聲纓鞅相轉又嬰本人頸飾鞅在馬頸象之故借以名先謙曰吳校言上有亦字**其下飾曰樊纓其形樊樊而上屬纓也**畢沅曰鄭注周禮巾車云樊讀爲鞶帶之鞶謂今馬大帶也纓今馬鞅樊纓皆以五采罽飾之

韅經也橫經其腹下也畢沅曰說文韅著掖鞥也从革顯聲一切經音義引橫上有言字

靽半也拘使半行不得自縱也畢沅曰說文絆馬縶也从糸半聲今此從革左傳有此字

䩭檢也所以檢持制之也畢沅曰今本䩭上从网譌玉篇䩭古文羈字則是本作䩭說文作䍜云馬絡頭者也从网馽馽馬絆也

韁彊也繫之使不得出彊限也畢沅曰說文繮馬紲也从糸畺聲今此與下韁字竝从革五經文字云今經典通用韁蘇輿曰漢書敘傳今吾子已貫仁誼之羈絆繫聲名之韁瑣顏注韁如馬韁也

鞧，遒也，在後遒迫使不得卻縮也。畢沅曰：說文作緧，云馬紂也，从糸酋聲。紂，馬緧也。互相訓。御覽引作緅，亦見方言。使不得，今本作不得使，據御覽引更之。皮錫瑞曰：考工記必緧其牛後注，故書緧作鰌，注鰌讀爲緧。關東謂紂爲緧。說文革部鞧，馬尾鞦，今之般緧。方言車紂，自關而東周洛韓鄭汝潁而東謂之緅。緅即緧也。

負，在背上之言也。蘇輿曰：本書釋姿容，背，負也；置項背也。與此互訓。方言七：凡以驢馬馲駝載物者謂之負佗。即此負字之義。

鞙，縣也，所以縣縛軛也。畢沅曰：說文鞙，大車縛軛靼，从革肙聲。今本革旁作尹，玉篇有之。

釋船第二十五

船，循也，循水而行也。畢沅曰：說文船，舟也，从舟沿省聲。今本沿作鉛，譌也。沿緣，故可訓爲循。一切經音義引循水上有謂字。

又曰舟，言周流也。畢沅曰：說文舟，船也，象形。方言曰：舟，自關而東謂之船，自關而西或謂之舟。王啟原曰：說文舸，帀徧也，从勹舟聲。周流、周旋字應从此。又說文般，象舟之旋。風俗通：舟人相櫂，猶尚畏怖，不敢迎上與之周旋。今人周旋字皆無作舟者。古書舟、周亦互通。詩大東舟人之子，箋：舟當作周。考工記作舟以行水，注：故書舟作周。左襄二十三年傳華周說苑立節篇作華舟宣十四年傳申舟呂氏春秋行論篇作申周又偶張或作舟張是舟周通用**其前立柱曰桅桅巍也巍巍高貌也**畢沅曰其前御覽引作船前下其尾亦作船尾今不从桅本作棍據御覽引改葉德炯曰說文無桅字畢以爲本作棍亦非也說文門樞謂之棍與此全別按淮南說林遽契其舟桅高誘注桅船弦板也桅字屬船始見於此但船弦是舩緣仍非本義余以爲字當作危說文危在高而懼也與桅義正合其渻木者禮喪服大記中屋履危注危棟上也亦渻木此桅即禮之危屋以棟爲主與船以桅爲主其義一也**其尾曰柂柂拕也在後見拕曳也**畢沅曰今本無在字據一切經音義御覽引增葉德炯曰柂即舳也方言九後曰舳舳制水也說文舳艫也一曰舟尾漢書武帝紀舳艫千里注引李斐舳船後持拖處也**且弼正船使順流不使他戾也**成蓉鏡曰北堂書鈔御覽竝引孫放別傳曰不見船柂乎御覽柂邪作在後所以正船也**在旁曰櫓櫓旅也用旅力然後舟行也**畢沅曰今本旅作膂御覽引作旅據改案旅之言眾旅力眾力也詩云旅力方剛旅不从月**引舟者曰筰**畢沅曰說文筰筊也筊作索也皮錫瑞曰詩釆菽紼纚維之釋文纚韓詩云筰也文選元皇后哀策

文注引韓詩纚繫也繫謂以筰繫之也劉向九歎云濟楊舟於會稽兮注楊木之舟輕而易浮必竹筰維繫以制其行

筰作也作起也起舟使動行也 畢沅曰御覽引作筰作也起舟使動作也案筰字譌別當云筰作也作舟使動行也不必用起訓

在旁撥水曰櫂 畢沅曰櫂乃說文新附字案史記佞幸傳鄧通以濯船爲黃頭郎則古通用濯

櫂濯也濯於水中也且言使舟擢進也又謂之札形似札也又謂之楫 畢沅曰竹竿詩云檜楫松舟毛傳云楫所以濯舟也

楫捷也撥水使舟捷疾也所用斥旁岸曰交一人前一人還相交錯也 葉德炯曰方言九楫謂之橈橈卽交之聲轉淮南主術夫七尺之橈而制船之左右者以水爲資高注橈刺船桔槔也楊高均在劉前只用橈字說文橈訓曲木本無楫名交橈皆借字耳

隨風張幔曰帆帆汎也 葉德炯曰北堂書鈔舟部下引帆汎也三字在隨風張幔上

使舟疾汎汎然也 畢沅曰帆說文作颿一切經音義兩引一引作船隨風張幔曰颿一引作隨風張幔曰帆帆汎也風便疾

汎汎然也今本帆汎也在隨風之上非據改正葉德炯曰御覽舟部四引吳時外國傳从加那調州乘大舶船張七帆時風一月餘日入大秦國也按此海舶之制今海舟亦有四帆是其遺法世說顧長康至破冢遭風大敗作牋與殷荆州云行人安穩布帆無恙水經注江水引漁父歌帆隨湘轉望衡九面此江舟之帆行風甚疾故云使舟疾汎汎然

舟中牀以薦物者曰笭言但有簀如笭牀也蘇輿曰御覽車部四笭作筌其幖目爲筌籚下籚作籚

南方人謂之笭突言涇漏之水突然從下過也畢沅曰御覽引無南方以下十八字案今船底上有襯版水或浸滛而入其最低者曰水倉常時去之名曰刮潮與此誼合故不據刪王啟原曰呂本突字作窔

其上板曰覆言所覆慮也畢沅曰今本作言所覆衆枕也非御覽引作覆衆慮衍衆字亦非當云覆慮首篇釋天云露慮也覆慮物也

其上屋曰廬象廬舍也其上重屋曰飛廬在上故曰飛也成蓉鏡曰方言九船首謂之閤閭郭注閤閭今江東呼船頭屋謂之飛閭是也閤廬通皮錫瑞曰漢書音義李斐曰艫船前頭刺櫂處也艫廬義同

又在其上曰爵室於中候望之如鳥爵之警視也畢沅曰視今本作示北堂書鈔藝文類聚御覽皆引作若鳥雀之驚視也案警

字是軍行在前曰先登登之向敵陳也成蓉鏡曰初學記引晉令水戰有先登外狹而長曰艨衝畢沅曰今本脫外字據北堂書鈔初學記藝文類聚御覽引增以衝突敵船也畢沅曰三國吳志董襲討黃祖祖橫兩蒙衝夾守沔口

輕疾者曰赤馬舟其體正赤疾如馬也畢沅曰御覽引曰舟名青翰千翼赤馬亦名鶬首唯赤馬見於此餘則皆闕成蓉鏡曰崔豹古今注孫權時名舸為赤馬如馬之走陸也北堂書鈔引杜預表長史劉循治洛陽以東運渠嘗用赤馬先謙曰吳校刪舟字

上下重版曰檻畢沅曰版今本作牀據初學記引改四方施版以禦矢石其內如牢檻也蘇輿曰御覽車部三引營繕令曰諸私家不得有戰艦等船謂此

五百斛以上還有小屋曰斥候以視敵進退也葉德炯曰周禮遺人市有候館注候館樓可以觀望者也史記李將軍傳然亦遠斥候索隱引淮南許慎注斥度也候視也望也按斥候古望樓此因船有望樓故取其義以名之先謙曰吳校還作環

三百斛曰䑠畢沅曰䑠俗字也當作刀北堂書鈔初學記御覽皆引作舠案說文舠船行不安也从舟刖省聲讀若兀則舠字音誼皆非矣毛詩河廣云曾不容刀鄭箋小船曰刀則古止作刀乃詩正義詩釋文竝云說文作䑠今說文實無䑠字豈唐人所見異本與一切經音義引方言南楚江湖小艒䑠謂之艇郭璞曰艇䑠也䑠音刀案今方言郭注作艇䑠也然一切經音義明音刀則非形誤矣䑠字故當仍之詩正義引此則作刀藝文類聚引亦作刀刀正字也䑠貂也貂短也江南所名短而廣安不傾危者也畢沅曰案晉韓博嘲刀彝謂短尾者為刀刀即貂也則貂有短誼一說當從廣雅作舠說見前名詩正義引作謂成蓉鏡曰初學記引埤蒼云䑠吳船也王啟原曰畢言䑠為刀是也刀貂古通用管子豎刀即左氏傳之寺人貂漢書古今人表亦作豎貂

二百斛以下曰艇畢沅曰下詩河廣正義引作上一切經音義兩引一引作上一引作下艇乃說文新附字當借用梃蘇輿曰淮南俶真訓越舲蜀艇不能無水而浮高注蜀艇一版之船若今豫章是也方言九小艒䑠謂之艇小爾雅廣器小船謂之艇艇挺也畢沅曰本無此三字據此書之例增其形徑挺一人二人所乘行者也畢沅曰今本無乘字者字據藝文類聚引有乘字御覽引并有者字據增

釋名疏證補卷第八　　長沙王先謙譔集

釋疾病第二十六　釋喪制第二十七

釋疾病第二十六

疾病疾疾也客氣中人急疾也 畢沅曰今本作疾病者御覽作疾病也俱無疾疾二字案此書之例凡兩字爲目皆先總舉而後分釋之則疾病二字當有御覽疾病也乃疾疾也之譌下云急疾則上當云疾疾也以下文例之可見爲參酌改正之說文疾从疒矢聲疒倚也人有疾病象倚箸之形

病竝也與正氣竝在膚體中也 畢沅曰今本作竝與正氣在膚體中也據御覽引改說文病疾加也从疒丙聲檀弓曾子寢疾病鄭注云病謂疾困包咸注論語云疾甚曰病亦本康成然對文則別單言病亦與疾同客氣正氣之氣本作气說見前人得元氣以生元氣正氣也客氣邪氣也以邪干正則生疾矣膚說文作臚籀文作膚膚體指一身而言扁鵲之所謂腠理血脈腸胃骨髓皆是

疹診也有結聚可得診見也 畢沅曰說文胗脣瘍也从肉㐱聲籀文从疒作疹誼與此異又說文疢熱病也从疒从火徐鉉曰今別作疹非是案疢卽疹之或體玉篇疹癮疹皮外小起也一切經音義引三蒼云疹腫也小弁

詩云疢如疾首箋云疢猶病也釋文疢又作疹左傳云美疢不如惡石亦是槪言病耳此所言疹當从三蒼亦即玉篇所謂皮外小起也說文診視也从言㐱聲診脈診病見史記扁鵲倉公傳今人語猶然今本結聚作結氣據御覽引改蘇輿曰畢以疹爲槪言病是也故疹疢連文次於疾病之後下別出胗乃說文之胗與此迥異說見下玉篇三倉之訓亦非此疹字義文選思元賦思百憂以自疹舊注疹疾也內經奇病論刺法曰無損不足益有餘以成其疹王注疹謂久病即此疹字之旨人久疾病其結病之處必有部分可以診見故云然若从腫與皮外小起之訓則不合診義矣

疚久也久在體中也 畢沅曰說文無疚字宀部㝃云貧病也从宀久聲詩曰煢煢在㝃案經典多通用疚爾雅疚病也詩采薇云憂心孔疚傳云疚病此訓爲久葢以从久可取爲誼今本在上脫久字案文誼補

痛通也通在膚脈中也 畢沅曰說文痛病也从疒甬聲顏師古注急就章云痛總謂諸痛也案痛無定所故云通在膚脈中然人之元氣常周行於四肢百竅之間此不可一息不通者也故內經云通則不痛今此葢以邪氣之流注者言語似不同而實非有異也脈說文作衇血理分衺行體中者或从肉作脈

癢揚也其氣在皮中欲得發揚使人搔發之而揚出也 畢沅曰癢俗字

說文作蛘云搔蛘从虫羊聲搔括也今內則癢不敢搔一切經音義引作蛘不敢搔又云作痒亦非痒是病名案今周禮疾醫夏時有痒疥疾似亦借痒爲蛘互見下疥注又內則疾痛苛癢而敬抑搔之釋文癢作養荀子榮辱篇彊國篇正名篇皆作疾養

眩縣也目視動亂如縣物搖搖然不定也　畢沅曰說文眩目無常主也又旬目搖也或从旬作眴一切經音義以旬眴爲眩之古文又引蒼頡篇云眩視不明也眩惑也又引字林眩亂也縣今本下从心俗所加也搖搖今本作遙遙譌據御覽引改正葉德炯曰此風眩也東觀漢記光武帝紀帝以日食避正殿讀圖讖移御座廡下淺露中風發疾苦眩甚魏志華佗傳嚴昕與數人共候佗佗曰君有急病見於面莫多飲酒坐畢歸行數里昕卒頭眩墮車御覽疾病部四引典畧云陳琳作諸書及檄艸成呈太祖太祖先苦風眩是日發讀琳所作翕然起曰此愈我疾以上皆風眩之病

歷𡿺𡿺從耳鼻中出歷歷然也　畢沅曰此病名歷𡿺說文𡿺頭髓也从匕匕相匕箸也巛象髮囟象𡿺形俗通用腦字今本水旁作巛作正更譌謬從段校改耳字疑衍𡿺止從鼻中出與耳無涉葉德炯曰此鼻淵症也內經氣厥論膽移熱於腦則辛頞鼻淵鼻淵者濁涕下不止也

禿無髮沐禿也畢沅曰說文禿無髮也从人上象禾粟之形取其聲王育說蒼頡出見禿人伏禾中因以制字未知其審沐禿見前釋姿容篇

毼頭生創也頭有創曰瘍毼亦然也畢沅曰毼俗字說文髟部有髻字云鬜禿也从髟閒聲玉篇音苦閑口瞎二切廣韻恪八切禿鬜也昌黎南山詩或赤若禿鬜用此又鄭注明堂位云齊人謂無髮爲禿楬是亦可借楬字爲之釋文楬徐苦瞎反又苦八反與近人言禿創爲盧盍切者皆相近今本作毼頭生創曰瘕無也頭有創四字案瘕是女病非頭創也鄭注周禮醫師云庀頭瘍亦謂禿也然則頭創名瘍說文瘍頭創也茲據改正幷增四字方與亦然二字文誼相合葢禿有含膿血者有不含膿血者賈公彥疏周禮謂庀中可以兼之此亦兼二者兩言也

盲茫也茫茫無所見也畢沅曰說文盲目無牟子从目亡聲

瞽鼓也瞑瞑然目平合如鼓皮也畢沅曰說文瞽目但有眹也从目鼓聲一切經音義引三蒼無目謂之瞽引此瞑瞑作眠眠俗字也今不從

矇有眸子而失明蒙蒙無所別也畢沅曰說文矇童矇也一曰不明也从目蒙聲周禮春官

有瞽矇鄭司農云無目眹謂之瞽有目眹而無見謂之矇眸說文直作牟新附有眸字云目童子也皮錫瑞曰詩靈臺矇瞍奏公傳有眸子而無見曰矇無眸子曰瞍晉語韋昭注亦云有眸子而無見曰矇無眸子曰瞍義與此同文選連珠注引韓詩矇瞍奏公薛君曰無珠子曰矇珠子具而無見曰瞍與此異疑誤

瞍縮壞也畢沅曰瞍說文作瞍云無目也从目叜聲鄭司農云有目無眸子謂之瞍詩靈臺云矇瞍奏公傳云無眸子曰瞍釋文云依字作叟亦作瞍字林先幺反云目有眸無珠子也案縮與瞍一聲之轉故得為訓先謙曰吳校作瞍縮也眸子縮壞也

瞎迄也膚幕迄迫也畢沅曰說文無瞎字御覽引說文瞎目病也恐未可為據玉篇瞎一目合也暍同火轄切案晉以後始謂眇目者為瞎此書乃已有之迄字亦在說文新附字中誼與訖同與此不合疑當是迮字迮迫聯文古多有之迮以乍為聲古讀迮當與瞎亦不相遠也葉德炯曰世說新語顧南郡與殷荊州語次其作了語殷有一參軍在座曰盲人騎瞎馬夜半臨深池以仲堪眇一目故也玉篇遂以一目合也訓瞎直誤會世說意矣余案睆即瞎之本字說文睅重文作睆睅訓大目與此義異然慧琳一切經音義足本四十二引淮南許慎注云睆謂目內白翳病也御覽虫豸部引作蠋睆目中

病也文雖小異要皆許氏舊誼御覽瞎目病也其原文必是睆目病也淺人因標題作瞎遂改睆爲瞎耳說文睅下或有一曰目內白翳病也八字亦未可知久而脫佚遂至歧誤說文睅下云从目旱聲睅或从完以上文推之則下是完聲矣古元兀一聲故睆與迄仍爲疊韻也

眸子明而不正曰通視畢沅曰亦曰通精葉德炯曰南史陳宗室傳新安王伯固生而龜胸目通精揚白郎此又吳張仲遠月波洞中記云羊目四白死於道路四白蓋亦通視之類言通達目匡一方也王啟原曰通訓達則達於四方此言通匡一方則不能四達亦云通者小爾雅旁注曰通是通亦有旁義通視祇能旁達說文吳楚謂瞋目顧視曰睊顧視則亦旁達蓋字本爲睊然非疾病之容又謂之麗視麗離也言一目視天一目視地目明分離所視不同也畢沅曰易離麗也乃麗箸之誼此以離訓麗爲分離誼又別

目匡陷急曰眇眇小也畢沅曰說文眇一目小也从目从少少亦聲此云目匡陷急誼少異

目眥傷赤曰䁾䁾末也創在目兩末也畢沅曰䁾說文作蔑云目眵也从目蔑省聲眵

目傷眥也一曰瞢兜一切經音義引說文目眵作兜眵眥者目
𥇒也蔑者勞目無精也瞢者目不明也皆見說文說文覭目蔽
垢也讀若兜今注中兜字似亦當
作覭小爾雅蔑末也此說所本

目生膚入眸子曰浸畢沅曰浸近字
也當借濅爲之浸侵也言侵明也亦言浸
淫轉大也蘇輿曰列子湯問篇釋文浸一本作侵浸侵字古通
漢書司馬相如傳濅淫衍溢顏注濅淫猶積漸也浸
濅同

聾籠也如在蒙籠之內聽不察也畢沅曰廣韻引聽不作不可
非是蘇輿曰耳名𥦗籠見靈
樞衛氣篇故此以聾訓籠
御覽疾病三引無聽字

鼻塞曰齆蘇輿曰御覽疾病三引作鼻塞曰齆無下文又引崔
鴻後趙錄王謨齆鼻言不清暢及幽明錄晉司空桓
豁在荆州有參軍敎鸚鵡語有一人齆鼻語難學因以頭內甕
中以効二條案一切經音義引倉頡云齆鼻疾也王充論衡云
鼻不知香臭爲癰則齆本鼻塞之病但與本書下文之義實不
相合疑御覽誤引抑別有一條而今本佚之也月令齆嚏呂覽
季秋紀作齆窒高
注齆窒鼻不通也

齆久也涕久不通遂至窒塞也畢沅曰說文
齆病寒鼻窒

也从鼻九聲月令季秋行夏令則民多鼽嚏說文涕泣也洟鼻液也鄭注易萃上六云自目曰涕自鼻曰洟則此涕當作洟然後世亂之已久玉篇有鼻彐字云鼻彐本作涕王褒僮約有鼻涕長一尺語則知今人舉言鼻涕不足怪也

齲齒朽也畢沅曰今本脫齒字據一切經音義引增**蟲齧之齒缺朽也**畢沅曰說文齲齒蠹也从齒禹聲史記倉公傳齲齒病得之風及臥開口食而不漱葉德炯曰御覽疾病部三引續漢書曰桓帝元嘉中京師婦女作齲齒笑齲齒笑者齒痛也蘇輿曰齲有上齒齲下齒齲之別見靈樞五邪篇史記扁鵲倉公傳齊中大夫病齲齒正義引本書無二齒字

瘖唵然無聲也畢沅曰說文瘖不能言也从疒音聲唵字玉篇唵含也此似當作氣息奄奄之奄先謙曰吳校瘖下有唵也二字

癭嬰也在頸嬰喉也畢沅曰說文癭頸瘤也从疒嬰聲博物志云山居之民多癭先謙曰吳校喉下有下字

癰喉氣著喉中不通稸成癰也畢沅曰此病名癰喉卽疽也癰別見下文此指其在喉間者一

切經音義云醫方縣癠謂喉中肉也襄十九年左傳荀偃癉疽生瘍於頭亦此之類稸說文作蓄一切經音義引蒼頡篇云稸聚也積也國策史記皆有積稸語是與蓄通用也葉德炯曰靈樞經癰疽篇岐伯曰癰發於嗌中名曰猛疽猛疽不治化爲膿膿不寫塞咽半日死即此

消瀓瀓渴也腎氣不周於胷胃中津潤消渴故欲得水也 畢沅曰說文瀓欲歠也从欠渴聲渴盡也从水曷聲佩觿云渴音竭說文字林皆作眞列翻水竭字漢書司馬相如傳云常有消渴病急就篇亦有消渴師古注云消渴引飲不止也皆以渴爲瀓廣韻即有苦曷一切云飢渴而以瀓爲古文此書尚不沿俗

嘔傴也將有所吐脊曲傴也 畢沅曰嘔說文作歐吐也从欠區聲急就篇歐逆顏師古注云吐而不下食也哀二年左傳簡子曰吾伏弢嘔血始以嘔爲歐杜注嘔吐也釋文亦不辨其本是歐字乃云本又作嗃更俗人之所造矣說文傴僂也葉德炯曰黃帝內經刺瘧論足太陰之瘧令人不樂好太息不嗜食多寒熱病至則善嘔嘔已乃衰即此症也

欬刻也氣奔至出入不平調若刻物也 畢沅曰說文欬屰氣也从欠亥聲玉篇口載切

上欬也一切經音義引蒼頡篇云齊部謂欶爲欬又引字林云
欬瘶也周禮疾醫冬時有嗽上氣疾注云嗽欬也上氣逆喘也
案瘶嗽字皆說文所無葢本是欶字从欠束聲廣韻音蘇奏切
訓上氣是則玉篇之訓爲得也月令云季夏行春令則國多風
欬案欬重讀之其聲亦近刻故此訓爲刻御覽
引此下有嗽一條乃飲食篇之欶不當在此

喘湍也湍疾也氣出入湍疾也畢沅曰說文喘疾
息也从口耑聲

吐瀉也故揚豫以東謂瀉爲吐也畢沅曰說文吐寫也此作瀉
近字也周禮地官稻人以澮
寫水泄寫
亦當从此

乳癰曰妒妒褚也氣積褚不通至腫潰也畢沅曰說文有妒無
妬經典多通用無別
褚訓畜見襄三十年傳取我衣冠而
褚之杜注乳癰謂妒今人語猶然

心痛曰疝疝詵也氣詵詵然上而痛也畢沅曰說文疝腹痛也
从疒山聲與此下所云
引小腹急痛合然腹痛上連於心似不當分爲兩條素問黃帝
曰疹得心脈而急爲何病岐伯曰病名心疝少腹當有形也亦
連心與腹言之御覽引上而二字倒無痛字孫詒讓曰本草經
磁石主周痹風溼肢節中痛不可持物洗洗酸痟也詵詵洗洗

聲義相近詵詵
又見下陰痛條

脴否也氣否結也畢沅曰脴俗字說文作痞痛也从疒否聲玉篇腹內結病易之否卦爲閉塞之誼此亦然也葉德炯曰此積痞也世說新語阮籍胸中塊礧故須澆之塊礧卽痞也蘇輿曰內經六元正紀大論云寒至則堅否腹滿痛急下利之病生矣

小兒氣結曰哺哺露也哺而寒露乳食不消生此疾也畢沅曰說文哺咀也玉篇口中嚼食也咀嚼惟謂以食哺小兒耳此亦謂以乳飤之而露衣受寒則生此疾也

注病蘇輿曰瘍醫鄭注祝讀如注病之注卽此**一人死一人復得氣相灌注也**畢沅曰注御覽引作疰疰字雖見廣雅而說文無之此作注字與訓誼正合葉德炯曰神農本草經上石龍芻味苦微寒主風濕鬼注鬼注卽此症也御覽疾病六引范汪方曰凡九十種寒尸疰此病隨月盛衰人有三百六十餘脈走入皮中或右或左如人所刺至於死死尸相注或至滅門

泄利言其出漏泄而利也下重而赤白曰䐬言厲䐬而難也畢沅

曰泄利今之所謂水瀉也或以左傳之河魚腹疾當之牖字說文所無當借帶字爲之玉篇作瘵竹世切赤白痢也葢本此痢亦利字之俗今人謂之後重一切經音義引三蒼云瘵下病也又作牖引此上作瘵下作牖末句作厲牖而難差也多一差字今不从難音乃旦切

陰腫曰隤氣下隤也 畢沅曰說文隤下隊也玉篇作癀下腫也一切經音義引隤俱作頹案說文頹禿也似不合然暴風从上下謂之頹則亦可與隤通葉德炯曰內經陰陽別論三陽爲病發寒熱下爲癰腫及爲痿厥腨痛其傳爲索澤其傳爲頹疝是頹疝爲三陽之症故引小腹急痛三陽者太陽少陽膀胱之脈也頹與隤古字通 **又曰疝亦言詵也詵詵引小腹急痛也** 畢沅曰史記倉公傳有湧疝令人不得前後溲有牡疝在鬲下上連肺病得之內葢此外腎病也與心痛之疝同名故曰亦言詵顏師古注急就章云疝腹中氣疾上下引也蘇輿曰內經長刺節論病在少腹之痛不得大小便病名曰疝卽此

疼痺也 畢沅曰疼字說文所無有痋字云動痛也从疒蟲省聲今本說文作動病誤據一切經音義引正之又云疼又作痋胵二形同徒冬切廣雅疼痛也此云痺也今本作卑無也字據一切經音義引改增說文痺溼病也从疒畀聲內經有痛

痹此故云疼痹也今人讀疼爲徒登切聲之轉也葉德炯曰内經痹論云黄帝問曰痹之安生岐伯對曰風寒濕三氣雜至合而爲痹也其風氣勝者爲行痹寒氣勝者爲痛痹濕氣勝者爲著痹也又帝曰痹或痛或不痛其故何也岐伯曰痛者寒氣多也有寒故痛也又曰其畱連筋骨者疼久案痛疼皆假借字其本義當作痋蓋風能生蟲寒濕二氣又生於風故風痺之痋字从蟲省聲内經痺論云凡痺之類逢寒則蟲蟲亦痋字也王砅注謂皮中如蟲行説猶未憭

氣疼疼然煩也

痔食也蟲食之也畢沅曰説文痔後病也顔師古注急就章云痔蟲食後之病也説較此爲完葉德炯曰内經生氣通天論腸澼爲痔是痔爲腸病神農本草經上黄石青石赤石白石黑石脂等味甘平主洩利腸癖癖澼同聲字故相通用

酸遜也遜遁在後也言脚疼力少行遁在後似遜遁者也畢沅曰説文酸酢也此借爲酸痛意遜遁也遁遷也亦見説文周禮疾醫春時有痟首疾鄭注痟酸削也首疾頭痛也疏謂頭痛之外别有酸削之痛蓋依注分而言之説文痟字下云酸痟頭痛亦引周禮蓋合而言之此文云脚疼力少則非專指首疾也當以注疏之言爲是凡體中酸痛及足酸亦今人常語今本似作以譌據文選改正吳翊寅曰酸卽痠之叚借字玉篇痠疼也吳校行

遁作行道蘇輿曰本書釋親屬孫遜也遜遁在後生也與此遜遁義同

消弱也如見割削筋力弱也畢沅曰消弱也案下云割削則似當以削訓消易林耗減寡虛日以削消或云當作削弱也聯上為一條若依此則上條酸遜也之上亦當總標酸削二字而後分釋之

懈解也骨節解緩也畢沅曰此亦謂弱人精神不能振作者是蘇輿曰靈樞口問篇黃帝曰人之嚲者何氣使然岐伯曰胃不實則諸脈虛虛則筋脈懈惰筋脈懈惰則行陰用力氣不能復故為嚲懈亦嚲之類也

厥逆氣從下厥起上行入心脅也畢沅曰說文瘚屰氣也从疒从屰从欠或省疒作欮厂部云厥發石也誼別然素問厥病亦即作厥史記扁鵲倉公傳正義又引作蹷葉德炯曰厥有寒熱二種內經厥論云帝曰寒厥何失而然也岐伯曰此人者質壯以秋冬奪於所用下氣上爭不能復精氣溢下邪氣因從之而上也陽氣日損陰氣獨在手足為之寒也帝曰熱厥何如而然也岐伯曰此人必數醉若飽以入房氣聚於脾中不得散酒氣與穀氣相薄故熱偏於身內熱而溺赤也夫酒氣盛而慓悍腎氣有衰陽氣獨勝故手足為之熱也此厥有寒熱之異此云逆氣从下上行似偏舉寒厥而言·未為該備也蘇輿曰內經腹中論帝曰有病膺腫頸痛胷滿腹脹此為何病何以得之岐伯曰名厥逆王注氣逆所生故名

厥逆呂氏春秋重己篇多陰則蹷高注蹷逆寒疾也中山經服之不厥郭注厥逆氣病卽此厥蹷字同或言厥或言厥逆其證一也史記扁鵲倉公傳正義引無逆字非又入心脅也作外及心脅也

瘧酷虐也先謙曰吳校删酷字**凡疾或寒或熱耳而此疾先寒後熱兩疾似酷虐者也**畢沅曰說文瘧熱寒休作也从疒从虐虐亦聲疾醫秋時有瘧寒疾疏云秋時陽氣漸消陰氣方盛惟火沴金兼寒兼熱故有瘧寒之疾蘇輿曰瘧有先寒後熱先熱後寒但熱不寒三證見內經瘧論此但云先寒後熱葢偏指寒瘧言之

疥齘也癢搔之齒類齘也畢沅曰說文疥搔也从疒介聲齘齒相切也說文無類字當作噤口閉也疾醫夏時有痒疥疾疏云四月純陽用事五月已後陰氣始起惟水沴火水爲甲疥有甲故有疥痒之疾顏師古注急就章云疥小蟲攻齧皮膚漼錯如鱗介也此似誼長葉德炯曰禮記釋文引說文疥瘙瘍也多瘍字今本說文疑有脫佚後漢書烏桓傳曰手足之疥搔則省文也此與禮記月令之疥癘左傳之疥痁同名異疾與周禮之疥痒則一事矣說文疥上爲癬云乾瘍也則此下必有瘍字無疑疥疾極癢故搔時齒爲之類齘本書以聲爲訓均省瘍字不得據以詰說文也蘇輿曰靈樞熱病篇

腰折瘛瘲齒噤齘也

畢云類當作噤是

癬徙也浸淫移徙處日廣也故青徐謂癬爲徙也畢沅曰說文癬乾瘍也从疒鮮聲一切經音義引此作瘲徙也譌說文無瘲字

胗展也癢搔之捷展起也畢沅曰上文已有疹一條此作胗亦與說文脣瘍不合云癢搔則與前之隱疹竝無異蓋重出也蘇輿曰畢說非也此正與說文胗脣瘍也訓合靈樞經脈所云脣胗卽此凡瘍疾無不癢搔搔則皮膚展起故胗訓爲展與前疹義絕殊畢疑重出殆泥於說文胗疹之同字耳又案捷疑當作脣上云癢搔之齒類齘也句法正與此一例捷字無義當是誤文

腫鍾也寒熱氣所鍾聚也畢沅曰說文腫癰也癰腫也靈樞云寒邪客於經絡之中則血泣血泣則不通不通則衞氣歸之不得復反故癰腫據此則癰腫一也不當分兩條又癰當在腫前亦當總標二字爲目而下分釋之葉德炯曰說文腫癰轉注余案腫癰亦微別腫者疽之未發者也癰者疽之已潰者也故內經至眞要大論諸濕腫滿皆屬於脾又大奇論肝滿腎滿肺滿皆實卽爲腫肺雍喘而兩胠滿肝雍兩胠滿臥則驚不得小便腎雍腳下至少腹滿是腫爲未潰癰

之證癰者古癰字也成國此云氣所鍾聚下云結裹而潰明是兩義畢說以許書繩之則固矣

癰壅也氣壅否結裹而潰也畢沅曰顏師古注急就章云癰之言壅也氣壅否結裹腫而潰也似本此文此裹字疑裏字之誤又脫腫字一切經音義引作膿擁也謂氣至擁塞也御覽引氣壅否作氣壅不通今皆不從

痳懍也小便難懍懍然也畢沅曰說文痳疝病从疒林聲一切經音義引作小便病又引聲類云小便數也案難亦乃旦切與㾓之難同誼

創戕也戕毀體使傷也畢沅曰說文創傷也一切經音義云古文作戧刅二形同楚良切施本作瘡字俗今從各家本

痍侈也侈開皮膚為創也畢沅曰說文痍傷也从疒夷聲一切經音義引三蒼云痍傷也通俗文云體創曰痍葉德炯曰公羊成十六年傳敗者稱師楚何以不稱師王痍也王痍者何傷乎矢也

瘢漫也生漫故皮也畢沅曰說文瘢痍也一切經音義引蒼頡篇云瘢痕也漫字俗說見前

痕根也急相根引也畢沅曰說文痕胝瘢也一切經音義引通俗文云創瘢曰痕

瘤流也血流聚所生瘤腫也 畢沅曰說文癅腫也一切經音義引三蒼癅小腫也通俗文云肉胅曰癅聲類云癅瘜肉也葉德炯曰劉向列女傳辯通齊宿癅者東郭采桑之女項有大癅故以名焉御覽疾病部三引魏畧云晉景帝先苦瘤自割之會毋邱儉反而瘤發儉走竟以自終蘇輿曰御覽疾病三引下句作血聚而生瘤腫也

贅屬也橫生一肉屬著體也 畢沅曰說文贅以物質錢从敖貝敖者猶放貝當復取之也案非此處誼其訓肬云贅也則肬與贅實相似小曰肬大曰贅經書多以肬贅竝舉蘇輿曰御覽疾病三引著上無屬字案莊子駢拇篇釋文引亦有屬字御覽葢脫又釋文一云瘤結也此以瘤贅分釋其義不同

肬丘也出皮上聚高如地之有丘也 畢沅曰肬从肉尤聲御覽引說文幷此皆作疣非也俗多通用廣雅疣小腫也籒文作䵫蘇輿曰肬丘疊韻本書釋州國丘聚也

釋喪制第二十七

人始氣絕曰死 畢沅曰儀禮既夕禮曰屬纊以俟絕氣禮記喪大記亦云然葉德炯曰禮曲禮天子死曰崩以下大戴禮白虎通義次序同而此獨異禮及班所論者古今之通制故先尊後卑成國所釋者雅俗之殊名故由小至大古人

箸書名有義例

不必柏蒙也

死澌也就消澌也畢沅曰說文𣦸澌也人所離也从歺从人曲禮庶人曰死鄭注死之言澌也精神澌盡也檀弓子張曰君子曰終小人曰死然死亦通稱陟方乃死是也白虎通云庶人曰死魂魄去亡死之爲言澌精氣窮也皆同誼

士曰不祿畢沅曰曲禮文　**不復食祿也**畢沅曰鄭注曲禮云不終其祿也白虎通云不終君之祿通典引春秋說題辭云不祿謂身消名章也曲禮又云短折曰不祿鄭注祿謂有德行任爲大夫士而不爲者少而死從士之稱何休注公羊云不祿無祿也釋詁無祿死也

大夫曰卒畢沅曰亦曲禮文　**言卒竟也**畢沅曰卒說文作𣨛云大夫𣦸曰𣨛从歺卒聲經典通用卒鄭注曲禮云卒終也白虎通云大夫曰卒精燿終也卒之爲言終於國也葉德炯曰御覽引春秋說題辭大夫曰卒精輝終卒卒之爲言絕絕於邦也此白虎通義所本通典八十三凶禮引許氏五經異義卒之爲言終於國也義竝同又引石渠禮議云孝子諱死曰卒曲禮又云壽考曰卒三說各殊是卒不必爲大夫專詞成國據禮經爲訓故義與班同

諸侯曰薨畢沅曰亦曲禮文　**薨壞之聲也**畢沅曰說文薨公侯𣨛也从𣦸瞢省聲鄭注曲禮云薨顛

壞之聲何休注公羊云小毀壞之辭白虎通云諸侯曰薨國失陽薨之言奄也奄然亡也葉德炯曰通典引劉向五經通義云崩薨从何始乎曰从周何以言之尙書放勳乃徂落舜曰陟方乃死武王以前未聞崩薨也至成王太平乃制崩薨之義尙書王翌曰乙丑王崩是也據此則天子以下名義爲周禮矣禮襍記疏引許氏五經異義云今春秋公羊說諸侯曰薨赴於鄰國亦當稱薨經書諸侯言卒者春秋之文王魯故稱卒以下魯古春秋左氏說諸侯薨赴於鄰國稱名則書名稱卒卒者終也取其終身又以尊不出其國許君謹案士虞禮云尸服卒者之上服不別尊卑皆同言卒卒者卒終也終没之辭也鄭駁之云案襍記上云君薨赴於他國之君曰寡君不祿曲禮下曰壽考曰卒短折曰不祿今君薨而云不祿者言臣子於君父雖有考終眉壽猶若其短折然若君薨而赴者曰卒卒是壽終矣斯無哀惜之心非臣子之辭鄰國來赴書以卒者言無所老幼皆終成人之志所以相尊敬據此則許鄭所云不必盡主周禮矣案公羊隱三年傳諸侯曰薨大夫曰卒士曰不祿何休曰所以別尊卑也隱三年經宋公和卒何休曰不言薨者春秋王魯死當有王文聖人之爲文詞孫順不可言崩故貶外言卒所以褒内也此與異義公羊說合者也通典八十三凶禮引石渠禮議云聞人通漢問曰記曰君赴於他國之君曰不祿夫人曰寡小君不祿大夫士或言卒死皆不能明戴聖對曰君死未葬曰不祿既葬曰薨又問尸服卒者之上服士曰不祿言卒何也聖又曰

夫尸者所以象神也其言卒不言不祿者通貴賤尸之義也聞人通漢對曰尸象神也故服其服士曰不祿者諱詞也孝子諱死曰卒鄭注曲禮壽考曰卒短折曰不祿云謂有德行任爲大夫士而不爲者老而死从大夫之稱少而死从士之稱又注襍記寡君不祿寡小君不祿云君夫人不稱薨告他國謙也此鄭說不祿是謙退同士之意也其注曲禮諸侯曰薨云史書策詞是據禮爲斷不從公羊說云赴於鄰國稱薨亦不从左氏赴於鄰國稱卒之說也然則薨卒不祿本無定稱成國猶据其最初之制而云矣

天子曰崩畢沅曰曲禮天子死曰崩**崩壞之形也**畢沅曰說文崩山壞也从山朋聲古文从𨸏作崩鄭注曲禮云異死名者爲人褻其無知若猶不同然也自上顛壞曰崩何休注公羊云大毀壞之辭穀梁傳云高曰崩厚曰崩尊曰崩天子之崩以尊也檀弓云崩曰天王崩鄭注云策書之辭謂史書載於方策之辭薨亦然也白虎通云別尊卑異生死也崩之爲言㒻然伏僵㒻乃硼字之誤**崩硼聲也**蘇輿曰說文無硼字玉篇硼擊石也先謙曰吳校作如山崩然也

殪翳也就隱翳也畢沅曰說文殪死也本釋詁文詩皇矣云其菑其翳韓詩作其殪是殪翳通也

徂落徂祚也福祚殞落也徂亦往也言往去落也畢沅曰說文作殂云往死

也从歺且聲虞書曰放勳乃殂落古文从歺从作今經典通作徂爾雅云徂落死也說文無祚字詩既醉篇有之今本福祚作福祉譌祚蓋依古文从作爲訓也又訓往言人命盡而往落者若草木葉落也葉德炯曰釋詁殂落正義引李巡云殂落堯死之稱案說文歺部殂往死也虞書曰放勳乃殂無落字此眞古文也今大徐本多一落字小徐本少一放字皆非許氏之舊師古漢書王莽傳注引虞書放勳乃徂此必馬鄭古文舊本與許本合其有落字者如白虎通書言殂落死者各自見義御覽禮儀部二十七引五經通義放勳乃殂落春秋繁露燠煖孰多篇亦引放勳乃殂落皆今文也今僞傳作帝乃殂落是以今當古矣孟子放勳乃殂落趙注放勳堯名徂落死也與李巡爾雅注合亦今文說也成國所據亦是今文當是今文家有此說故采之也

罪人曰殺殺竄也埋竄之使不復見也畢沅曰說文殺戮也从殳杀聲徐鉉曰說文無杀字相傳云音察竄匿也葉德炯曰竄無殺義成國之說疑誤書堯典竄三苗史記五帝紀作遷三苗說文作𥾬三苗皆古文也遷竄𥾬三字聲同故相通假孟子萬章篇竟作殺三苗者此𥾬之誤也左傳蔡蔡叔陸德明釋文云說文作𥾬案說文𥾬𢇍𥾬散之也亦無殺義考書禹貢二百里蔡服鄭注云蔡之言殺減殺其賦則知蔡是減等非殺也此亦徒流之法故史遷作遷

成國說不可據也

罪及餘人曰誅誅株也如株木根枝葉盡落也畢沅曰史記平準書云乃徵諸犯令相引數千人命曰株送徒說文誅討也此則以株連爲誼廣韻引作罪及餘曰株如誅大樹枝葉盡落似文有譌脫說文株木根也此云株木根似非辭今案列子黃帝篇若橛株駒釋文李頤云橛豎也株駒枯樹本也莊子作厥株拘則株有枯誼易困初六臀困於株木正義云杌木謂之株然則株木根蓋言枯木根耳葉德炯曰白虎通誅伐篇誅不避親戚何所以尊君卑臣强幹弱枝明善善惡惡之義也又云誅不義者所以强幹弱枝尊天子卑諸侯也據此則强根弱枝與株木無枝葉其義正同史記所論者非名義也

死於水者曰溺溺弱也不能自勝之言也畢沅曰死於水者說文作㲻云沒也方言云出㲻爲拼列子釋文引作出溺爲承經典通用溺字檀弓云死而不弔者三溺其一也鄭注不乘橋船何胤云謂馮河潛泳者也說文溺卽禹貢之弱水然則溺固有弱音故此以弱訓溺

死於火者曰燒燒燋也畢沅曰說文燒爇也左傳爇僖負羈氏鄗將師攻郤氏且爇之皆燒也史記項

羽本紀曰項王燒殺紀信又古有焚如之刑不孝之刑也周官掌戮云凡殺其親者焚之說文燋所以然持火也非此處誼此當作焦說文爨火所傷也从火雥聲或省作焦

戰死曰兵畢沅曰曲禮死寇曰兵**言死爲兵所傷也**畢沅曰鄭注曲禮云異於凡人當饗祿其子孫

下殺上曰弒弒伺也伺間而後得施也畢沅曰說文弒臣殺君也易曰臣弒其君从殺省式聲左傳凡自虐其君曰弒伺字司之俗一切經音義引得施作得其便案傳載齊襄莊之弒皆有間公者王啟原曰白虎通誅殺篇弒者試也欲言臣子殺其君父不敢卒候間司事可稍稍試之春秋公羊隱十年傳何隱爾弒也漢石經作試

縣繩曰縊縊阸也阸其頸也畢沅曰說文縊經也从糸益聲春秋傳曰夷姜縊杜預注自經也廣雅縊絞也阸說文作阸經典通用阸

屈頸閉氣曰雉經如雉之爲也畢沅曰晉太子申生之死左傳云縊晉語云雉經於新城之廟鄭注檀弓云既告狐突乃雉經正義云雉牛鼻繩也申生以牛繩自縊而死也故鄭注封人云絼著牛鼻繩所以牽牛者也今

時人謂之雉或謂雉性耿介被人所獲必自屈折其頭而死漢書載趙人貫高自絕亢而死申生當亦然也

獄死曰考竟考得其情竟其命於獄也畢沅曰御覽引獄死曰考竟下有考竟者三字案無此誼亦無缺故不據補北堂書鈔引作死四曰考文更譌脫不足爲據

市死曰棄市市衆所聚言與衆人共棄之也畢沅曰王制曰刑人於市與衆棄之周官掌戮凡殺人者踣諸市肆之三日漢書景帝紀中元二年改磔曰棄市應劭曰先諸死刑皆磔於市今改曰棄市勿復磔也

斫頭曰斬斬要曰要斬斬暫也暫加兵卽斷也畢沅曰說文斫擊也从斤后聲玉篇云刀斫說文斬截也从車从斤斬法車裂也案此說疑未是以斫从斤推之斬亦當从斤軒省聲爲得鄭注掌戮云斬以鈇鉞若今要斬也殺以刀刃若今棄市也案彼以斬殺並言故有此訓茲之斬卽殺也用兵刃要斬乃用鈇鉞要字說文作𦥔身中也象人要自臼之形从臼交省聲今本要从肉旁作俗字也

車裂曰轘轘散也肢體分散也畢沅曰說文轘車裂人也从車睘聲春秋傳曰轘諸栗門案所

引見宣十一年傳又轘高渠彌轘觀起亦見傳周官條狼氏誓馭曰車轘鄭注謂車裂也王先慎曰韓非子姦劫弑臣篇商君所以車裂於秦吳起所以支解於楚車裂支解春秋時謂之轘戰國時楚曰支解秦曰車裂名雖不同其刑一也御覽引說苑秦始皇取嫪毐四支車裂之是秦國相傳謂轘曰車裂之證

煮之於鑊曰烹若烹禽獸之肉也畢沅曰烹字說文作亯凡亨享字皆用此左傳烹伊戾烹石乞史記烹阿大夫漢書烹酈食其皆用烹字矣詩於亨煑字尚不加火

槌而死曰掠掠狠也用威大暴如豺狠也畢沅曰今本如作於譌御覽引作用威如狠也與此微異然如字是茲據改正掠在說文新附字中云唐韻或作櫟案掠音亮故可訓狠掠奪亦作略奪櫟音如之不與狠音近月令仲春之月毋肆掠鄭注掠謂棰治人是掠字自可從漢時有以掠笞瘐死者有被掠而蟲生於肉者此所謂用威大暴也暴說文作㬥下从本

老死曰壽終壽久也終盡也生已久遠氣終盡也畢沅曰說文壽久也从老省𠷎聲洪範五福一曰壽傳云百二十年左傳正義云上壽百二十歲中壽百下壽八十曲禮云壽考曰卒鄭注有德行任爲

大夫士而不爲者老而死從大夫之稱又注周禮疾醫云少者曰死老者曰終

少壯而死曰夭如取物中夭折也畢沅曰說文夭屈也玉篇云又折也於矯切一切經音義引有字從大大象形不伸也不盡天年謂之夭取其誼多十八字案與上是兩誼疑非釋名之文

未二十而死曰殤殤傷也可哀傷也畢沅曰說文殤不成人也人年十九至十六死爲長殤十五至十二死爲中殤十一至八歲死爲下殤从歺傷省聲案儀禮喪服傳又云不滿八歲以下爲無服之殤餘則說文所本者是也禮記喪服小記云男子冠而不爲殤女子笄而不爲殤故鄭注喪服云殤者男女未冠笄而死可哀傷者

父死曰考考成也畢沅曰曲禮云生曰父死曰考鄭注考成也言其德行之成也**亦言槁也槁於義爲成凡五材膠漆陶冶皮革乾槁乃成也**畢沅曰攷工記云以飭五材鄭司農云五材金木水火土也康成云金木皮玉土案月令季春之月命工師令百工審五庫之量熊氏以金鐵爲一庫皮革筋爲一庫角齒爲一庫羽箭幹爲一庫脂膠丹漆爲一庫此五庫卽五材也五材中有無乾濡之異者故此但約舉之

母死曰妣畢沅曰亦見曲禮**妣比也比之於父亦然也**畢沅曰鄭注曲禮云妣之言媲也媲於考

也

漢以來謂死爲物故言其諸物皆就朽故也畢沅曰物故見史記司馬相如傳大宛傳顏師古注漢書蘇武傳云物故謂死也言其同於鬼物而故也一說不欲斥言但云其所服用之物皆已故耳說者妄欲改物爲歾非也又案高堂隆說曰物無也故事也言無復所能於事是亦謂物故爲死其誼又異無故亦見前釋典藝篇

既定死曰尸畢沅曰說文尸陳也象臥之形又屍字云終主从尸从聲徐鍇曰主於身也初學記御覽引皆作屍經典卹俱作尸

尸舒也骨節解舒不復能自勝斂也畢沅曰曲禮云在牀曰尸鄭注尸陳也言形體在也白虎通云尸之爲言陳也失氣亡神形體獨陳不復能初學記御覽俱引作不能復誼得兩通王先愼曰初學記十四引解舒作舒解

衣尸曰襲襲匝也以衣周匝覆衣之也畢沅曰士喪禮云陳襲事於房中西領南上不緖鄭注襲事謂衣服也緖讀爲緈緈屈也又云乃襲三稱注云遷尸於襲上而衣之凡衣尸者左衽不紐匝正體當作帀

以囊韜其形曰冒覆其形使人勿惡也畢沅曰說文冒冡而前也从冃从目冡卽蒙字

也士喪禮云冒緇質長與手齊經殺掩足鄭注云冒韜尸者制如直囊上曰質下曰殺質正也其用之先以殺韜足而上後以質韜首而下齊手上元下纁象天地也又云設冒囊之注云囊韜盛物者取事名焉案冒之等殺喪大記詳焉雜記云冒者何也所以揜形也自襲以至小斂不設冒則形是以襲而設冒也使人勿惡檀弓文先謙曰吳校覆下有冒字

已衣所以束之曰絞衿絞交也交結之也衿禁也禁繫之也畢沅曰喪大記云小斂布絞縮者一橫者三大斂布絞縮者三橫者五布紟二衾君大夫士一也絞紟如朝服絞一幅爲三不辟紟五幅無紞鄭注云絞既斂所用束堅之者小斂無紟小斂之絞廣終幅析其末以爲堅之強也大斂之絞一幅三析用之以爲堅之急也士喪禮注云紟禪被也釋文絞戶交反紟其鴆反說文紟衣系也玉篇結衣也亦作衿

含以珠貝含其口中也畢沅曰含說文作琀云送死口中玉也从玉从含含亦聲今經典通省作含周禮典瑞大喪共飯玉含玉鄭注飯玉碎玉以雜米也含玉柱左右䶗及在口中者公羊文五年傳云含者何口實也何休注天子以珠諸侯以玉大夫以碧士以貝春秋之制也文家加以稻米檀弓云飯用米貝弗忍虛也正義云飯用沐米天子黍諸侯粱大夫稷天子之士粱諸侯之士稻劉昭注續漢書禮儀志引禮緯稽命徵云天子飯以珠含以玉諸侯飯以珠含以璧卿大

夫飯以珠含以貝或是異代禮士喪禮貝三實於笄米奠於貝北大夫以上貝有或五或七或九之等見雜記據此則作米貝亦是但禮家飯含異物而檀弓但言飯此但言含或舉一可以兼該也

握以物著尸手中使握之也 畢沅曰士喪禮云握手用玄纁裏長尺二寸廣五寸牢中旁寸著組繫鄭注牢讀爲樓樓謂削約握之中央以安手也又記云設握裏親膚繫鉤中指結於掔鄭注掔掌後節中也手無決者以握繫一端繞掔還從上自貫反與其一端結之案決亦與握並設者也

衣尸棺曰斂 畢沅曰此謂襲與窆皆可曰斂也檀弓云小斂於戶內大斂於阼小斂大斂陳衣襲稱之數士喪禮詳之絞紟之制已見上文又喪大記凡封鄭注云此封或皆作斂檀弓曰公輸若方小斂般請以機封謂此斂也然則棺之入坎爲斂與斂尸相似封皆讀爲窆 **斂者斂也** 畢沅曰今本無此四字據一切經音義引增 **斂藏不復見也** 畢沅曰檀弓云衣足以飾身棺周於衣槨周於棺土周於槨皆斂藏之誼

棺關也關閉也 畢沅曰說文棺關也所以掩尸誼與此合白虎通云棺之爲言完所以藏尸令完全也又一誼 先謙曰吳校關閉上有言字

槨，廓也，廓落在表之言也。畢沅曰：說文作槨，云：「葬有木𩫖也。从木𩫖聲。」檀弓：「殷人棺槨。」鄭注：「槨，大也。以木爲之，言槨大於棺也。」案：椁有重數，各以其爵爲之等。白虎通云：「槨之爲言廓，所以開廓辟土，無令迫棺也。」廓字說文無，而班固已用之。

尸已在棺曰柩。柩，究也，送終隨身之制皆究備也。畢沅曰：說文：「柩，棺也。从匚从木，久聲。籀文作匶。」周禮用之。曲禮：「在棺曰柩。」鄭注：「柩之言究也。」白虎通云：「柩之爲言究也，久也，不復變也。」

於西壁下塗之曰殯。殯，賓也，賓客遇之，言稍遠也。畢沅曰：檀弓：「夏后氏殯於東階之上，則猶在阼也。殷人殯於兩楹之間，則與賓主夾之也。周人殯於西階之上，則猶賓之也。」又曰：「殯於客位，祖於庭，葬於墓，所以即遠也。」

塗曰欑，欑木於上而塗之也。畢沅曰：喪大記：「君殯用輴，欑至於上，畢塗屋。大夫殯以幬，欑置於西序，塗不暨於棺。士殯見衽，塗上帷之。」鄭注：「欑猶菆也。屋，殯上覆如屋者也。幬，覆也。暨，及也。此記參差，以檀弓參之，天子之殯，居棺以龍輴，欑木題湊象椁，上四柱如屋以覆之，盡塗之。諸侯輴不畫，有欑，不題湊象椁，其他亦如之。大夫之殯，廢輴，置棺西牆下就牆櫕其三面塗之不及棺者言櫕中狹小裁取容棺然則天子諸侯差寬大矣士不櫕掘地下棺見小要耳帷之鬼神尚幽闇也說文櫕一曰叢木鄭注菆本亦作叢葉德炯曰白虎通喪服引禮曰天子舟車殯諸侯車殯大夫櫕塗士瘞尊卑之差也則此塗是言大夫制矣喪大記云云者葢言天子攢木通湊有四阿諸侯惟攢木題湊高似屋形耳左成二年傳宋文公椁有四阿以其僭天子制而云然也其天子諸侯輴之分別則在畫龍不畫龍諸侯以降則大略相似鄭注喪大記云麼輴置棺西牆下就牆攢其三面塗之不及棺者言攢中狹小裁取容棺其注檀弓云大夫菆置西序然則大夫之殯以一面倚西壁三面攢之又上不爲屋又無輴與白虎通攢塗之說合成國此釋葢專爲大夫言之也

三日不生生者成服曰縗縗摧也言傷摧也畢沅曰說文縗服長六寸博四寸直心从糸衰聲葢本喪服記之文經典多省作衰衣亦總號爲衰非止當心者也問喪云三日而不生亦不生矣孝子之心亦益衰矣家室之計衣服之具亦可以成矣親戚之遠者亦可以至矣是故聖人爲之斷決以三日爲之禮制也喪服疏云檀弓有以故興物者鄭云衰絰之制以絰表孝子忠實之心衰明孝子有哀摧之義

絰實也傷摧之實也畢沅曰說文絰首戴也从糸至聲徐鉉曰當从姪省喪服傳云苴絰麻之有蕡者也

苴絰大搹左本在下鄭注麻在首在要皆曰絰絰之言實也明孝子有忠實之心故爲制此服焉首絰象緇布冠之缺項要絰象大帶盈手曰搹搹扼也絰之言實云云本檀弓文

絞帶絞麻緦爲帶也畢沅曰喪服傳云絞帶者繩帶也鄭注又有絞帶象革帶蓋絞苴麻爲繩以作帶也王肅以帶如要絰亦七寸五分寸之一先謙曰吳校緦作繩

三年之縗曰斬不緝其末直翦斬而已畢沅曰喪服傳云斬者何不緝也謂不緶緝之不言裁割而言斬者取痛甚之意雜記縣子曰三年之喪如斬是斬爲痛深之誼間傳云斬衰三升

期曰齎齎齊也畢沅曰期說文作稘云復其時也今經典通用期亦作朞又說文齎緶也从衣齊聲今經典通省作齊喪服傳云齊者何緝也記云若齊裳內衰外注云凡五服一斬四緝緝裳者內展之緝衰者外展之御覽引禮記外傳云齊之言齊也注云加緘縷其裳縫緶之使齊平也間傳云齊衰四升五升六升

九月曰大功其布加麤大之功不善治練之也畢沅曰御覽引作不强治之也茲不從鄭注喪服云大功布者其鍛治之功麤沽也間傳云大功七升八升九升

五月曰小功精細之功小有飾也畢沅曰今本無五月曰三字下緦麻上亦無三月曰三字案上文皆言服年月之數此兩條不應獨缺今據例增御覽引精細之小功轉有飾也玆不從間傳云小功十升十一升十二升是縷多而細小也

三月曰緦麻緦絲也績麻細如絲也畢沅曰說文緦十五升布也一曰兩麻一絲布也喪服傳云緦者十五升抽其半有事其縷無事其布曰緦鄭注謂之緦者治其縷細如絲也或曰有絲朝服用布何緦用絲乎抽猶去也疏以爲緦則絲也古緦絲字通用殆不然細如絲今本作緦如絲譌據鄭注改正說文亦有譌脫案雜記云朝服十五升去其半而緦加灰錫也是緦與錫皆七升有半耳安得云十五升布乎

錫縗錫易也畢沅曰今本作錫治也據御覽引改正治其麻使滑易也畢沅曰說文有緆字云細布也或从麻作緆蕬即經典之所謂錫也喪服傳云錫者何也麻之有錫者也錫者十五升抽其半無事其縷有事其布曰錫鄭注謂之錫者治其布使之滑易也錫者不治其縷哀在內也緦者不治其布哀在外也

疑縗疑擬也擬於吉也畢沅曰今本脫疑縗二字周禮司服王爲大夫士疑衰注云弔服也鄭司農云

疑衰十四升衰康成云疑之言擬也擬於吉據此當有疑縗二字補之說文擬度也儗僭也一曰相疑推相疑之訓是儗亦可通擬曲禮儗人必於其倫亦作儗

繐細如繐也 畢沅曰說文繐細疏布也喪服云繐衰裳諸侯之大夫爲天子傳曰繐衰者何以小功之衰也鄭注治其縷如小功而成布四升半細其縷者以恩輕也升數少者以服至尊也凡布細而疏者謂之繐今南陽有鄧繐御覽引作繐而疏如繐也并下爲一條誤今不从蓋繐不必皆四升半此上繐字指喪服言下繐字則尋常所服輕細涼惠者是見上釆帛篇

疏疏如繐也 畢沅曰喪服有疏衰在齊斬之間者鄭注疏猶麤也蓋正服斬衰三升不得麤名此義服四升始見麤也又有疏衰期者雜記云伯母叔母疏衰餘見喪服經

環經末無餘散麻圓如環也 畢沅曰周禮弁師王之弁經弁而加環經鄭注弁經王弔所服也其弁如爵弁而素所謂素冠也而加環經環經者大如緦之麻經纏而不糾疏云緦之經則兩股此環經以一股纏之不糾

弁經如爵弁而素加經也 畢沅曰誼與上互見周禮司服凡弔事弁經服鄭注弁經者如爵弁而素

加環絰今本釋名作如絰乃加絰之譌據誼改之士喪禮小斂大斂主人亦弁絰則不獨弔服也注又云絰大如緦之絰疏云凡五服之絰皆兩股絞之今言環絰卽與絞絰有異矣謂以麻爲體又以一股麻糾而橫纏之如環然故謂之環絰加於素弁之上故言加環絰也案此不當分兩條弁絰當在前加絰亦當作加環絰其下乃釋環絰之誼如此方順而訓亦得貫通矣

重死者之資重也含餘米以爲粥投之甕而縣之 畢沅曰士喪禮云重木刊鑿之甸人置重於中庭參分庭一在南夏祝鬻餘飯用二鬲於西牆冪用疏布久之繫用靲縣於重冪用葦席北面左衽帶用靲賀之結於後祝取銘置於重注云久讀爲灸謂以葢塞鬲口也靲竹䈴也賀加也案此云含餘米卽注所云飯尸餘米甕卽鬲也鄭注木也縣物焉曰重刊斲治鑿之爲縣簪孔也士重木長三尺

比葬未作主權以重主其神也 畢沅曰檀弓云重主道也鄭注始死未作主以重主其神也重既虞而埋之乃後作主

葬藏也 畢沅曰初學記引此句下有藏也者欲人之弗得見也九字案檀弓云葬也者藏也藏也者欲人之弗得見也今不知劉熙本有此九字抑徐堅取檀弓之文以足之疑未能定故盍闕如葉德炯曰白虎通喪服葬之爲言下藏之也所以入地何人生於陰含陽光死始入地歸所與也御覽禮儀部三十二引春秋說題詞云葬尸下藏也人生於陰含陽充死入地

所與也卽班義所本荀子禮論篇故葬埋敬藏其形也說文葬藏也从死在茻中一其中所以薦之均以藏訓葬葬藏疊韻字

壙曠也藏於空曠處也 畢沅曰說文壙塹穴也一曰大也鄭注周禮方相氏云壙穿地中也孟子言獸之走壙是壙爲野外空曠之處也

輿棺之車曰輀輀耳也縣於左右前後銅魚摇絞之屬耳耳然也 畢沅曰說文輀喪車也从車而聲玉篇作輀如之切以輀爲輀之重文今此作轜誤據說文改正案喪大記飾棺有池有魚士無魚有揄絞揄揄翟也此作搖通魚以銅爲之車行則魚躍拂池揄畫於絞繒而垂之象木草之動搖皆懸於棺車之上者也耳耳見魯頌閟宮篇傳云耳耳然至盛也

其蓋曰柳柳聚也 葉德炯曰羽謂之柳唐徐景安樂書引劉歆注五音備成如物之聚而爲柳蘇輿曰史記季布欒布傳迺髡鉗季布衣褐衣置廣柳車中集解引李奇云大牛車也車上覆爲柳卽此尚書大傳度西曰柳穀鄭注五色聚爲柳周禮喪記賈疏柳者諸色所聚

衆飾所聚亦其形僂也 畢沅曰云其者卽承上棺車而言今本別爲一條非是茲聯合之周禮縫人喪縫棺飾焉衣翣柳之材鄭引喪大記爲注其云僞荒者彼注云荒蒙也在旁曰帷在上曰荒皆所以衣柳也僞當爲帷此云柳卽帷荒是也注云柳之言聚諸飾之

所聚諸飾喪大記備詳之檀弓作蔞翣注云棺之牆飾也周禮蔞作柳今此云其形僂僂僂與蔞音亦相近也先謙曰吳校聚下有也字亦下有言字**亦曰鼈甲似鼈甲然也**畢沅曰今本作以鼈甲亦然也誤茲案文誼改正雜記云其輤有裧鄭注輤載柩將殯之車飾也將葬載柩之車飾曰柳裧謂鼈甲邊緣緇布裳帷圍棺者也正義云輤象鼈甲覆於棺上中央隆高四面漸下裧象邊緣垂於輤之四邊又檀弓池視重霤正義云池者柳車之池也柳車亦象宮室而於車覆鼈甲之下牆帷之上織竹為之形如籠衣以青布以承鼈甲名之為池據此殯車之蓋名輤葬車之蓋名荒其謂之鼈甲則同也

其旁曰牆似屋牆也畢沅曰檀弓周人牆置翣鄭注牆柳衣也正義云牆之障柩猶垣牆障家故謂障柩之物為牆即柳也

翣齊人謂扇為翣此似之也象翣扇為清涼也翣有黼有畫各以其飾名之也畢沅曰說文翣棺羽飾也天子八諸侯六大夫四士二下垂从羽妾聲鄭注周禮縫人云故書翣作接鄭司農讀為翣檀弓曰周人牆置翣春秋傳曰四翣不蹕案今記與傳皆作翣喪大記飾棺君黼翣二黻翣二畫翣二大夫無黼翣士但有畫翣鄭注引漢禮翣以木為筐廣三尺高二尺四寸方兩角高衣以白布畫者畫雲氣其餘各如其象柄

長五尺車行使人持之而从既窆樹於壙中又鄭注既夕禮云翣扇也小爾雅云大扇謂之翣先謙曰吳校黼下補有黻二字

兩旁引之曰披披擺也皮錫瑞曰周禮大宗伯以疈辜祭四方百物注故書疈爲罷鄭司農云罷辜披磔牲以祭文選西京賦置互擺牲薛綜注擺謂破磔懸之古披擺聲相近**各於一旁引擺之備傾倚也**畢沅曰說文从旁持曰披無擺字當借捭字爲之周禮司士大喪作六軍之士執披鄭注作謂使之也披柩車行所以披持棺者有紐以結之謂之戴鄭司農云披者扶持棺險者也天子旁十二諸侯旁八大夫六士四康成謂結披必當棺束於束繫紐天子諸侯戴柩三束大夫士二束喪大記曰君纁披六大夫披四前纁後元士二披用纁人君禮文欲其數多圍數兩旁言六耳其實旁三

從前引之曰紼紼發也發車使前也畢沅曰初學記御覽引使前皆作使行蓋得兩通說文紼亂系也玉篇引棺索也車索也亂麻也綍同案經典多互用周禮遂人及葬帥而屬六綍鄭注綍舉棺索也葬舉棺者謂載與說時也用綍旁六執之者天子其千人與雜記云諸侯執綍五百人大夫執引者三百人注云綍引同耳廟中曰綍在塗曰引互言之又鄭注大司徒云六鄉主六引六遂主六紼疏云在棺曰紼見繩體行道曰引見用力檀弓云弔於葬者必執引

若从柩及壙皆執紼蓋紼乃祖載及下窆之時所用也此發字疑是撥檀弓注云撥可撥引輴車所謂紼孫詒讓曰案玉篇糸部云紼引棺索也綍同攷喪禮有紼有引禮記襍記諸侯執綍五百人大夫執引者三百人鄭注綍引同耳廟中曰綍在塗曰引互言之又喪大記注在棺曰綍行道曰引至壙將窆又曰綍綍或爲率儀禮既夕禮注引所以引柩車在輴軸曰紼案以三禮經注攷之蓋綍與引同爲大麻索凡柩殯於廟時則繫於輴車以備遷舉及將葬載柩於車時亦以綍舉而載之既至壙又以綍繫於輴車舉而下窆也析言之則在廟舉柩之索謂之紼在道引柩車之索謂之引通言之則不別劉釋綍爲發車使前蓋卽以引爲綍下云縣下壙曰繂則正禮注之綍綍繂字同繂亦卽喪大記注之率也

縣下壙曰繂繂捋也徐徐捋下之也 畢沅曰說文無繂字當作率鄭注喪大記云綍或爲率釋文率音律然則卽上之紼也爾雅亦云紼繂也孫炎曰繂大索也案在廟用紼在道用引及窆又用紼鄭注檀弓云豐碑穿中爲鹿盧下棺以繂繞今本兩捋字俱作將將與率音既不近又非執紼之誼茲定作捋字徐徐捋下今人語猶然

棺束曰緘緘函也古者棺不釘也 畢沅曰說文緘束篋也从糸咸聲函說文作圅喪大記云凡封用綍去碑負引君封以衡大夫士以咸鄭注咸讀爲緘凡柩車及壙說載除飾而屬紼於柩之緘人君之喪又以木橫貫

緘耳居旁持而平之又擊鼓爲縱舍之節大夫士旁牽緘而已今齊人謂棺束爲緘繩墨子云穀木之棺葛以緘之説文作繃之釘謯近矸音丁定切孫楷曰喪大記云君用雜金鐕大夫士用牛角鐕鄭氏謂鐕所以琢著裏釋文亦云釘也則周時已釘棺矣古者之云殆夏商然也

旁際曰小要其要約小也又謂之衽衽任也任制際會使不解也畢沅曰檀弓棺束縮二衡三衽每束一鄭注衡亦當爲横衽今小要正義云衽每束一者衽小要也其形體兩頭廣中央小也既不用釘棺但先鑿棺邊及兩頭合際處作坎形則以小要連之令固棺竝相對每束之處以一衡之衽連之若豎束之處則豎著其衽以連棺蓋及底之木使與棺頭尾之材相固漢時呼衽爲小要也

送死之器曰明器神明之器異於人也塗車以泥塗爲車也芻靈束草爲人馬以神靈名之也畢沅曰今本分作三條非是茲聯合之又靈名之也上脱以神二字據御覽引增檀弓云孔子謂爲明器者知喪道矣備物而不可用也其曰明器神明之也塗車芻靈自古有之明器之道也孔子謂爲芻靈者善謂爲俑者不仁不殆於用人乎哉鄭注芻靈束茅爲人馬謂之靈者神之類又檀弓説明器云竹不成用瓦不成味木不成斲琴瑟張而不平竽笙備而不和有鐘磬而無簨虡注云味當作沬靧也神明死者故其器如此

喪祭曰奠奠停也言停久也亦言樸奠合體用之也畢沅曰說文云奠置祭也从酋酋酒也下其丌也喪祭稱奠者檀弓云曾子曰始死之奠其餘閣也與蓋以爲時切促旣復魄卽用生前庋閣上所餘之脯醢以爲奠亦謂之襲奠小斂辟之大斂又辟小斂之奠是停久也檀弓又云喪不剝奠也與祭肉也與注云剝猶倮也有牲肉則巾之爲其久設塵埃加也正義案旣夕禮柩朝廟重先奠從奠設如初巾之亦恐埃塵皆以停久故也孔子夢坐奠於兩楹間言奠者以爲凶象以奠是喪祭故也停當作亭說見前攷工記匠人凡行奠水奠讀爲亭是有亭誼樸謂樸素檀弓云奠以素器以生者有哀素之心也合體用語未詳皮錫瑞曰士喪禮小斂陳一鼎於寢門外其實特豚四鬄注云鬄解也四解之殊肩髀而已喪事略疏云凡牲體之法有二一者四解而已此經直云四鬄卽云去蹄明知殊肩髀爲四段案士冠禮云若殺則特豚載合升注云合左右胖此下文大斂亦云豚合升則吉凶之禮豚皆合升而鄭云喪事略者但喪中之奠雖用成牲亦四解故旣夕葬奠云其實羊左胖豕亦如之是以鄭總釋喪中四解之事故云喪事略又案士喪禮大斂陳三鼎於門外此上豚合升注云合升合左右體升於鼎疏云小斂云四鬄四解爲七體亦左右體合升今升左右體亦四解可知也此皆喪祭合體用之明證

朔望祭曰殷奠所用殷衆也畢沅曰曾子問中謂之殷事朔月月半薦新之奠也正義云殷大也蓋大奠牲饌豐執事之人衆故曾子問云士則朋友奠不足則取於大功以下者不足則反之注以不足謂殷奠時檀弓有薦新如朔奠注云重新物爲之殷奠正義云朔奠謂未葬前月朔大奠於殯宮今若有新物則其禮如朔之奠大夫以上則朔望大奠若士則朔而不望

既葬還祭於殯宮曰虞謂虞樂安神使還此也畢沅曰儀禮有士虞禮鄭目錄云虞猶安也士既葬其父母迎精而反日中而祭之於殯宮以安之檀弓云既封反日中而虞葬日虞弗忍一日離也是日也以虞易奠雜記云諸侯七虞大夫五虞士三虞皆用柔日末一虞用剛日問喪云送形而往迎精而反注云謂反哭及日中而虞蘇輿曰御覽五百三十一引白虎通云所以虞虞而立主何孝子既葬日中反虞念親已没棺柩已去悵然失望彷徨哀痛故設桑主以虞所以慰孝子之心虞安其神也

又祭曰卒哭卒止也止孝子無時之哭朝夕而已也畢沅曰雜記士三月而葬是月而卒哭大夫三月而葬五月而卒哭諸侯五月而葬七月而卒哭檀弓云卒哭曰成事是日也以吉祭易喪祭鄭注

旣夕禮云卒哭三虞之後祭名始朝夕之間哀至則哭至此祭止也朝夕哭而已

又祭曰祔祭於祖廟以後死孫祔於祖也 畢沅曰旣夕禮卒哭明日以其班祔鄭注班次也祔卒哭之明日祭名祔猶屬也祭昭穆之次而屬之檀弓云殷練而祔周卒哭而祔孔子善殷注云期而神之人情

期而小祥亦祭名也 畢沅曰士虞記期而小祥曰薦此常事 孝子除首服服練冠也 畢沅曰間傳期而小祥練冠縓緣要絰不除男子除乎首婦人除乎帶王啟原曰首服呂本作首絰 祥善也加小善之飾也

又期而大祥亦祭名也 畢沅曰士虞記又期而大祥曰薦此祥事 孝子除縗服服朝服縞冠 畢沅曰喪服小記除成喪者其祭也朝服縞冠 加大善之飾也

間月而禫亦祭名也孝子之意澹然哀思益衰也 畢沅曰士虞記中月而禫鄭注中猶間也禫祭名也與大祥間一月自喪至中凡二十七月禫之言澹澹然平安意也

冢腫也象山頂之高腫起也 畢沅曰說文冢高墳也从勹豕聲鄭注周禮敘官冢人云冢封土爲

丘壠象冢而爲之案爾雅山頂曰冢故云象冢而爲之蘇輿曰本書釋山山頂曰冢冢腫也言腫起也御覽禮儀三十六引高下有者字

墓慕也孝子思慕之處也畢沅曰說文墓丘也鄭注周禮敘官冢大夫云墓冢塋之地孝子所思慕之處方言凡葬而無墳謂之墓檀弓孔子曰古者墓而不墳王制墓地不請蓋古皆公家給之不待請求也

丘象丘形也畢沅曰鄭注曲禮云丘壟也方言冢自關而東謂之丘小者謂之塿大者謂之丘墓大夫職云以爵等爲丘封之度鄭注王公曰丘諸臣曰封廣雅小陵曰丘故云象丘形王啟原曰周時王冢名邱者於書傳無見若諸侯則楚昭王墓名昭邱見文選登樓賦注趙武靈王墓名靈邱見漢地理志注吳闔閭葬三日而虎見名虎邱見越絕書

陵亦然也畢沅曰自漢已來天子葬地謂之陵或曰山陵或曰園陵爾雅大阜曰陵故取名焉王啟原曰案秦本紀秦時王冢已有名陵者特始皇未見陵名漢人名陵亦沿秦制蘇輿曰御覽禮儀三十六引此條作丘陵象其形也

假葬於道側曰肂肂翳也畢沅曰說文無肂有殔云瘞也从歺隶聲玉篇殔訓同說文又出肂字云思利切埋棺坎下也瘞也亦假葬於道側曰肂案今禮文皆作肂士喪禮云掘肂見衽注云肂埋棺之坎也掘之於西階上喪

大記士殯見衽葢肂本未葬而塗殯之名假葬者亦依此以爲名也

日月未滿而葬曰渴言謂欲速葬無恩也畢沅曰渴當作飢㵣字今通用渴說見上篇公羊隱三年傳云葬者曷爲或日或不日不及時而日渴葬也不及時而不日慢葬也何休注渴喻急也乙未葬齊孝公是也慢薄不能以禮葬也八月葬蔡宣公是也案二君之葬皆不待五月而一云渴一云慢公羊所謂慢不與釋名同

過時而不葬曰慢謂慢傲不念早安神也畢沅曰公羊傳又云過時而日隱之也過時而不日謂之不能葬也何注隱痛也丁亥葬齊桓公是也解緩不能以時葬夏四月葬衞桓公是也此云慢葢卽解緩之謂

葬不如禮曰埋埋痗也畢沅曰埋俗字說文作薶云瘞也痗見詩毛傳訓爲病病略與埋誼似遠然初學記亦引作痗姑仍之**趨使腐朽而已也**畢沅曰腐朽今本作葬腐據初學記引改趨當作趣葬不如禮則與埋馬埋狗無以別有人心者得不引爲終身之病乎如此說痗字差可通

不得埋曰棄謂棄之於野也畢沅曰今本埋下衍之字據初學記引删葉德炯曰說文棄捐也从艸推𠦒棄也𠦒下云箕屬按孟子云葢上世嘗有不葬其親者其親死則舉而委之於壑又云葢歸反虆梩而掩之注虆梩籠

臿之屬可以取土者也據此則掩用虆梩虆是用推畢矣云棄於野卽委諸溝壑也棄捐說文又爲轉注

不得其尸曰捐捐於他境也畢沅曰今本其作停又他境也作地邊者也據初學記引改删說文捐棄也是與棄誼亦無別捐瘠見漢書食貨志孟康曰肉腐爲瘠捐骨不埋者

釋名疏證補卷第八

續釋名

釋律呂　釋五聲

釋律呂

畢沅曰御覽時序部引釋名釋律呂之名誼於春釋太蔟夾鐘於夏釋蕤賓於秋釋夷則南呂於冬則先引風俗通一條乃後承之以又曰而釋應鐘大呂然則三時所引釋名其果釋名文與非與顧風俗通未有律呂所引律呂之誼惟白虎通五行篇有其文且十二律具備其文法正與本書相類或所引實白虎通與茲不忍棄置又不敢羼入姑就其所引正之以白虎通參之以史記漢書別籑一篇不以列於補遺而別爲續釋名云

律呂律率也所以率氣令生也此白虎通誼亦言述也述氣者也此周禮典同鄭注誼也呂旅也旅陽宣氣也漢書律歷志呂以旅陽宣氣六律爲陽六呂爲陰凡十有二周禮太師陽聲黃鐘太蔟姑洗蕤賓夷則無射陰聲大呂應鐘南呂函鐘小呂夾鐘陽足以包陰則單言六律禮運五聲六律十二管是以六包十二也陽足以統陰則呂亦

稱律總言十二律典同凡爲樂器以十有二律爲之數度六呂亦曰六同助陽宣氣與同功也典同掌六律六同之和鄭注同助陽宣氣與之同亦曰六閒在陽律之閒也國語爲之六閒以揚沈伏而黜散越也韋昭注六閒六呂在陽律之閒

黃鐘十一月之律子之氣也鐘種也陽氣施種於黃泉孳萌萬物爲六氣元也此漢書律歷志誼一曰陽氣踵黃泉而出也此史記律書誼一曰鐘動也言陽氣動於黃泉之下養萬物也此白虎通誼

大呂十二月之律丑之氣也呂旅也言陰大旅助黃鐘宣氣而牙物也此律歷志誼一曰呂拒也言陽氣欲出陰不許旅抑拒難之也此白虎通誼

太蔟正月之律寅之氣也言萬物蔟生也故曰泰蔟此律書誼一曰蔟奏也言陽氣大奏地而達物也此律歷志誼一曰太大也蔟湊也

言萬物始大湊地而出也此白虎通誼

夾鐘二月之律卯之氣也言陰夾助太簇宣四方之氣而出種物也此律歷志誼一曰言陰陽相夾廁也此律書誼一曰夾孚甲也言萬物孚甲種類分也此白虎通誼

姑洗三月之律辰之氣也姑故也洗鮮也言萬物皆去故就新莫不鮮明也此白虎通誼

仲呂四月之律巳之氣也言微陰始起未成著三微而成一著于其中旅助姑洗宣氣齊物也此律歷志誼仲之言中也

蕤賓五月之律午之氣也蕤垂也賓儐也言陰氣始起陽氣自上下垂儐導之也古人訓詁通於音故釋名之例皆用音近者爲訓律歷志說蕤賓之誼云蕤繼也賓導也言陽始導陰氣使繼養物也白虎通說云蕤者下也賓者敬也言陽氣上極陰氣始起故賓敬之也雖其誼皆是而訓不從音

與此書之例未合故祖其意而易其訓焉

林鍾六月之律未之氣也林眾也古字林與臨通詩雲漢二章臨與蟲宮宗躬叶則林與眾聲相近言萬物成孰種類眾多也此白虎通誼

夷則七月之律申之氣也夷痍也痍傷也則賊也言萬物傷痍爲陰氣賊害也白虎通夷傷也則灋也言萬物始傷被刑灋也律書曰夷則言陰氣之賊萬物也茲據此二者而擇取以爲說

南呂八月之律酉之氣也南任也言陰氣旅助夷則任成萬物也此律歷志誼一曰言陽氣尚有任生薺麥也故陰拒之也此白虎通誼

無射九月之律戌之氣也射斁也斁厭也言陽氣究物而使陰氣畢剝落之終而復始無厭已也此律歷志誼一曰斁終也言萬物隨陽而終當復隨陰而起無有終已也此白虎通誼

應鐘十月之律亥之氣也言陰氣應無射該藏萬物而雜陽閡種也（此律歷志誼）一曰應鐘者陽氣之應不用事也（此律書誼也案爾雅云十月為陽陽氣之應也）一曰應者應也鐘者動也言萬物應陽而動下藏也（此白虎通誼）

釋五聲

（畢沅曰周禮太師掌六律六同皆文之以五聲國語曰古之神瞽攷中聲而量之以制度律均鐘然則五聲十二律相須為用因釋律呂遂釋五聲其說皆本先儒不敢臆纂也）

五聲聲者鳴也亦曰五音音者飲也言其剛柔清濁和而相飲也（此白虎通誼）

宮中也居中央暢（亦作鬯）四方倡始施生為四聲綱也（律歷志）一曰宮容也含也含容四時者也（白虎通）

商章也物成孰可章度也（律歷志）一曰商者張也陰氣開張陽氣

始降也白虎通

角觸也物觸地而出戴芒角也律歷志一曰角者躍也陽氣動躍白虎通

徵祉也物盛大而繁祉也律歷志一曰徵者止也陽氣止白虎通

霸魏晉以來相承作羽別也說文霸水音也从雨羽聲是爲五音之霸五音霸屬水也宇也物聚藏宇覆之也律歷志一曰霸者紆也陰氣在上陽氣在下白虎通案當云陽氣在下紆回也

釋名補遺

補釋名 附官職訓 附辯釋名

釋天

伏者何金氣伏藏之日金畏火故三伏皆庚日引見廣韻

霄青天也無雲氣而青碧者也又曰近天氣也引見御覽

霞白雲映日光而成赤色假日之赤光而成也故字从雨叚聲亦引見御覽假誤引作暇从雨叚聲誤引作從叚遐聲案說文無霞字史記天官書云雷電蝦虹則古者借用蝦字从虫叚聲

霧冒也氣蒙冒覆地物也昏闇之時則爲祲災明王聖主則爲祥瑞亦引見御覽

雺蒙也日光不明蒙蒙然也說文霚墬气發天不應也从雨敄聲籀文霚省作雺天气下地不應曰霿霿晦也从雨瞀聲則霿與雺皆气也而有二焉既有霿亦當有雺故纂補之

釋姿容

擊搏也擊謂以手指搨之曰搏也引見一切經音義

省瘆也臞雀約少之言也引見御覽人事部瘆人類而文有到字有譌益據引入瘆人類其本文必瘆在省上今省在瘆上是到也雀字則省字之誤爾顧省之於瘆聲不相近用以爲訓不合釋名之例終非是也以聲類求之當云瘆脉也臞脉約少之言也說文臞少肉也又云齊人謂臞脉也故云臞脉約少之言也以脉釋瘆斯聲誼皆得矣

釋親屬

嬖卑賤婢妾媚以色事人得幸者也引見一切經音義

釋飲食

黍⿰黍攵也相黏⿰黍攵也引見御覽說文無⿰黍攵字

釋衣服

帬裏衣也古服帬不居外皆有衣籠也御覽服章部十三引釋名曰帬下常也云云後

乃承之以又曰而引此條今本帬下常也云云見於第五卷衣服篇而此文無有竊有疑焉姑以附補於此

釋宮室

明堂猶堂堂高顯皃也御覽五百三十三卷禮儀部十二引釋名此條其百七十六卷居處部四又引釋名曰堂猶堂堂高顯皃也初學記十三卷禮部亦引釋名曰明堂者猶堂堂高明皃也其二十四卷居處部亦引釋名堂謂堂堂高明皃也據此二書所引則堂與明堂自是兩條今本第五卷宮室篇止有堂而無明堂蓋人以其訓釋同而疑其重遂誤刪其一今姑補錄於此

城下謂之壕壕翱也言都邑內所翱翔也祖駕處也御覽一百九十三卷引

釋用器

鏟平削也引見御覽

磑䃺也引見御覽器物部說文䃺石磑也从石靡聲磑䃺也从石豈聲古者公輸班作磑

火所燒餘木曰炭引見一切經音義說文炭燒木未灰也从火屵聲

釋樂器

擊壤野老之戲也引見御覽工藝部

釋疾病

欶促也用力急促也此引見一切經音義及御覽七百三十四卷疾病部六案第四卷飲食篇有漱促也用口急促也一條俗本漱字誤从口旁俗書欶字又輒加口由是二條相似唯口字力字異爾後人遂疑其重出而誤删其一蓋御覽引此入疾病部自是欬屰之欶周禮疾醫所謂欶上氣疾是也與飲食篇盪口之漱不同固是兩文應補

釋爵位

今釋名二十七篇無釋爵位之目據成國自敘言凡二十七篇則今之釋名不復有亡篇矣乃韋昭謂釋名爵位之事又有非是而唐宋人諸書於官職類輒引釋名及韋昭辯釋名不一而足何也沅案范蔚宗後漢書文苑傳稱劉珍撰釋名三十篇竊意蔚宗誤爾當是劉熙熙之釋名蓋三十篇後有亡失則或據其見存之篇數以改熙自敘之三十爲二十七爾不然韋昭何見而云然唐宋諸人何據而引之乎釋名必實有釋

爵位篇矣

公貢也才德兼于人人咸貢薦于王而用之也引見北堂書鈔五十卷設官部二

尙書尙上也言最在上總領之也引見藝文類聚四十八卷職官部四及御覽二百一十二卷職官部十漢書百官公卿表云成帝建始四年初置尙書員五人案表少府屬官別有尙書葢其職異也續漢書百官志云尙書令一人千石又云尙書六人六百石

御史中丞居中丞相者也引見御覽二百二十五卷職官部二十三說文丞翊也从収从卪从山山高奉承之誼然則丞之誼同承續漢書百官志云御史中丞一人千石本注曰御史大夫之丞也舊別監御史在殿中密舉非灋及御史大夫轉爲司空因別留中爲御史臺率後又屬少府

卿慶也言萬國皆慶賴之也又卿章也言貴盛章著也引見初學記十二卷職官部下之弟十三北堂書鈔設官部五引無又卿章也以下御覽職官部二十六引誤稱韋昭辯釋名亦不引又卿章

也以下萬國初學記引作萬物據北堂書鈔御覽引改案虞廷之歌以卿雲爲慶雲則古者卿慶同字說文卿章也白虎通云卿之爲言章也

章善明理也

漢置十二卿一曰太常二曰太僕三曰衛尉四曰光祿勳五曰宗正六曰執金吾七曰大司農八曰少府九曰大鴻臚十曰廷尉十一曰大長秋十二曰將作大匠引見北堂書鈔五十三卷設官部五稱劉撰釋名葢誤也自是劉熙爾又引見御覽二百二十八卷職官部二十六二書所引互有譌誤茲參酌而錄之

腹前肥者曰臚此主王侯及蕃國言以京師爲心體王侯外國爲腹臚以養之也初學記職官部下之十七及御覽職官部三十引皆有脫誤茲據藝文類聚四十九卷職官五引錄之案此是釋鴻臚之名義首當有鴻臚字引者不備

平準令主染色色有常平之灋準的之也御覽三百三十二卷職官部三十案續漢書百官志云平準令一人六百石本注曰掌知物賈主練染作采色劉氏惟言染色不言物賈不備宜韋氏辯補之也

祭酒者謂祭六神以酒餟之也引見藝文類聚四十六卷職官部二及御覽二百三十六職官部三十四此說非是韋昭辯之漢書伍被傳如湻注曰祭祠時唯尊長者以酒沃酹猶襲此謬說

驃騎將軍車騎將軍秩皆比三公引見藝文類聚四十八卷職官部四及御覽二百三十八卷職官部三十六

奉車都尉奉天子乘輿引見御覽二百四十一卷職官部三十九漢書百官公卿表云奉車都尉掌御乘輿車

長水校尉主水戰用船之事引見御覽二百四十二卷職官部四十主原引作於誤也據韋昭辯知當爲主遂改之漢書百官公卿表云長水校尉掌長水宣曲胡騎續漢書百官志云長水校尉一人比二千石本注曰掌宿衞兵皆不言主水戰故韋氏有辯

唐文粹七十三卷有歐陽詹同州韓城縣西尉聽壁記引說文曰尉畏也亦慰也主也故字从尸示寸寸者寸量禮度以敬上示者示徽敎令以諭下尸者典職司以尻位敬上所謂畏諭下所謂慰尻位所謂主全茲三者以隸王爵則仕誼周

是以古之人喜用尉字爲官號陶唐有太尉周有軍尉秦亦有太尉東南尉洎漢則復命縣掾曰尉案說文㷉從上案下也从𡰥又持火所以申繒也此言尉从尸示寸顯與說文違異必非說文其解尉字義甚迂曲頗似釋名釋名解字輒與說文不合葢所引實是釋名稱說文者誤也且據韋氏之辯有廷尉縣尉云云則釋名必有廷尉縣尉可知其解尉字所以釋廷尉縣尉之名誼也第以疑事毋質不敢擅補姑識於此

蘇輿曰補遺一篇如霧一條已見本書釋天事類賦注及御覽引首二句乃文字小異並非逸文下四句疑出後人刪節畢已引見彼注言之甚明省一條已見釋言語御覽所引惟雀爲瘦之譌畢注亦當言及本書及各書增減異同如此者甚夥既一例校入注文不應專舉二條列入補遺轉致挂漏又雺一條釋天已云蒙日光不明蒙蒙然也蒙雺字通是即一義畢亦於彼注言之無緣復爲纂補又欶一條畢於釋疾病欬字下引御覽既云乃飮食篇之嗽不當在此而於此復以爲兩文據以補錄更爲前後矛盾畢精研此書不當全不相應或出其幕客門下所爲畢偶未檢致茲乖舛耳

附錄

祭雨曰升祭星曰布升取其氣之升也布取其象之布也此條乃釋

祭名也引見埤雅於此書無所附入葢此書有亡篇說具詳釋爵位下則安知不別有釋祭名篇而亡失者乎姑附錄於此

大曰蘆葦荻蘆筍御覽卷千內引下字譌不可曉

古者諸侯薨時天子論行以賜謚唯王者無上故於南郊稱天以謚之當春秋時周室卑微臣謚其君子謚其父故諸侯之謚多不以實也御覽五百六十一卷引

附韋昭釋名

三國吳志韋曜本名昭陳壽爲晉司馬昭諱改焉傳昭在獄中上辭有云見劉熙所作釋名信多佳者然物類衆多難得詳究故時有得失而爵位之事又有非是愚以官爵今之所急不宜乖誤因自忘至微又作官職訓及辯釋名各一卷

官職訓御覽有引韋昭釋名又有引韋昭辯釋名所引固有區別案韋昭以釋名官爵乖誤而作官職訓則所引韋昭釋名卽昭之官職訓也故錄於此以別於辯釋名云

臣愼也愼于其事以奉上也引見御覽六百二十一卷治道部二稱韋昭釋名

古者稱師曰先生初學記十八卷人部中引止稱釋名御覽四百四卷人事部四十五引以爲韋昭釋名案此條無當於官職不審韋氏何以云此豈猶有餘言而引者不備引與

友有也相保有也御覽四百六卷引王啟原曰此條見本書釋言語非逸文

辯釋名

車古皆音尺奢反後漢以來始有居音引見詩召南釋文案唐韻九麻一部皆非古音依古音則麻韻之字半入魚虞模半入歌戈漢末猶然韋氏言車之古音尺奢反者奢音同書奢書皆者聲尺奢猶尺書其音近初不入麻韻與今人異讀也

三公公猶取正直無厶也故公字从八厶引見北堂書鈔五十卷設官部二畧爲潤

改而錄之說文公平分也从八从厶八猶背也韓非曰背厶爲公

大將軍位在三公之上昭帝時霍光爲大將軍猶在丞相下漢時大將軍貴戚爲之或錄尚書事北堂書鈔五十一卷設官部三引此分作兩段案止一官號實是一條自應并合而其文似不屬姑空一格錄之

大司馬馬武也大總武事也襄六年左傳云司武而梏於朝難以勝矣注云司武司馬說文馬武也

大司馬掌軍古者兵車一車四馬故以馬名官引見藝文類聚四十七卷職官部三及御覽二百九卷職官部七

尚書尚猶奉也百官言事當省案平處奉之故曰尚書尚食尚方亦然引見藝文類聚四十八卷職官部四及御覽二百一十二卷職官部十

御史中丞此中丞自御史大夫下丞有二其一別居殿中舉不濡故曰中丞引見御覽二百二十五卷職官部二十三續漢書百官志云云見前

六卿分掌諸官卿孤不掌傑然特立也引見北堂書鈔五十三卷設官部五諸官下卿字疑衍

漢正卿九一曰太常二曰光祿勳三曰衛尉四曰太僕五曰廷尉六曰鴻臚七曰宗正八曰司農九曰少府是爲九卿引見北堂書鈔五十三卷設官部五及御覽二百二十八卷職官部二十六少府北堂書鈔誤作少傅不從續漢書百官志云太常卿一人中二千石光祿勳卿一人中二千石衛尉卿一人中二千石太僕卿一人中二千石廷尉卿一人中二千石大鴻臚卿一人中二千石宗正卿一人中二千石大司農卿一人中二千石少府卿一人中二千石

鴻臚本故典客掌賓禮武帝時更爲鴻臚鴻大也臚敶敘也欲大以禮敶敘賓客也引見北堂書鈔五十四卷設官部六及初學記十二卷職官部下藝文類聚四十九卷職官部五及御覽二百三十二卷職官部三十引皆無武帝時更爲鴻臚七字漢書百官公卿表云典客秦官掌諸侯歸誼蠻夷景帝中六年更名大行令武帝太初元年更名大鴻臚鄭注周禮司儀云臚陳之也爾雅釋言云臚敘也

廷尉縣尉皆古官也以尉尉民心也凡掌賊及司息吏反察之官皆曰尉尉罰也言以臯罰姦非也藝文類聚四十九卷職官部五引無凡掌賊以下御覽二百三十一卷職官部二十九引有之續漢書百官志云尉大縣二人小縣一人本注尉主盜賊凡有賊發主名不立則推索行尋案察姦宄以起端緒

平準令主平物賈使相依準引見御覽二百三十二卷職官部三十續漢書百官志云云見前

祭酒凡會同饗燕必尊長先用先用必以酒祭先故曰祭酒漢時吳王年長以爲劉氏祭酒是也引見藝文類聚四十六卷職官部二及御覽二百三十六卷職官部三十四漢書伍被傳吳王賜號爲劉氏祭酒應劭注禮飲酒必祭示有先也故稱祭酒尊之也案儀禮凡飲酒無不先祭

驃騎車騎此二將軍秩本二千石引見藝文類聚四十八卷職官部四及御覽二百三十八卷職官部三十六

執金吾本中尉掌徼循宮外司執姦衺司思吏反至武帝更名執金吾爲外卿不見九卿之列也引見北堂書鈔五十四卷設官部六脫本中尉三字其七十一卷設官部二十三又引有之據補不見疑當作不在漢書百官公卿表中尉秦官掌徼循京師有兩丞候司馬千人武帝太初元年更名執金吾應劭曰吾者禦也掌執金革以禦非常

奉車都尉主乘輿乘輿尊不敢言主故言奉引見御覽二百四十一卷職官部三十九漢書百官公卿表云云見前

長秋自皇后官非天子卿長秋主宮中凡物次春生秋成欲使中宮之胙如之故爲名辨皇后陰宮辨蒲莧反辨理宮中之事秋者陰之始長者欲其久也引見北堂書鈔五十四卷設官部六漢書百官公卿表云將行秦官景帝中六年更名大長秋或用中人或用士人續漢書百官志大長秋一人二千石

長水校尉典胡騎不主水戰也廄近長水故以爲名長水益中

小水名御覽二百四十二卷職官部四十引此㡯近長水誤作其㡯起水又無末後七字據續漢書百官志劉昭注引改補漢書百官公卿表云云見前如湻曰長水胡名也

太中大夫在中最爲高大也引見北堂書鈔五十六卷設官部八太中誤作太史據御覽二百四十三卷職官部四十一引改

郡尉羅姦非引見北堂書鈔七十七卷設官部二十九其原文必不止此一語而引者不備姑如所引錄之

督郵主諸縣罰以負督郵殷糾攝之也引見御覽二百五十三卷職官部五十一此條譌舛特甚甚至文義殊不可解而他書又皆未引及此無從校正姑依而錄之

功曹曹羣也功曹吏所羣聚戶曹民所羣聚也其他皆然引見御覽二百六十四卷職官部六十二案此條詛不確當且曹與羣聲不近不合此書之例

主薄主諸薄書薄陪古反从艸溥聲與厚薄同字俗从竹非也薄普關諸事引見御覽二百六十五卷職官部六十三此蓋有脫字當云薄普也普關諸事

門下之吏當作三綱幼未有用從容在職也引見北堂書鈔七十七卷設官部二十九

五百字本爲伍佰伍當也佰道也使之導引當道佰中以驅除也今俗呼行杖人爲五百引見北堂書鈔六十一卷設官部十三周禮司服鄭注今時伍佰緹衣卽此五百也

檢閲羣書輒見有引釋名而今釋名闕者輯錄以爲補遺附於卷末因取韋昭所補之官職訓及辯釋名并附錄焉惟是官職訓及辯釋名據昭自言各一卷則捊然成帙今雖亡失其引見唐宋人書者當不止於是而予之所見僅此而已黨博雅君子別有采獲以補予之不逮則幸甚幸甚畢沅識

釋名補遺終

釋名疏證補坿一卷

釋天第一

氛粉也潤氣著草木因寒凍凝色白若粉之形也

許克勤曰說文气部雰云氛或從雨繫傳引劉熙釋名曰潤氣著草木遇寒而凍色白曰雰按楚金所引則古本氛字作雰也

霧冒也氣蒙亂覆冒物也

許克勤曰玉燭寶典十一引作霧冒也氣蒙冒地物說文繫傳引作霿冒也云今俗作霧據此則霧本作霿也

釋山第三

山大而高曰嵩嵩竦也亦高稱也

許克勤曰太平御覽引白虎通云嵩者高也言峻大也處中以領四方詩大雅崧高序釋文引字作崧竦也按五經文字云崧作嵩同通鑑釋文廿一引山大而高曰嵩又按漢碑多以嵩爲聳桐柏碑宮廟嵩峻三公山碑厥體嵩厚唐扶頌嵩如不傾聳皆作嵩此訓嵩爲竦者楊雄長楊賦整輿竦戎李注云竦與聳古字通是也說文嵩作崇云嵬高也故云亦高稱也

釋邱第五

水出其前曰阯邱 畢曰爾雅作渻邱

許克勤曰說文渻水出丘前謂之渻丘段注云阯丘疑本作杫丘古梢杫字同故渻丘亦爲梢丘

釋州國第七

鄭町也其地多平町町然也

許克勤曰說文繫傳引下六字作町然平也與今本異

魯魯鈍也國多山水民性樸魯也

許克勤曰說文繫傳七魯下引劉熙釋名曰魯國多山水民性樸鈍據此則末句魯字本作鈍

釋形體第八

髦冒也覆冒頭頸也

許克勤曰頸當作頟字之誤也詩毛傳及說文竝解爲髮至肩則髦爲覆冒頭頟甚明

頟鄂也有垠鄂也故幽州人謂之鄂也

胡玉縉曰案周禮春官典瑞瑑圭璋璧琮注鄭司農云瑑有圻鄂緣起禮記郊特牲丹漆雕幾之美注幾謂漆飾圻鄂也又少儀車不雕幾注幾附纏爲圻鄂也淮南子俶眞訓四達無境通于無圻高注圻垠字也說文土部垠地垠也一曰岸也圻或從斤漢書楊雄甘泉賦紛被麗其無鄂注鄂垠也後漢書張衡思元賦望寒門之絕垠兮注引廣雅云垠咢也咢即鄂字明帝紀十三年乙酉詔云莫測圻岸注圻堮也堮亦鄂字然則鄂與垠義相疊垠鄂者邊界之謂也有垠鄂者猶器物之有邊線也文選西京賦前後無有垠鍔注引淮南子曰出於無垠鍔之門許愼曰垠鍔端崖也

釋姿容第九

批裨也兩相裨助共擊之也

許克勤曰漢書王莽傳中注引兩下有指字無之字

釋言語第十二

導陶也陶演己意也

胡玉縉曰說文寸部導導引也陶演卽導引聲之轉耳

釋飲食第十三

餌而也相黏而也兗豫曰溏浹就形名之也

許克勤曰黎刻玉篇食部餹引作兗豫謂餌曰餹䬶也按涕䬶古通言餹形如涕也又䬶徒奚反埤蒼餹䬶餌也據此則溏浹當作溏涕卽餹䬶也又按說文餌爲鬻之或體小徐繫傳云餌先屑米爲粉然後溲之故許愼云餌粉餅也餌之言

珥也欲其堅潔而淨若玉珥然也小徐據說文爲說故餈餌二義皆與此異

粥濁於糜粥粥然也

胡玉縉曰濁釋言郝疏引作淖段注說文糜篆同

生瀹葱薤曰兌言其柔滑兌兌然也

許克勤曰黎刻玉篇水部涗引作白溢葱燕曰涗按燕字元改爲薤是也溢亦當依此作瀹白瀹葱薤曰涗卽禮記涗齊也鄭解爲淸非說文涗財溫水也可悟瀹字之義段注乃云依許說則內則祭統涗字不可解不知叔重之解禮記當同釋名何必與鄭相合耶

煑麥曰麮麮亦齲也煑熟則齲壞也

許克勤曰說文繫傳十一麥部麩下引劉熹釋名曰麩麥曰麩麩之言𪐴也麩熟𪐴壞按末句節引而亦字當依所引改爲之言二字

蠏胥取蠏藏之使骨肉解胥胥然也

許克勤曰說文繫傳引作言其肉胥胥解也與今本異

釋采帛第十四

疏者言其經緯疏也

許克勤曰晉書元帝紀太極殿夏施青練帷帳音義青練所居反卽此所謂疏也練一作練非

紡麤絲織之曰疏疏寥也寥寥然也

許克勤曰疏字亦作練黎刻玉篇糸部練所閭反引作紡麤

絲織曰練練料也料料然疏也

又謂之沙亦取戚戚如沙也畢曰今本沙下有縠字衍

許克勤曰黎刻玉篇縠胡木反說文細練也釋名亦謂之紗縠按練今本說文作縛今本玉篇云細纏也紗縠也是顧野王所見本有縠字也

釋首飾第十五

䌚恢也恢廓覆髮上也魯人曰頍畢曰鄭注士冠禮云滕薛名蔮爲頍

許克勤曰劉台拱經傳小記云士冠禮注䌚各本誤作蔮釋文亦誤釋名云云字从竹亦从巾作幗滕薛在漢爲魯之南境劉熙以頍爲魯語與鄭合按後漢書烏桓傳中國有䌚注云䌚音吉悔反字或爲幗婦人首飾也續漢輿服志曰公卿

列侯夫人紺繒幗此簂幗相通之證

釋衣服第十六

闕翟

許克勤曰黎刻玉篇緆去厥反埤蒼緆狄衣也野王案王后文服也今禮家並爲闕字按屈乃緆之省闕則聲近叚借字也

釋宮室第十七

桷確也

許克勤曰說文繫傳十一引作桷确堅而直也與今本異

楣眉也近前各兩若面之有眉也

許克勤曰通鑑釋文十八引作楣近前各兩若面之有眉然

則古本自有各兩二字矣

屏自障屏也

許克勤曰淮南主術訓天子外屏所以自障高誘注云屏樹垣也爾雅曰門內之垣謂之樹諸侯在內天子在外故曰所以自障也白虎通云所以設屏何屏所以自障也示不極臣下之敬也天子德大故外屏諸侯德小所照見近故內屏按外屏卽浮思內屏卽蕭牆也又按說文屏蔽也是障屏卽障蔽也

樓言牖戶諸射孔婁婁然也

胡玉縉曰按婁空也射孔婁婁卽說文广部廔云屋麗廔也玉篇广部廲云廲廔綺窻然則樓之言婁又言廔也門戶洞

達窻牖交通足資登眺故月令云可以居高明鄭注高明謂樓觀也又說文囧部囧云窗牖麗廔闓明也

櫓露也露上無屋覆也

許克勤曰史炤通鑑釋文七樓櫓云櫓即櫓字城上守禦望樓說文釋名曰櫓露也上無覆屋按此引葢脫露字而屋覆本作覆屋宋本與元應所見同又十四卷引同又十七卷引同今本不脫露字而仍作覆屋今作屋覆葢誤倒又按後漢公孫瓚傳樓櫓千里注云櫓即櫓字見說文釋名曰櫓露也上無覆屋據此則屋覆誤倒明矣

大屋曰廡廡幠也幠覆也并冀人謂之庌

許克勤曰黎刻玉篇引大屋曰廡幽冀人謂之房也據此則

幷字古本作幽與元應所見本合

囤屯也屯聚之也畢曰說文云笆篅也

許克勤曰黎刻玉篇广部引作庉屯也屯聚也據此則囤本

作庉又云庉徒本反引廣雅庉舍也

釋牀帳第十八

幄屋也以帛衣板施之形如屋也

胡玉縉曰說文尸部屋居也引伸其義知古人帷幄之字亦

通用屋故劉熙卽以屋釋幄也如大雅尚不愧於屋漏鄭箋

屋小帳喪大記畢塗屋鄭注屋殯上覆如屋者文選范蔚宗

樂遊應詔詩黃屋非堯心李注引漢書紀信乃乘王車黃屋

左纛李斐曰天子車以黃繒爲裏集韻云幄幬也亦作屋說

本薛氏說文答問疏證五

釋書契第十九

筆述也述事而書之也

胡玉縉曰初學記廿一引述事上有謂字

冊賾也敕使整賾不犯之也

許克勤曰說文嫧齊也廣雅釋詁一嫧善也謂整齊修飭以至於善也此以賾訓冊賾之正字當作嫧朱氏駿聲云以嫧爲訓是也說文有嘖無賾賾俗字冊嫧疊韻

釋典藝第二十

尙書尙上也以堯爲上始而書其時事也

胡玉縉曰墨子明鬼篇尙書夏書其次商周之書舉夏商周

而不舉虞書尚書卽指堯典也史記五帝本紀云學者多稱五帝尚矣然尚書獨載堯以來是以堯爲上始也

碑被也此本葬時所設也施鹿盧以繩被其上引以下棺也臣子追述君父之功美以書其上後人因焉無故建於道陌之頭顯見之處名其文就謂之碑也

許克勤曰黎刻玉篇引作石碑本葬時所設以下棺臣子追述君父之功美以書其上後人因无故建之道陌之頭銘吉文就謂之碑也野王案三輔舊事漢惠帝爲四皓作碑在其隱處是按葬當作葬顧氏引漢惠帝事以證明无故之誼則无故謂非葬事也江叔澐以爲物故者非

釋樂器第二十二

枇杷本出於胡中馬上所鼓也推手前曰枇引手卻曰杷象其鼓時因以爲名也

許克勤曰通鑑釋文廿九琵琶云上頻脂切下蒲巴切釋名琵琶樂名胡中馬上所鼓推手前曰琵卻手後曰琶因以爲名按據此枇杷本亦作琵琶

塤喧也聲濁喧喧然也

許克勤曰通鑑釋文五引作塤喧也聲濁喧然按此葢傳寫誤奪一喧字

釋兵第二十三

熊虎爲旗旗期也言與衆期於下軍將所建象其猛如熊虎也

胡玉縉曰元應一引熊虎爲旗者軍將所建也象其猛如虎

與衆期其下也

釋車第二十四

車古者曰車（畢曰書牧誓釋文引無曰車二字）聲如居

胡玉縉曰案詩召南釋文引有曰車二字

天子所乘曰路路亦車也謂之路者言行於道路也（畢曰今本作天子所乘曰玉輅以玉飾車也在輅亦車也之上）

許克勤曰續漢輿服志注引天子至路也車字訛爲軍事二字無者於道三字按史炤通鑑釋文廿九引天子乘二句與注今本同而無所曰二字又引謂之二句惟上路者作輅據此則南宋時史氏所見已與今本同但所引有刪節耳

胡奴車東胡以罪沒入官爲奴者引之殷所制也（畢曰鄭君注周禮鄉師職

引司馬灋曰夏后氏謂輦曰余車殷曰胡奴車周曰輜輦

許克勤曰宋書禮志五傅玄子曰夏曰余車殷曰胡奴周曰輜車輜車即輦也又按太平御覽七百七十三引司馬法曰夏曰予車殷曰胡奴車周曰輜車三代之輦

羸車羊車各以所駕名之也

許克勤曰周禮巾車先鄭注蒲蔽謂羸蘭車以蒲爲蔽天子喪服之車漢儀亦然按羸蓋羸字之誤羸俗作騾宋書禮志五晉令曰乘傳出使遭喪以上即自表聞聽得白服乘騾車到副使攝事徐廣車服注傳聞騾車者犢車裝而馬車轅也此可爲遭喪乘騾車之證

輜車載輜重臥息其中之車也輜廁也所載衣物雜廁其中也

軿車軿屛也四面屛蔽婦人所乘牛車也

許克勤曰通鑑釋文九引輜厠也謂軍糧什物雜厠載之以其累重故稱輜重史記韓長孺傳正義引輜厠也所載衣物雜厠其中續漢書注引輜屛也四屛蔽婦人乘牛車也脫面所二字

輜軿之形同有邸曰輜無邸曰軿畢曰宋書禮志引字林曰軿車有衣蔽無後轅其有後轅者謂之輜

許克勤曰續漢書注引有邸二句同又引字林脫其有後轅四字末有也字

文鞇車中所坐者也用虎皮爲之有文采鞇因也因與下輿相聯著也

許克勤曰詩小戎疏引劉熙釋名無者爲之三字說文繫傳
艸部茵引劉熙釋名茵因也因與下相連也按此增三字與
小徐所引合連今作聯二字同音通用

轉輗猶祕齧也在車軸上正輪之祕齧前卻也

許克勤曰晉書五行志下安帝元興三年正月桓玄出遊大
航南飄風飛其轉輗蓋音義轉輗上匹計反下五計反是轉
輗上有蓋當在軸上而不在輪上明矣

屐似人屐也又曰伏兔在軸上似之也又曰轐轐伏也伏於軸
上也

許克勤曰易釋文引釋名云輹似人屐又曰伏菟在軸上似
之又曰輹伏於軸上呂氏古易音訓同然則首屐字唐初本

亦作轉也

韅經也橫經其腹下也

胡玉縉曰韅是正字韅則隸寫之省耳徐鍇繫傳革部引釋

名韅作韅經也經其腹下也葢脫一橫字

鞙縣也所以縣縛軛也畢曰今本革旁作尹玉篇有之

許克勤曰繫傳引釋名曰鞙縣音玄也從以縣縛軛也作鞙

字非也音玄二字葢注中注也邴氏校勘記云釋名作鞙故

鍇辨之從以當作所以是也

釋疾病第二十六

聾籠也如在蒙籠之內聽不察也

胡玉縉曰案廣韵所引是此以在蒙籠內不可察爲況今本

或淺人疑其與聾義不黏改而不知其實非也鈕氏新坿攷三亦謂今本作聽不察葢後人改蒙籠或作朦朧非

齵齒朽也蟲齧之齒缺朽也

許克勤曰按史記倉公傳正義引釋名云云無二齒字又云齵邱羽反竊謂張引誤脫上齒字元應誤衍下齒字

瘧酷虐也凡疾或寒或熱耳而此疾先寒後熱兩疾似酷虐者也

許克勤曰說文繫傳十四云禮寒熱不節人多瘧疾引釋名曰凡疾或寒或熱此一疾有寒有熱酷虐也是楚金所見此下有一字先後二字皆作有與今本異

肬邱也出皮上聚高如地之有邱也

許克勤曰輔行記第一之二引作疣者丘也出於皮上如地有丘

釋喪制第二十七

人始氣絕曰死

許克勤曰輔行記第一之四引作神盡曰死

釋名補遺

釋宮室

城下謂之壕壕翱也言都邑內所翱翔也祖駕處也

許克勤曰此條已見卷一釋道補之於此非也

圖書在版編目(CIP)數據

釋名疏證補 /（東漢）劉熙撰;（清）畢沅疏證;（清）王先謙補. —上海：上海古籍出版社，2022.6
ISBN 978-7-5732-0257-4

Ⅰ.①釋… Ⅱ.①劉… ②畢… ③王… Ⅲ.①訓詁②《釋名》—注釋 Ⅳ.①H131.3

中國版本圖書館 CIP 數據核字(2022)第 094120 號

釋名疏證補

［東漢］劉熙　撰

［清］畢沅　疏證　［清］王先謙　補

上海古籍出版社出版發行

（上海市閔行區號景路 159 弄 1-5 號 A 座 5F　郵政編碼 201101）

（1）網址：www.guji.com.cn

（2）E-mail：guji1@guji.com.cn

（3）易文網網址：www.ewen.co

常州市金壇古籍印刷廠有限公司印刷

開本 890×1240　1/32　印張 15.125　插頁 5

2022 年 6 月第 1 版　2022 年 6 月第 1 次印刷

印數：1—1,500

ISBN 978-7-5732-0257-4

H·252　定價：78.00 元